LES SOUPIRS

DE LA

FRANCE

ESCLAVE,

QUI ASPIRE

APRÉS LA LIBERTÉ.

M. DC. LXXXIX.

L'IMPRIMEUR AU LECTEUR.

L'Ouvrage que je donne au Public m'a été envoyé de France tout entier, avec une parfaite liberté d'en faire ce que je voudrois. C'est pourquoy au lieu de le donner entier tout à la fois, je le donneray par parcelles, ayant appris par experience que les feüilles volantes penetrent, se lisent, & se debitent beaucoup mieux que les livres. Je donneray donc les Chapitres comme je les ay trouvés divisés les uns aprés les autres, & à divers jours; & au lieu du nom de Chapitre, de l'avis des intelligents, nous avons pris celuy de Memoire, qui convient beaucoup mieux à des feüilles détachées. On en donnera deux ou trois tous les mois, plus ou moins, selon le loisir de nos Presses, & selon que le Public y trouvera du goût, & qu'on en tirera de l'vtilité.

LES SOUPIRS
DE LA
FRANCE ESCLAVE

Qui aspire aprés la Liberté.

I. MEMOIRE,
Du 10. d'Août 1689.

DE L'OPPRESSION DE L'EGLISE,
des Parlements, de la Noblesse & des Villes.

O N a beau dire que l'on n'en est pas moins miserable pour avoir plusieurs Compagnons de ses miseres, il est pourtant vray que le cœur patit beaucoup davantage, quand il souffre au milieu de tous les autres qui sont heureux. Car la comparaison que l'on fait de son malheur au bonheur des autres est cause qu'on y est plus sensible. Entre tous les biens dont on a sujet de pleurer la perte, la liberté sans doute est des principaux, Il est mal-aisé d'être Esclave au milieu de mille personnes libres sans être touché de son esclavage. C'est pourquoi la *France* se doit reveiller & sentir le poids de l'effroyable tyrannie, sous laquelle elle gemit, en considerant l'heureuse liberté dont jouissent tous les Etats voisins sous leurs Princes legitimes & dans la possession de leurs ancien-

nes Loix. Et le bonheur que l'*Angleterre* vient d'obtenir en voyant rompre les fers qu'on luy mettoit fur les bras, doit faire rénaître dans l'ame
de tous les bons *François*, l'amour pour la Patrie, les defirs pour le
retour de la liberté, & le deffein de fortir de deffous cét épouvantable
joug qui repofe fur leurs épaules. Nous voyons tout autour de nous les
Hollandois qui joüiffent d'une heureufe liberté, les *Flamands* fous la Domination du Roy d'*Efpagne* conferver leurs anciens Privileges, les Etats de
l'*Empire* vivre fous un Chef qui n'eft point en état de les opprimer, les
villes Libres d'Allemagne fe conferver la forme de Republiques, les
Etats & les Provinces fujettes aux *Electeurs* & aux autres Princes goûter
le repos de leur fortune fous un Gouvernement doux & moderé. La
France feule, le plus beau Païs de l'Europe, la plus noble Partie du
Monde, fe voit affujettië à une Domination cruelle, tyrannique, &
à une Puiffance qui ne fe donne pas de bornes. Des Peuples libres & qui
ont tiré le nom de *Francs* ou de *François* de leur ancienne liberté, font
aujourd'hui les plus affujettis de tous les Peuples, fans excepter ceux qui
gemiffent fous la tyrannie du Turc. Aujourd'hui toute liberté eft perduë, jufqu'à celle de parler & de fe plaindre. C'eft pourquoi j'envoye
ma voix aux Païs étrangers dans l'efperance qu'elle reviendra de là par
réflexion, & qu'elle reveillera mes Compatriotes qui dorment à mes
côtés fous la pefanteur de leurs chaînes. Je regarde avec compaffion la
cruelle tempête dont ma Patrie eft menacée, je pleure la defolati·n de
fes Villes, la mort de fes enfans, & la perte de ce que la tyrannie
de fon Gouvernement luy a laiffé de refte. Et je ne fçaurois m'empêcher de luy fouhaiter un retour de raifon & de courage : *de raifon*, afin
qu'elle comprene que les Privileges des Peuples ne fouffrent point de
prefcription & ne periffent point par l'ufurpation des Princes, & qu'ainfi un fiecle ou deux de tyrannie ne lui ôtent pas le droit de fe remettre
en liberté. *De courage*, afin qu'elle puiffe profiter des circonftances pre-
fentes, les plus heureufes qui furent jamais pour ramener le Gouver-
ment du Royaume à fon ancienne forme, & pour fecoüer le joug de
cette Puiffance Defpotique ; felon laquelle les François fon traités avec
une dureté inconnuë à tous les Peuples qui vivent fous des Princes
Chrétiens. Avec l'interêt des Peuples je ne fçaurois m'empêcher de regarder l'interêt du Prince, legitime Heritier de la Couronne ; à qui l'on
va laiffer un fquelete de Royaume & une Couronne imaginaire. Ce
Prince dans la Campagne de *Philisbourg* s'eft montré non feulement brave

& prudent, mais plein d'humanité ; il gemit anjourd'huy des infernales barbaries qu'on exerce dans les mêmes lieux où il s'eſt fait connoiſtre ſi humain; & l'on eſt aſſuré qu'il aimera beaucoup mieux regner en Pere ſous les anciennes loix du Royaume, que de commander en Tyran qui ſe met au deſſus des loix. J'ay donc deſſein de faire ces quatre cheſes dans cét écrit. 1. Voir l'oppreſſion & la tyrannie, ſous laquelle gemiſſent tous les Ordres de la France, & la miſere à laquelle ils ſont reduits ſous une Puiſſance Deſpotique. 2. Conſiderer en ſecond lieu, par quels moyens la Cour de France affermit ſon joug & ſoûtient aujourd'huy ſa Puiſſance abſoluë, & l'abus qu'elle en fait. 3. Et troiſiéme lieu nous verrons combien le preſent gouvernement de la France eſt éloigné de celuy ſous lequel a été fondée la Monarchie, & dans lequel elle a ſubſiſté tant de ſiecles. 4. Et enfin nous examinerons par quels moyens on pourroit ſe ſervir des circonſtances favorables du temps preſent pour ramener la Monarchie à ſon ancien Gouvernement.

POUR comprendre combien eſt grande l'oppreſſion ſous laquelle la France gemit, nous n'avons qu'à conſiderer la ſituation où ſe trouvent toutes les parties qui compoſent l'Etat. L'Egliſe eſt aſſurement la prémiere, la plus noble & celle qui a toûjours conſervé les plus grands privileges & le plus de liberté. Mais aujourd'hui en France l'Egliſe eſt ſoûmiſe à la tyrannie du gouvernement, tout de même que les autres. Les Rois de France ſe ſont fait *Papes*, *Muftis*, *grands Pontifes*, & Princes abſolus ſur les choſes ſacrées. Le nom du grand Pontife & ſon authorité n'y ſont plus que des fantômes. Les Prêtres de Jesus-Christ ſont des Eſclaves, les Maiſons ſaintes & conſacrées à Dieu ſont expoſées aux fureurs du Soldat ; la Foi même & les myſteres dépendent abſolument de la volonté du Souverain. Pour rendre cela ſenſible, je ne veux pas remonter bien haut, il ſuffit de remettre devant les yeux ce qui s'eſt paſſé de nos jours & de nôtre propre memoire. Souvenons nous, par exemple, de quelle maniere s'eſt traitée l'affaire des cinq propoſitions de *Janſenius*. La Cour de France a fait definir cette controverſe à Rome comme il lui a plû, aprés quoi il n'y a pas de violence qu'elle n'ait commiſe & exercée pour ſoûmettre les Diſciples de *ſaint Auguſtin* aux déciſions qu'elle avoit par ſurpriſe obtenüe de la Cour de Rome. On ſçait le bruit qu'a fait le Formulaire : Comment la Cour fit faire une forme de ſerment par lequel on reconnoiſſoit, non ſeulement que les *cinq pre-*

positions étoient Heretiques, mais qu'elles étoient dans *Jansenius*. C'est
à dire qu'alors la Cour voulut que le Pape fut infaillible, non seulement
dans les choses de droit, mais dans les choses de fait. Et tous ceux qui ne
voulurent point passer par là, furent dépoüillés de leurs benefices, chaf-
sés, exilés, plongés dans de noires prisons; plus de 60. Docteurs de
Sorbonne furent chassés, exilés, & relegués; les maisons des filles Religieuses qui ne voulurent pas obeïr, furent violentées & dispersées. Il y a
quarante ans que la Cour fait durer cette persecution & encore aujour-
d'hui un grand nombre de Saints Prêtres sont dans l'exil, dans les prisons
& dans la souffrance, pour ne vouloir pas renoncer à la grace de Jesus-
Christ efficace par elle même. C'est bien là une affaire dont la Cour
se deût mêler? & n'est-ce pas étendre son Empire plus loin que celui de
Dieu; qui dans les choses lesquelles ne sont pas de souveraine necessité
veut qu'on se tolere mutuellement? au moins c'étoit une affaire à laisser
vuider à l'Eglise. Elle est purement de son ressort; il ne faloit donc emploier là dedans, ni prisons, ni exil, ni violence, ni authorité Roiale.

Aprés l'affaire des *cinq propositions*, est venuë celle de la *Regale*. C'est
un droit par lequel les Rois de France prétendent être en puissance de
recevoir les fruits des Evêchés vacants, & de remplir durant la vacance
tous les benefices & cures d'ames qui viennent à vaquer & qui sont à la
nomination de l'Evêque. L'affaire sembloit avoir été reglé dans le Concile general de *Lion*; où il avoit été défendu d'étendre la Regale sur les
Evêchés où ce droit ne s'étoit point auparavant exercé. Plusieurs Evêchés de France joüissoient de cette immunité. *Loüis XIV.* s'est mis en tête
de les soûmettre tous à ce joug. Les Evêques *d'Alet* & de *Pamiers* deux
des plus Saints Hommes de leur siecle n'on pas voulu ceder aux injustes arrêts que le Roi faisoit rendre dans son Conseil, où il étoit Juge & partie,
dans une affaire qui devoit dependre du saint Siege ou d'un Concile. Et
parce que ces saints Evêques se sont addressés au saint Siege, afin que le
Pape emploiât son authorité pour maintenir les privileges de l'Eglise,
on ne sçauroit dire les cruelles persecutions auxquelles ont été exposées
les deux Eglises *d'Alet* & de *Pamiers*. Les Evêques & les Chapitres ont
été privés de leur Temporel, les biens Patrimoniaux & des Chanoines &
des Evêques ont été saisis; & ainsi on les a reduits à la derniere pauvreté,
& cela avec tant d'inhumanité qu'il n'étoit pas permis à leurs amis de
leur donner l'aumône: on les a relegués dans des deserts, on les a emprison-
nés, on les a menacés, on les a condamnés au dernier supplice. Jusques-

jà que la Cour a fait rendre un arrêt par le Parlement de *Thoulouse* qui condamne l'un des grands Vicaires de *Pamiers* à avoir la tête trenchée par la main d'un Bourreau. Ce qui a été executé sur son Effigie parce qu'on n'a pû se saisir de sa personne. Tous ceux qui ont eu quelque liaison de parenté ou d'amitié avec ces deux Evêques leurs grands Vicaires, leurs Chanoines & leurs Officiers, ont été traités de même ; on les a relegués aux extremités du Royaume, ou bien jettés dans des prisons, où ils souffrent encore les dernieres indignités & des miseres extremes.

Le Roi pour avoir un Empire sans bornes sur l'Eglise, aprés avoir établi son pouvoir sur les Evêques, l'a voulu étendre sur toutes les Maisons Religieuses. On sçait qu'il y en avoit beaucoup qui conservoient encore le privilege qui étoit autrefois commun à toutes les Societés d'Hommes & de Femmes, c'étoit celui de s'elire des Superieurs & des Superieures. Il faut à present que tous les Superieurs & les Superieures des Maisons Religieuses soient mises des mains de la Cour, afin qu'ayant ses Creatures par tout, elle domine partout. Et comme elle se donne le pouvoir de mettre des Superieurs partout, elle les revôque & les change quand bon lui semble, afin que l'esclavage soit au souverain degré & qu'il ne soit plus permis à personne de faire son devoir envers Dieu qu'autant qu'il plaira au Roi. C'est en consequence de cette resolution qu'on a persecuté les filles de *Sainte Claire* appellées *Urbanistes* ; la Maison de *Charonne* & l'Ordre de *Clugny.* Dans toutes ces maisons on a introduit avec la derniere violence des Superieurs & des Superieures de la nomination du Roi. On a brisé les portes, on a violé les asiles les plus sacrés, on a enlevé par force les Religieuses, on les a releguées, on les a emprisonnées, il n'est point de maux qu'on ne leur ait fait souffrir. L'Abbaye de *Clugny* qui est un relief d'Ordre, avoit toûjours conservé le privilege de s'elire des Abbés : mais on a jugé à propos de n'avoir aucun égard à un privilege aussi ancien que l'Ordre même. On a cassé l'élection que les Religieux avoient faite d'un Abbé regulier & d'authorité, on a donné l'Abbaye au *Cardinal de Bouillon* ; afin que la Cour eût là un esclave qui fut le tyran de l'Ordre ; & qui en répondit à la Cour. Si les choses ont tourné autrement, & si le *Cardinal de Bouillon* ne s'est pas trouvé ami du gouvernement present, la violence n'en est pas moins grande.

Parce que dans les benefices il y a du temporel, les Princes ont au moins quelque pretexte de vouloir être maîtres de la Collation ; mais le Roi sans aucune ombre de pretexte s'est rendu maître absolu de ce qu'il y

à de plus spirituel dans l'Eglise. A present la Foi de l'Eglise dépend de l'authorité du Prince. Il fait faire sous ses yeux & dans sa Capitale des assemblées tumultueuses, composées de ses creatures & des Evêques de Cour ;
là il fait decider de pleine authorité les matieres les plus importantes & les
plus delicates, il soûmet le Pape au Concile, il lui ôte le pouvoir d'excommunier les Rois, il declare qu'il est sujet à erreur. Il appuye ces Decisions temeraires de ses Declarations Royales ; & si quelqu'un ose dire qu'il
ne soûmet pas son jugement à ces decisions, il est l'objet de la plus cruelle persecution qu'on puisse imaginer ; il doit s'attendre à la prison, à
l'exil, & même à la mort.

On a toûjours regardé l'authorité d'établir de nouveaux Ordres, & de
ruïner ceux qui sont établis comme un droit attaché au saint Siege. Mais
le Roi s'est mis en possession de ce droit. Tout le monde sçait comment les
filles de *l'Enfance* s'étoient établies à *Thoulouse* sous la direction de Mada-
me de *Mondouville*, & par la permission du Pape. Parce que les directeurs de
cette Maison étoient soubçonnés d'être ce qu'on veut appeller *Janfenistes*,
on a ruiné les Maisons de cet Ordre ; on a enlevé l'Abbesse & on l'a
enfermée dans la Maison *des Hospitalieres* : prés de deux cens filles *de l'Enfance* ont été chassées de leurs Maisons, arrachées de leurs Santuaires par
les Soldats & par les Archers, & reduites aux dernieres extremités.

Si quelque chose est du ressort de l'Eglise, il est indubitable que ce
sont les Versions de l'Ecriture sainte. La parole de Dieu est le lait de cette Mere par lequel elle nourit ses Enfans : c'est à elle à le dispenser selon sa
sagesse & selon les necessités. Cependant la Cour de France s'est mise en
possession de regler nos lectures & nos devotions particulieres. Parce que
la Version de *Mons* vient de personnes qui ne sont pas amies de la Cour,
quoy qu'elles soient trés Catholiques, il faut que cette version soit em-
poisonnée, que la Doctrine du Ciel soit devenuë dangereuse ; par autorité du Roy on en défend & la publication & la lecture sous les dernieres
peines. Il en est ainsi de tous les autres livres de pieté & de Religion. Il
suffit qu'ils ayent été composés par des Docteurs que la Cour hait, ils
deviennent méchants ; on leur défend l'entrée du Royaume, les Intendants qui les laissent entrer sont disgraciés, & les Ecclesiastiques qui les
reçoivent sont condamnés à des prisons perpetuelles, où la perte de la liberté est le moindre mal qu'on leur fait souffrir.

Quand il plaît au Roy de se broüiller avec le Pape & d'appeller de ses
procedures les plus justes, il faut que l'Eglise Gallicane adhere à cette ré-
volte.

volte. On y oblige tous les Evêques, les Chapitres, les Univerfités, les Maifons Religieufes tant d'hommes que de Femmes : on leur envoye des ordres de fe conformer aux volontés du Roy & de les figner. S'ils y manquent on leur prepare tous les plus rudes châtiments. N'eft-ce pas la derniere violence ? & où eft la liberté de l'Eglife, & des fuffrages ?

Mais qu'eft-ce que cela en comparaifon de ce qu'on a obligé l'Eglife de faire dans la perfecution qu'on a excitée contre les *Calviniftes.?* Je ne dis rien de cette perfecution elle même; le Roy verra bien-tôt tout ce qu'il a gagné par cette conduite. Il en coûte dejà la Couronne au Roy d'*Angleterre.* C'eft cela qui a attiré fur la France la plus horrible tempête qui fe foit jamais formée. L'Eglife eft fans doute intereffée dans ces troubles non feulement comme membre de l'Etat, mais parce qu'en fon particulier elle court rifque de fouffrir beaucoup, laiffant pourtant cela à part, quel fujet n'at'elle pas de fe plaindre de la violence qu'on lui a faite. On la contraint à recevoir ceux qu'elle doit regarder comme des Chiens & des Pourceaux dans la Bergerie du Seigneur; on la force de profaner fes plus facrés myfteres, en les expofant à la vûë des incredules : on l'oblige, ce qui fait horreur à dire & à penfer, à expofer le precieux Corps de fon Sauveur au plus grands de tous les outrages. On contrain l'Eglife de donner la Communion à des gens qui font profeffion d'abominer nos myfteres. Qui eft-ce qui fait cela ? c'eft le Roy; le Roy le veut, les ordres en font donnés aux Evêques, & partout où ils ne s'executent pas, les Ecclefiaftiques font dans la difgrace de la Cour. Les *Calviniftes* ont jufte fujet de fe plaindre de ces violences. Mais L'Eglife Gallicane en a encore bien davantage de fujet. Les *Calviniftes* communient malgré eux à des efpeces qu'ils ne confiderent que comme du pain & du vin, & ainfi ils ne profanent que des Symboles. Mais l'Eglife eft obligée de profaner la Chair & le Sang de fon Sauveur, & de les faire manger par des profanes. C'eft affurement la derniere violence & une Souveraine impieté. Eft-ce une affaire qui foit du reffort d'un Prince temporel ? Le Pape ne devoit-il pas être confulté fur la maniere de la converfion des *Calviniftes* ? ne devoit-on pas fçavoir de lui, fi felon les Canons, il eft permis de forcer des Heretiques à affifter à la celebration de la Meffe ? ne devoit-on pas fçavoir de luy pareillement s'il feroit à propos de forcer à la Communion des Gens non perfuadés ? au lieu de cela, le Roi de fon authorité decide les cas de confçience les plus delicats, fans confulter qu'un Confeffeur & quelques Evêques de Cour, & contraint toute l'Eglife Gallicane à fe

B

soûmettre à ses décisions. Si ce n'est pas là opprimer l'Eglise, je n'y entend rien : & aprés cela on trouve mauvais que le Pape ne façe pas retentir son Palais d'*Alleluya* & qu'il regarde avec assés d'indifference des conversions faites sans son authorité & contre les loix de l'Eglise.

Enfin pour être persuadé de l'oppression que souffre l'Eglise Gallicane, il n'y a qu'à jetter les yeux dessus. On verra que les prisons sont pleines de Prêtres, que plusieurs d'entr'eux souffrent dans les prisons de miseres extremes, que plusieurs y sont morts de faim, de froid & de toutes sortes de calamités. Il faut regarder le triste état & la situation abjecte où sont tous les bas Ecclesiastiques. Le Roi leve des Tailles sous le nom de Dons Gratuits sur le Clergé, qui l'affechent & qui le rendent miserable. Il est vrai que les Evêques & tous ceux qui tiennent les grands benefices trouvent des moyens de se tirer de dessous ce fardeau, mais il n'en devient que plus pesant au Bas Clergé. Les Curés portent le faix ; on augmente les Decimes. Et tel n'a pas le quart de ce qui lui conviendroit pour se soûtenir en état de faire honneur à l'Eglise, qui doit payer une grande partie de son petit benefice pour le Roi. Ce qui fait que les Curés sont pauvres, & miserables, & meprisés. Autrefois tout étoit sacré dans l'Eglise, & biens & personnes : on n'osoit toucher à rien de ce qui lui appartenoit sans encourir l'excommunication. Il y avoit sans doute beaucoup d'excés dans ces Immunités étenduës trop loin. Mais aujourd'hui on a poussé les affaires dans une autre extremité. Il n'y a plus de caractere, ni d'asyle inviolable. La tyrannie subjugue tout.

LES Parlements sont la plus auguste partie de l'Etat, ce sont naturellement les Temples de la Justice, les Asiles de l'innocence persecutée, & les protecteurs de la liberté publique. Nous verrons dans la suite quels étoient autrefois leurs privileges. Aujourd'hui ce sont des Compagnies sans authorité & quasi sans honneur, à cause des bassesses & des injustices qu'on les oblige de faire pour plaire à la Cour. Non seulement tous les jours le Roi casse les arrêts des Cours Souveraines, mais il violente leurs avis. Aujourd'hui il ne faut plus ni Code, ni Digesté, ni Coûtume, les lettres de Cachet font tout le Droit François : quelque injuste que soit une procedure, il suffit qu'elle plaise à la Cour pour être authorisée. Le Parlement de Paris étoit autrefois un rempart contre la tyrannie; aujourd'hui il en est le premier instrument. Il faut qu'il verifie tous les Edits les plus cruels & les plus opposés au bien de l'Etat, à la liberté & au repos des Peuples. S'il osoit se servir du droit qu'il a de s'opposer aux Edits & Declarations injustes, il seroit assuré d'être interdit le l'endemain & ses membres enfoncés dans des cachots. Les Tribunaux inferieurs sont tombés dans le même esclavage: les Intendans de Provinces leur ôtent toute leur juridiction. Ils attirent devant eux toute la Justice. Et quand il faut condamner un Innocent, l'Intendant obtient une commission de la Cour. Il ramasse de plusieurs Presidiaux les Gens les plus devoüés à la Cour & prononce suivant les ordres qu'il a receus d'enhaut. Ainsi on se mocque proprement de Dieu & de la Justice. On fait des informations, on fait opiner des Juges sur une affaire dejà jugée, & sur des procés qui sont venus tout faits de Versailles. On rend les charges venales, on tire argent de tout: & par ce moien la Justice elle même se vend: le Peuple est consumé par des procedures sans fin, & c'est ainsi que tout perit.

LA NOBLESSE devroit être la force & l'ornement de l'Etat, il est certain qu'autrefois elle partageoit presque la Souveraineté avec les Rois, comme nous le verrons dans la suitte. Aussi êtoit elle alors la terreur de toute l'Europe, & formoit le plus illustre corps qui fut au monde. Aujourd'hui elle est dans un abbatement qui la rend le mespris de toute la terre. Elle est reduite à un petit nombre; ce qui reste est gueux & miserable. La folle depence que les Rois n'ont pas pris soin de regler comme ils la devoient, peut être cause en partie de ce desordre. Mais l'oppression & la tyrannie du gouvernement en sont bien davantage la cause. Cette Noblesse avoit autrefois de grands privileges, aujourd'hui elle est reduite à l'extremité comme le reste de l'Etat, & les privileges des Nobles ne sont plus que des ombres & des toilles d'araignées qui ne les mettent à l'abri de rien. Leurs Fermiers & leurs terres payent au Roi des impôts si excessifs, que tout le revenu du fonds est consumé. Sous pretexte de remedier à quelques desordres qui meritoient sans doute qu'on y eût égard, on a envolé des Intendants dans les Provinces qui exercent sur la Noblesse un Empire insupportable & qui la reduisent en esclavage. Aujourd'hui il faut qu'un Gentilhomme ait droit & demi pour gagner son procés contre un Paysan. Un Sergeant de Ville fait insulte à son Seigneur; & est assuré d'être protegé dans toutes ses violences. Les

terres & les Fermiers des Gentilshommes bien loin d'être protegés sont
plus chargés que les autres. Un Gentilhomme ne sçauroit plus faire valoir qu'une terre entre ses mains : on peut dire que les autres sont pour
le Roi. Mais helas ! il y a fort peu de Gentilshommes qui se trouvent dans
cet embarras par la pluralité de terres. A peine en ont ils une sur quoi
demeurer. Toute l'ancienne Noblesse de France est reduite à la mendicité.

A la place des anciens Nobles, il vient de nouveaux Nobles qui tirent
leur origine de la faveur de la Cour & des Finances. Ces Gens achêtent
& possedent toutes les plus belles terres du Royaume, & exercent sur les
anciens Gentilshommes une espece d'Empire Despotique. Quand ils viennent à la Campagne passer quelques mois, toute la Noblesse du Païs
rampe devant eux : & tel qui est d'une maison où l'on n'auroit pas voulu autrefois avoir un Domestique d'aussi basse naissance que le nouveau
Seigneur, se trouve tout heureux de pouvoir trouver place à sa table
pour profiter de quelques repas. C'est ce qui a abâtardi la Noblesse de
France, autrefois si celebre pour son courage & pour sa bravoure : la
pauvreté l'abbaisse. Les nouveaux Nobles n'ont point tiré de leurs Ancêtres le sang qui fait le courage, & les anciens Nobles l'ont perdu par
l'habitude d'esclavage, par la misere & par la bassesse, où leur état
present les engage. D'ailleurs elle est si diminuée, que dans des Cantons
où l'on trouvoit cent Maisons de Gentilshommes qui faisoient figure,
on n'y en trouveroit pas aujourd'hui dix. Le reste est comme abîmé en
terre. On achevè d'atterer les maisons qui subsistent encore par les moyens qui ont ruiné les autres. On ne laisse pas de trouver cette miserable
Noblesse quand il faut aller à l'Arriereban qui est un des moiens dont on
se sert pour l'accabler. Il faut que les Gentilshommes trouvent ce qu'ils
n'ont pas.

Il y a des Provinces où l'on ne trouveroit pas entre la Noblesse
100. Pistoles. Il faut pourtant s'équiper d'armes, de Chevaux &
de Valets pour marcher à l'Arriereban. Vous pouvez juger comment une
telle Troupe peut être équipée & quels exploits on en doit attendre.
Parce que la Noblesse Françoise dans la Minorité du Roy avoit fait paroître quelques bonnes intentions pour le bien public & pour la liberté,
on se promit bien de l'abaisser. On en est venu à bout à un point que
jamais Corps ne se trouva dans une telle bassesse. Il ne se faut point flatter, il n'y a que le changement de gouvernement qui puisse faire chan-

ger les Gentilshommes de condition , & faire remonter l'ancienne Nobleſſe à ce point de gloire où elle étoit autrefois.

IL n'y a point de Royaume où il y ait autant de grandes & belles
Villes qu'en France : & c'eſt ce qui faiſoit ſa force. Les Villes autrefois ſe conſervoient un peu , à cauſe qu'elles étoient le refuge &
la retraite de ceux qui vouloient ſe ſoûtraire aux charges exceſſives des
impôts. La plûpart de ces Villes avoient de beaux privileges , & ſur
tout elles joüiſſoient d'exemption de Tailles. C'eſt pourquoy auſſi-tôt
qu'un bon Payſan ou un Habitant d'une petite Ville avoit acquis quelque bien par ſon induſtrie , il ſe refugioit dans une Ville franche pour
y conſerver ce qu'il avoit acquis. Aujourd'hui il n'y a plus d'aſile contre
la tyrannie. Les Franchiſes des Villes , auſſi-bien que les privileges des
autres Corps de l'Etat , ne ſont que des ombres & des noms. Ce ſont
toûjours des Villes franches , on n'y paye pas de Taille ; mais on a
trouvé mille moyens de les accabler & de les ruïner. Les grandes Villes
avoient des revenus , elles avoient en main le fonds de pluſieurs particuliers dont elles faiſoient rente , elles ne manquoient pas de credit , &
quand elles ont été obligées à des depenſes extraordinaires , elles n'ont
eu aucune peine à trouver de l'argent parce que les Maiſons de Ville payoient tres-bien leurs rentes , par le moyen des deniers d'Oɛtroy dont
elles joüiſſoient , & par le pouvoir qu'elles avoient d'impoſer ſur leurs
Bourgeois de mediocres taxes pour l'entretien du public. Le Roy s'eſt
ſaiſi de tous les deniers d'Oɛtroy , il a pris tous les revenus des Maiſons
de Ville : les particuliers ne ſont point payés , on leur retranche tous les
ans quelque choſe , & enfin le tout ſe reduit à rien. On ne ſçauroit
conter combien de particuliers ſont demeurés ruinés & incommodés par
ce moyen. Les Villes ont entierement perdu leur credit. Elles periroient
qu'elles ne pourroient trouver à emprunter la plus petite ſomme ; parce
qu'on regarderoit comme perdu tout ce qu'on leur prêteroit. Les Villes ne payent point de Taille , mais on leur demande des ſubſiſtances,
des quartiers d'Hyver , des Dons gratuits ; on leve les ayſés ; on met des
Impôts ſur les Vins , ſur les Blêds , ſur la marque de l'Argent , ſur
celle de l'Eſtaing , ſur le Tabac , ſur le Papier , ſur les Exploits , ſur
le Sel , ſur les Bêtes ; & tout cela va bien plus loin que les Tailles. Le
commerce eſt ce qui fait la richeſſe des Villes & d'un Etat. Le preſent
Gouvernement s'eſt fait une grande affaire & un grand honneur d'am-

meliorer le Commerce de France. Feu M. Colbert avoit pris pour cela de grands soins. C'eſt dans cette vûë qu'il a fait établir une Compagnie des Indes Orientales ; qu'il a dreſſé des manufaĉtures de Draps, de Bouraquans, de Camelots & d'autres Eſtoffes étrangeres ; afin que l'on pût trouver en France tout ce dont on auroit beſoin, & que nôtre argent ne paſſât pas aux Etrangers. Mais la miſere n'eſt point diminuée pour cela, & le Commerce au lieu d'augmenter, eſt aneanti : parce que le Commerce ne ſubſiſte que par l'argent qui roule : or le Roy par les droits épouvantables & exceſſifs qu'il a levés ſur toutes les marchandiſes a attiré à luy tout l'argent, & le commerce eſt demeuré à ſec. Il n'y a point de rigueurs & des cruautés qui n'ayent été exercées par les Fermiers des Doüannes ſur les Marchands ; mille friponneries pour trouver lieu de faire des confiſcuations ; des marchandiſes injuſtement arrêtées ſe perdent & ſe conſument. Outre cela certains Marchands par la faveur de la Cour mettent le Commerce en monopole, & ſe font donner des privileges pour en exclurre tous les autres, ce qui ruïne une infinité de gens. Et enfin bien loin que la défenſe des marchandiſes étrangeres ait bien tourné pour le Commerce, au contraire c'eſt ce qui l'a ruïné. On ne penſe pas que l'ame du Commerce c'eſt l'argent, & que la vie de l'argent eſt dans le mouvement. Le Commerce ne s'entretient que par le mouvement qui ſe fait de l'argent d'un Païs à l'autre. Nous envoyons aux Etrangers nos Bleds, nos Vins, nos manufaĉtures, ils nous envoyent leurs Poiſſons ſalés, leurs eſpiceries & leurs eſtoffes, & l'argent roule par ce moyen. Nous avons appris aux Etrangers un ſecret dont ils ſe ſont ſervis pour nous ruïner. Nous avons voulu nous paſſer de leurs eſtoffes de Laine, ils ont trouvé moyen d'établir des manufaĉtures de Soye, & d'imiter nos eſtoffes : ce qui eſt cauſe que ce Commerce eſt entierement ruïné, & que de ſept ou huit mille mêtiers qui travailloient à Tours, il n'en reſte pas aujourd'hui huit ou neuf cents. Et tout cela par le pouvoir Deſpotique & ſouverain qui ſe pique de faire tout à ſa fantaſie, de donner à tout un nouveau train, & de reformer toutes choſes par un pouvoir abſolu. La perſecution des Hugenots, autre effet de cette puiſſance tyrannique, a mis la derniere main à la ruïne du Commerce. Parce que ces gens êtoient exclus des Charges, ils s'êtoient entierement jettés dans le Commerce, de Bleds, de Vins, de manufaĉtures ; la perſecution qu'on a exercée contre eux, les a obligés de ſe retirer

& comme ce qu'il y avoit d'argent étoit entre les mains des Marchands Huguenots, ils ont eu beaucoup plus de facilité que les autres à se retirer. Et en se retirant ils ont tiré du Royaume des sommes immenses qui ont tari la source du Commerce. Ceux qui sont demeurés ont fermé leur bourse, ils ne trafiquent plus, ils pensent à faire leurs affaires peu à peu pour preparer leur retraite. C'est ainsi que les Villes sont tombées dans la misere par la tyrannie du Gouvernement, comme le reste du Royaume.

Fin du premier Memoire.

LES SOUPIRS
DE LA
FRANCE ESCLAVE
Qui aspire aprés la Liberté.

II. MEMOIRE,
Du 20. d'Août 1689.

DE L'OPPRESSION DES PEUPLES,
des Impôts excessifs, & du mauvais employ des Finances.

APRÉS l'oppression de l'Eglise, de la Noblesse, des Parlements & des Villes, il faut voir l'oppression du Peuple. Il est bon d'apprendre premierement que dans le Gouvernement present tout est Peuple. On ne sçait plus ce que c'est que qualité, distinction, merite, naissance. L'autorité Royale est montée si haut, que toutes les distinctions disparoissent, toutes les lumieres sont absorbées. Car dans l'élevation où s'est porté le Monarque tous les Humains ne sont que la poussiere de ses pieds. Ainsi sous le nom de Peuple on a repandu l'oppression & la misere jusque sur les parties les plus nobles & les plus relevées de l'Etat. Cette oppression des Peuples se fait premierement par le prodigieux nombre d'Impôts & par les levées excessives de deniers qui se font par toute la France. C'est une science aujourd'hui en France que celle des Impôts & des Finances, & il y faut être habile pour en parler pertinement. Mais il suffit que nous en disions ce que nous en sentons tous, & ce que le Peuple en sçait. Il y a Taille Personelle, Taille Réelle. Il y a Impôt sur le Sel, sur les Vins, sur les marchandises, sur les fonds, sur les rentes. Ce siecle malheureux a produit un volume de noms dont la plûpart étoient inconnus à nos Ancêtres : ou si quelques-uns de ces noms étoient connus, ils n'étoient pas odieux à cause de la moderation avec laquelle on imposoit & on levoit les tributs. Aujourd'hui mille canaux sont ouverts par lesquels on tire le sang du Peuple & des Sujets pour le faire couler dans l'abîme de la cupidité insatiable & de l'ambition demesurée du Prince. Cela s'appelle Taille, Gabelle, Aydes, Domaines, Doüanes, Taillon, Subsistance, quartier d'Hyver, Garnisons, Marques de l'Argent & de l'Estaing, Papier timbré, franc Séellé, Impôt sur le Tabac, Controolle des Exploits, Greffe des affirmations, Aysés, Francfiefs, Recherches par les Cours de Justices, Droits sur les Bois, Entretiens des Tursies & Levées, Droits des Eaux & Fôrets, Ban & Airiereban dont on ne se rachête qu'en payant, Parties Casuelles, Ventes de charges de Justice, Police & Finance, Creation de nouvelles rentes, Creation de nouveaux Offices, Polette, Finances pour la conservation des charges, Taxes sur ceux qui ont manié les affaires du Roy, & une infinité d'autres qui ne nous viennent pas dans la memoire ; ou que nous ne sçavons peut-être pas ; parce que cela n'est gueres connu que par ceux qui y sont interessés. Et il n'est d'aucun usage pour mon but de vous faire connoître le détail de ces Impôts pour vous en faire sentir l'injustice & le poids. Il suffira pour la fin que nous nous proposons de vous faire connoître l'horrible oppression de ces Impôts. 1. Par les sommes immenses que l'on tire. 2. Par les violences & les excés qui se commettent pour les lever. 3. Par le mauvais usage que l'on en fait. 4. Et enfin par la misere où sont reduits les Peuples.

Premierement, chers & malheureux Compatriotes, vous devés sçavoir que les Impôts qui se tirent sur vous, font une somme peut-être plus grande que ce que tous les Princes de l'Europe ensemble tirent de leurs Etats. Une chose est constante, c'est que la France paye deux cents millions d'Impôts, dont à peu prés les trois quarts vont dans les coffres du Roi, & le reste va pour les frais de la recepte, pour les Fermiers, pour les

Officiers , pour les Gardes , pour les Receveurs , pour les gains des
Financiers , & pour bâtir de nouvelles fortunes qui se font presqu'en
un jour. Pour la levée du seul Impôt du Sel il y a une grande Armée
d'Officiers & d'Archers. Or je pose en fait, & je voudrois prouver
sur le peril de ma vie , que les Rois d'Espagne , d'Angleterre , de Suede,
de Danemarck , l'Empereur , tous les Princes d'Allemagne & d'Italie,
les Republiques de Venise & de Hollande , hors les temps de guerre ,
ne tirent pas de leurs Etats deux cents millions de tributs ordinaires. La
chose est notoire , & je ne crois pas que personne la revôque en doute.
Je vous prie faites attention à ceci , & voyés s'il y eut jamais prodige
de tyrannie qui soit allé jusques-là. Il ne faut point dire , c'est que la
France est aussi grande que le reste de l'Europe , car elle n'en fait pas la
dixiéme partie. Il ne faut pas dire non plus que c'est une marque de sa
richesse. Car la France a ses Landes & ses Deserts tout comme les autres Pays. Elle a de tres bons Cantons & tres fertiles, mais les autres Païs
en ont aussi. Elle n'a rien qui approche de la fertilité de la Flandres &
de la Hollande , ou de la Hongrie. Si elle a moins des terres incultes
que l'Espagne , elle en a tout autant que l'Allemagne & l'Italie. Ainsi
il n'y a point d'autre cause de ces immenses revenus de la Couronne ,
que la violence & la tyrannie du Gouvernement. C'en est là une preuve
sensible & à laquelle il n'y a rien à répondre. La Cour tire tous les ans
du Royaume peut-être quatre ou cinq fois plus qu'il n'y a d'argent dans
le Commerce. Et si le Thresor avoit tout à la fois tout ce qui se tire de
l'Etat, il n'y auroit pas un seul sol dans le reste du Royaume. Ainsi il
faut que tout ce qu'il y a d'argent dans la France passe quatre ou cinq
fois , tout au moins , par les mains des Officiers du Roy.

 Si la tyrannie est évidente & claire dans les sommes immenses qui se
levent sur la France , elle ne l'est pas moins dans la maniere de les lever.
Les Peuples ont établi des Rois pour conserver les personnes , la vie , la liberté & les biens des particuliers. Mais le gouvernement de France est
monté à cét excés de tyrannie qu'aujourd'huy le Prince regarde tout comme luy appartenant en propre. Il impose des tributs & tels qu'il luy plaist
sans consulter ni Peuples , ni Grands , ni Etats , ni Parlements. Je m'en
vais vous dire une chose qui est certaine , que mille gens sçavent, quoi
que la plûpart de nos François l'ignorent: sous le ministere de M. Colbert
il fut mis en deliberation si le Roi ne se mettroit pas en possession actuelle
de tous les fonds & de toutes les terres de France,& si on ne les reduiroit

point tout en Domaine Royal, pour en joüir & les affermer à qui la Cour jugeroit à propos, sans avoir égard ni à l'ancienne possession, ni à l'heredité, ni aux autres droits. Precisément comme les Princes Mahometans de Turquie, de Perse & du Mogol se sont rendus maîtres en propre de tous les fonds, & dont ils donnent la joüissance à qui bon leur semble, mais seulement à vie. Monsieur Colbert envoïa querir un fameux voyageur * qui avoit passé plusieurs années dans les Cours de l'Orient, & le questionna longtemps sur la maniere dont ces biens s'administroient. Et c'est ce qui obligea le voyageur à donner au Public une lettre addressée à ce Ministre, dans laquelle il prit a tâche de faire voir que cette malheureuse tyrannie est cause que les plus beaux pays de l'Orient sont devenus des deserts; personne ne possede plus aucun fonds en propre, c'est pourquoi personne ne pense à entretenir les fonds. On en tire autant qu'on peut & on les épuise, parce qu'on sçait qu'on ne les possede qu'à vie. Cela même est cause que les hommes se marient peu, n'ont que des Concubines & se repandent en mille sales voluptés steriles; parce qu'ils n'ont point à cœur d'élever des familles, auxquelles ils n'ont rien à laisser. Voyés je vous prie où vous en êtes, & quel est le gouvernement sous lequel vous vivés; quand il viendra un Administrateur des Finances qui sera un degré plus hardi que n'étoit Colbert, on vous arrachera en un jour tous vos heritages, vous deviendrés fermiers & vous payerés au Prince la rente de tous vos propres. Le plus fort est déja fait : déja le Prince s'est persuadé qu'il est en droit de faire cela : les considerations de conscience sont aneanties. Il n'a été retenu que par des raisons d'Etat; soyés assurés que les raisons d'Etat ne sont pas des verités eternelles, & qu'elles changent quand l'occasion s'en presentera.

Combien d'excés & de violences s'exercent dans la levée des Impôts ? le plus petit Maltotier est une personne sacrée, qui a un pouvoir absolu sur les Gentilhommes, sur le membres de la Justice & sur tout le Peuple. Un coup donné est capable de perdre le plus puissant des Sujets. On enleve des Maisons, Meubles, Bêtail, Argent, Bleds, Vins, & tout ce qui trouve. Les prisons sont pleines de miserables qui sont obligés de répondre des sommes qu'ils ont imposées sur d'autres miserables, qui ne sçauroient payer ce que l'on exige d'eux. Est-il rien de plus dur & de plus cruel que l'Impôt du Sel ? On fait achéter dix ou douze sols la livre une chose que la Nature, le Soleil & la Mer nous donnent pour rien, & qu'on pourroit avoir pour deux liards. Sous prétexte d'exercer les droits du Sel, le Ro-

* *Bernier.*

yaûme eſt couvert d'une grande Armée de Scelerats, qu'on appelle *Archers de la Gabelle*, qui vont dans les maiſons, percent avec authorité dans les lieux les plus ſecrets, & ne manquent pas de trouver du faux Sel, où ils croient qu'on peut trouver de l'argent. On condamne des miſerables à des ſommes immenſes, on les fait pourrir en priſons, on ruïne des familles. On impoſe le Sel en la plûpart des lieux, & on en donne à chaque famille plus trois fois qu'elle n'en peut conſumer. Dans les Païs du voiſinage de la Mer, on ne veut pas que le pauvre Païſan emporte de l'eau de la Mer, on caſſe les Cruches, on bat les Gens, on les empriſonne : en un mot, il n'y a pas de violences qui ne ſe commettent par là, auſſi-bien que par la levée des autres Impôts, qui ſe fait avec des frais horribles, des ſayſies de fruits, des empriſonnements, des plaidoyers, devant les Elus & la Cour des Aydes : frais qui vont au delà du principal. On met dans la main des canailles un moyen de ſe vanger de leurs ennemis & de mortifier les honnêtes gens. Un Collecteur impoſe un homme à la taille deux ou trois fois au de là de ſon revenu. Comment ſe pourvoir ? il faut payer par proviſion les trois ou quatre cents écus à quoi eſt taxé un homme qui n'en poſſede pas la moitié de revenu : aprés on peut ſe pourvoir, c'eſt à dire monter de Barreau en Barreau juſqu'à une Cour Souveraine, playder trois ou quatre ans, conſumer en frais de Juſtice trois fois autant que ne vaut le principal, & au bout de tout cela ne rien retirer : car ceux qui manient les affaires du Roi & qui exercent ſes droits ont toûjours raiſon. La France eſt un des Païs du Monde le plus abondant en Vins, & c'eſt ce qui faiſoit autrefois ſa richeſſe. Mais c'eſt ce qui fait aujourd'hui ſa pauvreté. Les Impôts ſur les Vins, (tant les Vins qui ſe tranſportent que ceux qui demeurent) ſont ſi grands qu'ils abſorbent preſque tout, & le Proprietaire n'a rien.

Voilà comment toute la France eſt reduite à la derniere pauvreté. Dans les Regnes precedens, c'eſt à dire depuis le Miniſtere du Cardinal de Richelieu, & ſous celui du Cardinal Mazarin, la France êtoit dejà chargée de grands Impôts. Mais la maniere dont on les levoit, quoi qu'elle ne fut pas trop juſte, épuiſoit cependant beaucoup moins le Royaume, que la maniere dont on les leve aujourd'hui. En ce tems là, *credit & protection* avoient lieu. Le Gentilhomme qui avoit du credit protegeoit ſa paroiſſe, & ſur tout ſes fermiers & faiſoit diminuër leurs tailles. Le grand Seigneur garantiſſoit ſes Vaſſaux de l'oppreſſion, le Jûge & le Magiſtrat avoit ſes Gens qu'il mainteroit. Il y avoit peu de perſonnes riches qui ne ſe fiſſent des amis pour ſe garantir de l'oppreſſion. Ainſi tout le fardeau tomboit ſur les

Gens sans protection & sans amis ; qui à la verité étoient tout à fait miserables. Mais au moins il restoit dans le Royaume un grand nombre de
Gens qui étoient à leurs ayses, & qui faisoient honneur à l'Etat. Le gouvernement d'aujourd'hui a succedé à celui-là. M. Colbert a fait un projet de
reformation de Finances, & l'a fait executer à toute rigueur. Mais en quoi
consiste cette reformation ? ce n'est pas à diminuër les Impôts pour le sou-
lagement du Peuple. C'est à les augmenter de beaucoup, en les repandant
sur tous ceux qui s'en mettoient autrefois à couvert par leur credit & par
celui de leurs amis. Le Gentilhomme n'a plus le credit pour obtenir la di-
munition de taille à sa Paroisse, ses fermiers payent comme les autres &
plus. Les Officiers de Justice, les Seigneurs & autres Gens de caractere
n'ont plus aujourd'hui de credit au prejudice des deniers du Roi. Tout paye.
Voilà un grand air de Justice. Mais qu'est-ce que cette belle Justice a produit ? elle a ruiné tout le monde. Les miserables que les Impôts avoient
jetté par terre dans les années precedentes ont été dechargés, mais cette de-
charge ne peut rien contribuer à les relever. Ils n'ont plus rien, de rien on
ne fait rien. Et de plus les charges qu'on leur a laissées, quoi qu'un peu
moindres, sont plus que suffisantes pour les empêcher de se relever. Cependant ceux qui avoient de la protection, n'en ayant plus, ils portent le fardeau à leur tour. Et par cette voye tout est ruiné sans exception. Voilà à
quoi revient cette grande habileté dans les Finances qu'on a tant vanté dans
feu M. Colbert. Il a augmenté les revenus du Roi de plus de la moitié.
Premierement il a augmenté les Impôts. Secondement il en a assigné la
levée sur tout ce qu'il y a de Gens aysés dans le Royaume, & enfin il a re-
tranché les grands gains des Financiers. Il a poussé les fermes du Roi à toute extremité. On ne laisse plus rien à gagner à ceux qui exercent les droits
du Roi ; on tire tout. C'est à peu prés la même methode par laquelle il a
fait rendre aux Gens d'affaires tout ce qu'ils avoient pris dans le Ministere
precedent : on a erigé des Cours de Justice, dans lesquelles on a fait venir à
conte le Surintendant Foucquet, tous les Intendans des Finances, Thresoriers de l'Epargne, Traitants, Fermiers, Receveurs, jusqu'à de petits Commis. On leur a fait rendre tout ce qu'ils avoient pris & tout ce qu'ils n'a-
voient pas pris ; avec des violences & des injustices inoüies. La seule Justice qu'il y a eu dans cette poursuite, c'est que ces Messieurs qui avoient fait
de grandes injustices aux particuliers, ont passé par les mêmes injustices sous
l'authorité du Roi & du Gouvernement. C'est ainsi qu'on exige & qu'on
leve les Impôts, si cela n'est la derniere tyrannie, j'avoüe que je n'y entéd rien.
    Aprés cela si nous considerons l'usage que l'on fait de ces sommes im-

menſes qu'on leve avec tant d'excés & tant d'exactions, on y verra auſſi tous les caracteres de l'oppreſſion & de la tyrannie. Il arrive quelquefois que les Princes & Souverains font des levées qui paroiſſent exceſſives & qui en effet incommodent extremement les particuliers. Mais c'eſt quand ils y ſont forcés, par ce qu'on appelle les beſoins & les neceſſités de l'Etat : en France ce n'eſt rien de ſemblable. Il n'y a ni *beſoins* ni *Etat* : point d'E-*tat*, autrefois l'Etat entroit par tout; on ne parloit que des interêts de *l'Etat*, que des beſoins de l'*Etat*, que de la conſervation de *l'Etat*, que du ſervice de l'*Etat*. Aujourd'hui parler ainſi, ſeroit au pied de la lettre un crime de Leſe-Majeſté. Le Roi a pris la place de l'Etat. C'eſt le ſervice du *Roi*, c'eſt l'inte-rêt du *Roi*. C'eſt la conſervation des Provinces & des biens du *Roi*. Enfin le Roi eſt tout, & l'Etat n'eſt plus rien. Et ce ne ſont pas ſeulement des parol-les & des termes, ſe ſont de realités : on ne connoit plus à la Cour de France d'autre interêt que l'interêt perſonel du Roi, c'eſt à dire ſa grandeur & ſa gloi-re. C'eſt l'Idole à laquelle on ſacrifie les Princes, les grands, les petits, les Maiſons, les Provinces, les Villes, les Finances, & generalement tout. Ce n'eſt donc pas pour le bien de l'Etat que ſe font ces horribles exactions; car d'*Etat* il n'y en a plus. Ce n'eſt pas non plus pour les *beſoins*. Car jamais la France n'en a eu moins, excepté depuis quelques mois. Depuis trente ans, elle n'a eu d'ennemis, que ceux qu'elle s'eſt faits de gayeté de cœur. Elle pouvoit vivre dans une parfaite tranquillité. Toutes les puiſſances de l'Eu-rope qui lui pouvoient faire de l'ombrage, étoient abbaiſſées. Les Thrônes étoint poſſedés ou par des Princes enfants, ou par des Souverains d'une ca-pacité mediocre & d'une humeur tranquille, exempte d'ambition. Les Trai-tés de Munſter & des Pirennées avoient étendu ſes Frontieres & mis à couvert ſes anciennes Provinces par les nouveaux Païs qu'on lui avoit ce-dés. Jamais la France ne vit un temps ſi favorable & ſi propre à vivre heu-reuſe & à devenir riche & puiſſante. Et au contraire jamais ſa miſere & ſon eſclavage ne ſont montées à un ſi haut point. Ce n'eſt donc point à la défen-dre & à repouſſer les invaſions de l'ennemi que ſon argent a été emploié.

Cet argent eſt emploié uniquement à nourir & à ſervir le plus grand amour propre & le plus vaſte orgueil qui fut jamais. C'eſt un abîme ſi vaſte qu'il auroit englouti non ſeulement le bien de tout le Royaume, mais celui de tous les autres Etats, s'il avoit pû s'en ſaiſir, comme il a eſſayé de faire. Le Roi s'eſt fait donner plus de faux encens que tous les Demi-Dieux des Payens n'en ont eu de veritable. Jamais on ne pouſſa la flaterie à ce point. Jamais homme n'a aimé les loüanges & la vaine gloire au point que ce Prince l'a recherchée. Il nourrit dans ſa Cour & autour de lui

une foule de flaiteurs, qui encherissent les uns sur les autres. Non seulement
il permet qu'on lui erigé des * Statuës sur le pied desquelles on grave des
blasphemes à son honneur, & au bas desquelles on attache toutes les Nations
du Monde enchaînées. Mais lui même se fait mettre en or, en argent, en
bronze, en cuivre, en marbre, en toille, en tableaux, en peintures, en
arcs de triomphes, en inscriptions. Il remplit tout Paris, tous ses Palais',
& tout le Royaume de son nom & de ses faits ; comme s'il avoit laissé
mille lieuës derriere lui les Alexandres, les Cesars & tous les Heros de
l'Antiquité. Et le tout pour avoir enlevé à un Prince mineur & foible
trois ou quatre Provinces, pour avoir sceu profiter des divisions de l'Empire & du peu d'union & d'intelligence qui est entre ses membres, pour
avoir dépoüillé un pauvre Duc ; pour avoir achêté plusieurs places importantes ; pour avoir desolé la moitié de son propre Royaume par la persecution du Calvinisme. Voilà à quoi se reduit la grandeur de Loüis le Grand,
c'est à un amour propre d'une grandeur immense. Et c'est cette passion
énorme qui devore tant de richesses & à laquelle on fait tant de Sacrifices.

On emploie donc les revenus immenses de la Couronne, premierement
à des bâtiments sumptueux pour la gloire du Roi. On ne sçaura jamais ce
qu'a coûté Versailles. Quand on le sçauroit, & qu'on le diroit, la posterité n'en croiroit rien. Il ne coûte rien de bâtir & d'élever des masses superbes avec des frais prodigieux, puis le jetter par terre, pour les relever sur
un nouveau plan sorti du caprice d'un Architecte venu de je ne sçai où. Ses
Ancêtres n'étoient pas assés bien logés: Le Louvre, Fontaine-Bleau, S.
Germain étoient trop petits pour loger un tel Prince. Il faut quelque chose plus grand & plus magnifique que tout cela. Afin que la grandeur du
Roi parût davantage, il a falu bâtir ce magnifique Palais dans un lieu disgracié de la nature, & y amener tous les ornemens dont il étoit privé avec
des depenses prodigieuses. C'est un lieu sec & sans eau, & pour y amener des eaux il faut changer la face de la nature, faire des vallées où il y a-
voit des montagnes, élever les eaux jusqu'aux nüés, détourner le cours des
rivieres, faire des Etangs & des Lacs dans des lieux où il n'y avoit que
des Landes. Qui pourroit conter les millions d'or qui ont été consumés, & les
milliers d'hommes qui sont peris au seul travail de la Riviere d'Eure ? n'est-
ce pas un grand plaisir pour un Etat qui sent tirer de ses veines jusqu'à la
derniere goute de son sang, & arracher ses entrailles de son sein, de les voir
emploier à ériger des monumens éternels à la vanité du Prince ? ne sera ce
pas un solide avantage pour le Royaume, quand on dira quelque jour c'est

* *La Statuë de la place des Victoires avec cette inscription* Viro Immortali.   un

en ouvrage de Loüis le Grand ; il y a confumé deux ou trois cents millions, il a forcé la nature , il a enterré plus de plomb dans les entrailles de
la terre , qu'on n'en tire des Mines en plufieurs années. Il n'a rien épargné
pour l'enrichir de marbres , de dorures , de peintures , de riches meubles , de
precieux joiaux qu'on a acheté & fait venir de toutes les parties du Monde ? aprés cela qui eft-ce qui pouroit avoir regret à fon argent , à fes meubles , à fes fonds , qu'on s'eft vû arracher par les exactions ?

Un fi grand Prince, fi fuperbement logé ne peut pas faire une mediocre
depenfe dans une fi grande maifon. C'eft pourquoi il faut confumer là dedans en tables, en Officiers, en Maîtreffes , en trains qu'on leur entretient,
en fortunes que l'on fait à leurs parents, en fêtes, en Operas, en Comedies,
en Ballets , en ce qu'on appelle des appartements , en prefents à des femmes & à des favoris , en gardes , & en penfions , il faut , dis-je , depenfer
une fois ou deux plus qu'on ne depenfoit autrefois à l'entretien des armées
& des places Frontieres de l'Etat. N'eft-ce pas là bien placer l'argent du
Royaume : peut-on douter que le Roi ne foit tout , & que fon amour propre ne foit la Divinité à laquelle on facrifie tout ? Le Roi fait quelques depenfes qui femblent être pour le public : il a fait faire un Canal pour la
jonction des deux Mers. C'eft pour la commodité du Commerce. Je ne
fçai fi ce Prince eft lui même la duppe de fon cœur. Mais perfonne ne doute que cette prodigieufe entreprife qui ne fçauroit jamais reüffir , n'ait été
formée par un principe de vaine gloire ainfi que le refte. C'eft pour laiffer
à la Pofterité un monument de fa grandeur par les prodigieufes depenfes
qu'on aura faites à un tel ouvrage. Il eft vrai qu'il ne fubfiftera pas, & que
les ravines le ruïneront la premiere année qu'on le negligera ; & qu'enfin
on l'abandonnera parce que la depenfe de l'entretien furpaffera de beaucoup le profit. Mais n'importe ; ce feront de grandes ruïnes qui marque-
ront la grandeur de l'ame de celui qui en a formé le projet, & fur lefquelles on écrira   *Quem fi non tenuit, magnis tamen excidit aufis.*

Voulés vous fçavoir un autre article de depence qui confume des fommes prodigieufes ? Ce font les liberalités immenfes qui fe font aux favoris,
c'eft à faire des Creatures & des nouveaux Princes dans le Monde. Une
Maifon de Tellier poffede peut-être quatre vint ou cent millions de fonds;
la Maifon de Colbert en a à peu prés autant , & les autres à proportion. Il
y a tel fujet en France beaucoup plus riche que ne font plufieurs Souverains
de l'Europe, qui y font pourtant une tres belle figure. Si l'on avoit égard à
l'Etat , & à fes interêts , on ne pouroit pas plus mal placer des depenfes.

D

Carles nouveaux Grands qui sortent de la poussiere & qui montent jusques
prés du Throne ne servent qu'à abbattre les Maisons anciennes, & à les
aneantir. Ce sont les Tyrans de l'Etat & les Sangsües. Il seroit beaucoup
plus utile que le bien fût repandu dans le public que d'être ramassé dans un
particulier. On peut dire que c'est un bien perdu pour le Royaume ; car
de ces grands reservoirs où le Roi fait couler toute la substance de ses Sujets, il n'en sort plus rien pour le bien de l'Etat ; puis que ces grandes
Maisons sont exemptes de tous les frais. Enfin il y a de l'injustice à reduire
tant de familles à la mendicité, pour faire vivre des Gens d'une basse où
d'une mediocre naissance dans une abondance Royale, & au milieu de
mille superfluités. Mais n'importe cela fait, & cela prouve la grandeur du
Prince. Ce sont des Colosses qui montrent la vaste imagination & la
grande capacité de l'Ouvrier. On montrera quelque jour ces superbes Maisons de nouvelle erection, & on dira, voila les ouvrages de Loüis le Grand,
jugés combien êtoit Grand celuy qui les a faits. Si ce n'est qu'une ma-
ligne Etoille ne se leve avec le Successeur qui verse sur ces têtes nouvellement élevées des influences toutes semblables à celles qui ont desolé les
Fouquets & ses pareils, ce que chaque particulier espere pour sa consolation & pour sa vengeance.

   Venons enfin aux dépenses qui paroissent les mieux placées. Le Roi
depense infiniment en pensions. A peine y a-t'il un Prince dans l'Europe
auquel il ne se soit rendu Tributaire. Où il ne peut gagner le Prince lui-
même par argent, il gagne des Favoris, des Ministres & souvent la
Princesse qui dort dans le sein du Souverain ; on leur paye de grosses
pensions ; on leur fait de riches presents, & par ce moïen on regne par
tout. Le Roy depense infiniment en Armées & en troûpes. Il entretient
au milieu de la Paix plus de troûpes que les plus belliqueux de ses An-
cestres n'en ont entretenu dans les plus cruelles guerres. Il fait des guerres
à ses voisins qui lui reviennent toûjours à profit. Dans les guerres il traîne
eprés lui des Armées prodigieuses, mais aussi il a augmenté le Royaume
de cinq grandes Provinces, l'Alsace, la Franche-Comté, la Lorraine,
le Luxembourg, & la Flandres, qui font un Royaume & rendent la
France la terreur de toute l'Europe. Peut-on faire des dépenses mieux
employées, & doit-on avoir regret à ce qu'on a perdu, puisque le public
y gagne tant ? En effet c'est une dépense bien faite en supposant le principe
sur lequel on bâtit aujourd'huy à la Cour, *que le Prince est tout, que le Peuple*
n'est rien, & que tout doit tendre uniquement à la grandeur du Roy, car certainement tout cela sert à composer le surnom de Grand qu'on ajoûte au nom de

XCII. Mais si au lieu de ce faux principe nous supposions le veritable principe qui est, que le bien de l'Estat & du Public doit être la souveraine Loi, il se trouveroit que ce qu'on appelle la gloire de la France, est le plus grand de tous ses maux. Parce que ces conquêtes (dont on se fait tant d'honneur) sont injustes, odieuses & onereuses à l'Etat. *Elles sont injustes:* Nôtre argent & nos forces ont servi à enlever trois Provinces à un Roi pupille, sous je ne sçay quel titre. Et en vertu de certain droit des enfans des premiers Mariages, qui n'a vigueur qu'en quelques lieux du Brabant qui ne regarde que les particuliers; & auquel même on avoit renoncé en épousant la fille d'Espagne, par un acte aussi exprés & aussi solemnel qu'on en ait jamais fait. On employe nôtre argent à gagner des Ministres dans les Cours étrangeres, afin qu'ils persuadent leurs Maîtres de nous vendre des Places. C'est ainsi qu'on a acquis Dunkerque des Anglois, & Casal du Duc de Mantoüe, qui ont coûté tant de millions. On emploje nos Finances à païer des traitres qui nous vendent des Villes, ou qui nous en facilitent la conquête. C'est ainsi qu'on a acquis Strasbourg & la plûpart des Païs conquis. Enfin on employe l'argent à entretenir des Armées nombreuses & pour soûtenir des guerres injustes qui rendent le nom François odieux à toute l'Europe, qui persuadent que la France tend à la Monarchie universelle, & qu'elle y veut arriver par les infidelités, les trahisons, les violences, la violation des Traités les plus saints, des Paix, des Capitulations; par des barbaries inoüies, par des incendies, & des desolations effroiables. Quand les conquêtes nous vaudroient quelque chose, les faudroit-il achêter à ce prix?

Mais de plus qui ne voit que les conquêtes au l... de faire la grandeur de l'Etat, font sa ruïne & lui sont onereuses? Nous sommes fous & c'est nôtre follie qui soûtient nôtre Esclavage. Quand le Roi gagne une bataille, prend une Ville, subjuge une Province, nous faisons des feux de joie, & il n'y a pas un petit particulier qui ne s'imagine être monté d'un pied & qui n'attache la grandeur du Roi à sa propre idée. Cela le recompense de toutes ses pertes & le console de toutes ses miseres. Et il ne considere pas qu'il perd à mesure que le Roi gagne. Premierement la grandeur d'un Prince fait toûjours la misere de ses Sujets. Car plus un Prince est puissant, plus il s'abandonne à ses passions, parce qu'il les satisfait avec plus de facilité. Or l'ambition, l'avarice, le luxe, la depense sont toûjours les passions des Grands, plus ils ont de facilité à opprimer plus ils oppriment. Aussi voiton que les Sujets des Princes puissants en domaines, en argent, en Provinces, en armes, sont toûjours les plus miserables & les plus oppressés. Qu'on voie dans l'Orient comment les Gens vivent sous ces puissants Empereurs de Turquie, de Perse, & du grand Mogol. Il est donc de l'interêt des Peuples de tenir leurs Rois dans une mediocrité de puissance, afin qu'ils ne puissent opprimer leur liberté. Secondement je voudrois bien que nos François qui se font tant d'honneur de cinq ou six Provinces & de plus de deux cents places que le Roi a conquises ou bâties depuis Dunquerke jusqu'à Bâle, je voudrois dis-je, qu'ils me dissent aux depends de qui ces Provinces sont conservées, gardées, &

maintenuës! Les nouveaux Sujets font des Lions & des Loups qu'on tient par les oreil-
les , ils grincent les dents , & font toûjours prêts à devorer aussi-tôt qu'ils y verront du
jour.. Ils ont en horreur la domination Françoise , & ne cherchent que des jours à secoüer son joug. Il faut donc toûjours les garder. Aussi ne s'eft-on pas contenté des
vieilles Citadelles qu'on a trouvées dans les Provinces conquises ; on en a bâti des nouvelles, partout dans la Flandres , fur la Sarre, fur le Rhin , & jusqu'aux portes de Bâle.
Combien de Garnisons , combien de Gouverneurs faut-il entretenir ? Je pose en fait ,
que le Roi ne tire pas de ces Païs conquis le demi quart de ce qu'il faut pour les conferver. Qui eft-ce qui fournit le refte ? N'eft-ce pas l'ancien Domaine de la Couronne ? Ne
font ce pas les anciennes Provinces ? Voilà donc ce que gagnent les Provinces de Normandie , de Bretagne , de Champagne, de Guienne, de Languedoc, &c. Il faut qu'elles
trouvent 30. ou 40. millions pour payer la grandeur du Roy & pour conferver fes
conquêtes. Enfin pour être pleinement convaincu combien ces nouvelles conquêtes
font onereufes à l'Etat , voyés la jaloufie des voifins : quand ces nouveaux fujets feroient bien domtés & accoûtumés à obeïr au Roi , fes voifins s'accoûtumeroient-ils à
lui voir poffeder leur bien & leur ancien patrimoine ? Ne craindra-on pas en lui laiffant ce qu'il a deja pris de lui donner le moyen de prendre ce qu'il n'a pas encore ? A
aller aussi rapidement qu'a été le Roi , dans 20. ans, la France feroit maîtreffe de l'Europe. On comprend bien cela , & c'eft ce qui portera toûjours nos voifins à faire des
Ligues , & à conjurer nôtre perte. Vous voyés l'effet de la Prophetie. D'où vient cette
épouvantable Ligue de tous les Princes Chrétiens , qui confpirent unanimement à nôtre perte , que de la jaloufie que leur donne la grandeur du Roi ? Il faudra donc que
la France entretienne perpetuellement de grandes Armées. Et qui les payera ? Ce ne fera pas le Païs nouvellement conquis : au contraire on le menagera , afin qu'il ne fe
joigne pas à nos Ennemis ; & de plus on le regardera comme affés fâché , parce qu'il
fera le Théatre de la Guerre. Ainfi c'eft l'ancien Royaume de France qui portera tous
les fardeaux , & qui deja fe trouve accablé du poids de ces nouvelles conquêtes. Voilà
quel ufage on fait de ces Finances & des fommes immenfes qu'on tire de vous.

Il reftera pour le deffein que j'ay de vous faire fentir l'oppreffion où font les Peuples par les Impôts , de vous dépeindre les miferes où la France a été reduite par là.
Mais c'eft un objet fur lequel il eft bon de tirer le rideau. Il n'en faut rien dire , parce
qu'on n'en fçauroit affez dire. Il faut y être comme nous y fommes pour en bien parler. Le Roiaume eft fi diminué à parler generalement qu'on y trouveroit un quart ou un
tiers moins d'habitants qu'il n'y en avoit il y a cinquante ans. A l'exception de Paris
où tout le monde accourt, comme à un Afile, & qui à caufe de cela augmente tous les
jours , les Villes font diminuées de la moitié en richeffes , & en habitans. Quelques-
unes s'étoient enrichies par le Commerce. Mais la chûte du Commerce les entraîne. Les
autres Villes, fur tout les petites, font demi defertes. Telle qui payoit au Roi trente ou
quarante mille livres , ne fçauroit en trouver dix. La Campagne eft defolée, les Bourgs
& les Villages font pleines de mazures , plufieurs terres font incultes faute de Gens pour
les cultiver ; le Païfan vit de la maniere du monde la plus miferable ; aussi font ils noirs
& bazanés comme les efclaves de l'Afrique , & tout ce qui eft en eux parle de leur mi-
fere. L'argent ne fe trouve plus dans les Provinces, la Nobleffe eft gueufe, le Bourgeois
eft à l'étroit. Ceux qui ont quelque argent s'en cachent, comme s'ils receloient chez eux
un criminel d'Etat. On ne voit plus d'argent que celui qui roule pour aller dans les Coffres du Roi.

Fin du fecond Memoire.

LES SOUPIRS

DE LA

FRANCE ESCLAVE

Qui aspire aprés la Liberté.

III. MEMOIRE,
Du 15. de Septembre 1689.

LES TRISTES EFFETS DE LA PUIS-
sance Arbitraire & Despotique de la Cour de France :
Que cette puissance est tout aussi Despotique que celle
du GRAND SEIGNEUR.

NOUS vous avons fait voir jusqu'ici l'état d'Oppression où sont l'Eglise, les Parlements, la Noblesse, les
Villes & les Peuples de France ; les effroyables Impôts
par lesquels on épuise le Royaume, le malheureux
usage que l'on fait des Finances, & de tant de sang qui
sort dès veines des Sujets. Il faut considerer presentement la source de ces malheurs & de plusieurs autres que nous n'avons
point encore touchés. C'est la Puissance Despotique & le Pouvoir Arbitraire, absolu & sans limites que les Rois de France s'attribuënt, & que
Loüis XIV. a exercé & exerce d'une maniere à faire trembler tous les
Païs qui ont des Rois. Le Roy de France ne se croit lié par aucunes
Loix, sa volonté est la regle du bon & du droit, Il croit n'être obligé à

E

rendre conte de sa conduite qu'à Dieu seul, il se persuade qu'il est le maître absolu de la vie, de la liberté, des personnes, des biens, de la Religion & de la Conscience de ses Sujets. Maxime qui fait fremir & qui saisit d'horreur, quand on en considere les consequences, & que sous ses yeux ont voit les suites presentes ! Qui ne fremiroit en pensant que la vie & la mort, la bonne & la mauvaise fortune de tant de millions d'hommes dependent du caprice d'un seul ? Et qui ne verseroit de larmes en regardant tout un grand Royaume reduit dans une si grande oppression, & tant de millions d'hommes reduits à une si profonde misere pour satisfaire les passions d'un seul homme ? Dans la suite nous vous ferons voir que ce Pouvoir Despotique est si opposé à la raison qu'on le peut appeller *insensé*, si opposé à l'humanité qu'on le peut appeller *brutal*, & *inhumain*, si opposé même à l'esprit du Christianisme qu'on le peut appeller *Anti-Chrétien*. Pour le present il nous suffira de vous faire voir les tristes effets qu'il produit en France, & comment on l'y exerce aux yeux de toute la Terre. —

C'est le pouvoir Despotique qui a fait décendre l'Eglise Gallicane dans l'oppression où elle est. Tous les Princes Chrêtiens se sont toûjours fait un plaisir & un honneur de se dire Enfans de l'Eglise, & en cette qualité de luy rendre obeïssance. S'ils en ont été les Peres, c'est pour la proteger & pour la défendre, & non pour la gouverner, encore moins pour la tyranniser. L'Eglise se gouverne par ses Pasteurs & selon les Canons. Mais la Cour de France s'est élevée au dessus de tous les Pasteurs. Tous sont les Esclaves de la Cour, & s'ils ne luy sont soûmis avec bassesse, elle les traite comme ses ennemis. Elle n'a point encore trouvé le tour de deposer un Evêque par sa propre authorité, mais elle a trouvé le moyen de rendre son Sacerdoce inutile & de l'arracher à son Troupeau. On commence par la privation du Temporel : quand un Evêque n'a plus moyen de vivre dans son Eglise il est naturel qu'il l'abandonne ; car les Ministres de l'Autel doivent vivre de l'Autel. Si cela ne réüssit pas, & qu'un Evêque soit assés honnête homme pour demander l'aumône en se tenant attaché à son Eglise, une Lettre de Cachet vient qui l'envoye au bout du Monde, & le relegue dans une des extremités du Royaume ; où il languit bien moins par la profonde misere à laquelle on le reduit, que par la douleur de sçavoir qu'en son absence on a livré son Troupeau à des Mercenaires ; ou plûtôt à des Loups, qui le devorent & le détruisent au lieu de le paître. Si ce n'est pas assés, on change l'exil de l'Evêque en une prison ; c'est l'homme qu'on fait difparoître aux yeux du Monde , & qu'on ne revoit jamais. Les menaces , les prieres , & toute l'autorité du Saint Pere n'y font rien ; quand on fe relâche & qu'on veut obferver des formes de Juftice , la Cour fait nommer quelques Evêques de fes Efclaves pour faire le procés à ces faints Evêques dont on veut fe défaire. On les fait trouver coupables , Rebelles , defobeïffants aux ordres de la Cour. On les fait fortir du Sacerdoce , & on les abandonne au Bras Seculier.

L'Eglife a fes Loix & fes Canons felon lefquels elle doit être gouver-née. Le Roy qui eft Prince Temporel ne prend pas connoiffance des Canons de l'Eglife , & ne s'y croit pas foûmis. Il foule aux pieds ces Canons ; quand on luy oppofe le Concile General de Lion contre l'Extenfion de la Regale , il fe met au deffus de ce Concile & de tous les autres, pendant qu'il fait tenir des Affemblées pour foûmettre le Pape aux Conciles & aux Canons, pour luy il fe place au deffus de tout , & de Pape , & de Saint Siege , & de Conciles & de Canons. Les Canons ne veulent pas qu'un homme nommé à un Evêché faffe aucun office d'Evêque , ni aucune fonction Epifcopale , qu'il n'ait été confacré , & il ne peut être confacré qu'il n'ait les Bulles & le confentement du Saint Siege. Mais le Roy au prejudice de toutes ces Loix fi faintes & fi juftes , envoye un Ecclefiaftique dans un Evêché , & là il luy donne toute la jurifdiction , & luy fait exercer toute la puiffance qu'il pourroit avoir s'il avoit été confacré & confirmé par le Saint Siege. Les Canons défendent expreffement les tranflations d'un fiege à l'autre , à moins qu'il n'y ait de grandes & de confiderables raifons : raifons dont l'Eglife doit toûjours être Juge. Le Roy de fon plein pouvoir , authorité & puiffance abfoluë tranfporte un Evêque d'un petit Evêché à un plus grand , felon qu'il le juge à propos pour fon interêt , fans confulter ni l'Eglife , ni le Pape , & fans aucune forme. Les Canons veulent que les Maifons Religieufes foyent fujettes, ou au Pape duquel elles relevent immediatement , ou du moins aux Ordinaires felon la reformation du Concile de Trente. Mais le Roy fe rend Souverain immediat de ces Maifons pour le Spirituel & pour le Temporel ; & nous avons vû comme il entreprend de donner des Superieurs & des Superieures à l'Ordre de Clugni , aux Filles de Ste. Claire appellées Urbaniftes : comme il a ruiné la Maifon de Charonne : & comment il a aboli les Filles de l'Enfance. C'eft le Pouvoir Defpotique & la Puiffance Arbitraire qui fait tout cela. Le Roy le veut ; il n'en faut pas d'autre raifon. Par les Canons l'Eglife eft maîtreffe de fes Sacrements pour les donner à ceux qu'elle en juge dignes , & les refuser à ceux qu'elle en croit indignes. Ce n'est plus cela à present ; le Roy par sa puissance absoluë est devenu maître des Sacrements, pour les faire donner aux Incredules & aux Heretiques. Il faut que l'on face communier les Calvinistes mécreants malgré qu'ils en ayent , sous peine des Galeres, ou d'être traînés sur la Claye , parce que le Roy le veut.

C'est par le même Pouvoir Despotique & Arbitraire qu'ont été cassés , revôqués & annullés , ou rendus inutiles tous les Privileges de la Noblesse , des Parlements , des Villes & des Peuples : ce qui est cause qu'aujourd'hui ils sont dans l'oppression qui vous a été ci-dessus representée. Il n'y a point de Royaume, de Souveraineté, ni d'Etat entre les Chrêtiens , où les Privileges ne soient estimés irrevocables , quand ils ont été solemnellement accordés : à moins que les raisons qui ont fait accorder les Privileges n'ayent notoirement cessé , ou que ceux qui les possedoient ne s'en soyent notoirement rendüs indignes. C'est une loy qui s'observe dans tous les Etats bien policés, *Que nul ne peut être privé de ses avantages, charges , dignités , biens & Privileges que pour crime.* Et cette loy est si juste que sans elle rien n'est asseuré : la fortune des particuliers sera toûjours en l'air. On aura beau être juste & honnête si on ne fait son devoir : c'est à dire si on ne devient esclave de la Cour & de tous ses sentiments, on ne possedera rien aujourd'hui dont on ne puisse être privé demain. C'est precisément ce que fait la Cour de France , elle ne connoit ni droit de possession immemoriale , ni concessions Royales , ni consentement des Peuples , ni Justice ni equité. Elle foule les Peuples , les grands, les petits, les Nobles par des nouvelles charges. Elle prétend être toûjours en droit de priver ses Sujets de tout ce qui leur a été ci-devant accordé , quoy que la concession soit dans toutes les formes qui peuvent rendre les graces irrevocables. Et même ce qu'elle a accordé sans reserve & sans condition , au bout de quelques années elle le révôque & l'annulle.

C'est ce qui a fait la vexation & la recherche des nouveaux Nobles qui a reduit tant de familles à l'extremité , & ruïné tant de Maisons. Ce n'est pas que dans cette Noblesse de nouvelle erection il n'y eût de grands désordres à corriger. Aussi est-ce l'ordinaire de la Cour de France de couvrir ses vexations de beaux pretextes. On a raison d'empêcher que le Corps de la Noblesse qui doit joüir du Privilege des Exemptions, ne se multiplie à la charge du Peuple. Il est vrai aussi que durant les troubles & la licence des Regnes precedents il pouvoit s'être glissé plusieurs faux Nobles dans le Corps de la veritable Noblesse.

Mais quelles perfecutions n'a-t'on pas exercées fous ces beaux pretextes ? Puis qu'on n'en vouloit qu'aux faux Nobles , pourquoy a-t'il falu
tourmenter les Maifons anciennes,& dont l'antiquité & la Nobleffe étoient
notoires à toute la Province? Pourquoy chicaner de bonnes & d'anciennes
Maifons, fur quelques defauts dans les titres, qui ne venoient évidemment
que de la negligence & de la fecurité où vivoient des Maifons à qui il n'étoit
pas monté dans l'efprit qu'on pût les inquieter fur leur Nobleffe? Pourquoy
revôquer des Privileges de Nobleffe parce qu'ils étoient nouveaux ? Où
font les titres qui ne font pas nouveaux ? Un homme mange fon bien au
fervice du Roi, fouvent pour toute recompenfe on le renvoie chés lui chargé d'années & de playes, avec un titre de Nobleffe. Eft-il jufte que ce titre
qu'il a acquis par fes fueurs & par fon fang lui foit ôté, ou à fes Enfans de
la premiere Generation , fans qu'il ait commis aucun crime qui merite la
Degradation ? où eft la bonne foy ? Certaines Villes ont des Privileges, felon lefquels ceux qui y ont été Maires ou Echevins joüiffent des exemptions des Nobles. Ces Privileges font fi anciens qu'on a peine à en trouver
l'origine, les Villes fe les font acquis, ou fe les font refervés, quand elles fe
font foûmifes : Quoy qu'il en foit , c'eft leur bien ; un Prince n'étant pas
maître du bien de fes Sujets, il n'eft pas en droit de le leur enlever quand il
le trouve bon. Des gens ont acheté des charges auxquelles étoit attachée
de tout temps l'exemption des Impôts. Leur bien eft allé là : on leur ôte
ces exemptions , c'eft leur ravir leur bien & les tromper : tout cela eft un
effet de la Puiffance Defpotique & Arbitraire , qui eft une pure tyrannie.
Aprés tout quel étoit le but de cette belle recherche de la Nobleffe ? Vou-
loit-on diminuër le nombre des Nobles ? Point du tout : on vouloit de
l'argent ; & l'on a fait plus de faux Nobles qu'il n'y en avoit. Car tous
ceux qui ont pû donner de grandes fommes fe font trouvés avoir de fort
bons titres. Ainfi c'étoit une nouvelle maltote qu'on a mife en parti comme toutes les autres ; par laquelle on a ruïné bien des maifons en l'exerçant
cruellement, & felon le caprice & l'avarice des Intendants & des Traitants.

Par ce même Pouvoir Defpotique & Arbitraire , on a revôqué les E-
dits & les Declarations qui avoient été accordées aux Calviniftes pour le
bien & la paix du Royaume ; & par cette revocation on a attiré fur le
Royaume les plus effroyables calamités qui fe foyent peut-être jamais
vûës. Ces miferables fe font tués de dire & d'écrire que leurs Edits étoient
& dévoient être Irrevocables. Ils ont raifon : car dans tout Royaume
Chrétien nôtre regle eft reçuë, *qu'on ne fçauroit ôter à un Sujet fes biens ,*

ses privileges & ses avantages qu'il ne s'en soit rendu indigne. Le Prince n'est
point & ne doit point être maître de cela. Mais c'est parler à des Sourds :
la Cour est Turque & non Chrêtienne dans ses maximes. Elle donne
quand elle ne peut s'en empêcher. Elle fait du bien precisement quand
elle craint. Elle promet, elle jure, elle employe les serments , tout ce qu'il
y a de saint entre dans ses engagements. Mais ce sont des cordes de laine.
On croit la tenir & on ne tient rien : ce qui laisse tout dans la derniere in-
certitude , ce qui est la derniere de toutes les miseres. Car l'état d'incer-
titude est le plus incommode de tous les états. Aprés cela quelles sont les
suites de ces manieres Despotiques & Arbitraires ? Les voicy. Le Peuple
ne demeure pas persuadé qu'on ait droit de luy ôter ce qui luy a été donné. Il conserve dans le cœur les desseins de se vanger & de secoüer le joug;
& cela devient la semence des revoltes. C'est ce qui se voit aujourd'huy
dans ceux qu'on appelle nouveaux Convertis. On a desolé le Royaume
par ces miserables Conversions. On a perdu deux cents mille Sujets ; on
a ruïné le commerce , on a épuisé le Royaume d'argent . on a fait perir
une infinité de personnes dans des prisons , on les a massacrées, on leur a
fait souffrir des maux qui ne se peuvent imaginer : on les a envoyés aux
Galeres, on les a relegués dans l'Amerique , où les trois quarts & demi
sont morts de famine. & de misere. Pour faire goûter ces violences on
prêche l'authorité des Rois. Mais on a beau prêcher , on a beau dire à un
Peuple que les Souverains peüvent tout, qu'il leur faut obeïr comme à
Dieu , qu'il n'y a pas d'autres voyes de se pourvoir contre leurs violences
que la priere & le recours à Dieu : personne dans le fonds n'en croit rien:
on fait semblant d'être persuadé tout aussi longtemps qu'on ne se peut relever. Mais quand il se presente quelque jour pour retourner à la liberté
on y donne tête baissée. Les Calvinistes persecutés ont ému toutes les
puissances de l'Europe de leur Religion. Ces Puissances Protestantes ont
fait joüer des machines pour remuër le reste de l'Europe. Le Roy d'Angleterre en est dejà tombé par terre ; la France en est emuë ; on renferme
dé toutes parts les nouveaux Convertis , on ne se tient pas assés assuré de
les avoir desarmés, on les emprisonne . Et je ne sçay enfin si on ne les mas-
sacrera pas dans la crainte qu'il ne nous previennent pour se mettre en seureté. Nous voilà donc par cette Puissance Despotique environnés par dehors des armes de toute l'Europe , & pleins par dedans des mécontens, s'il
étoient d'humeur à nous rendre ce qu'ils ont reçû de nous que deviendrons
nous ? Si les ennemis entrent dans le Royaume & qu'ils se joignent à ces

mécontens ; que deviendra l'Eglise & la Couronne ? L'une & l'autre ne
font pas menacés de moins que de ruïne. Au lieu de se servir dans l'extirpation de l'Heresie de cette Puissance Despotique & Arbitraire que le
Roy exerce injustement, il faloit assembler les Etats du Royaume ; aviser
aux moyens de ruïner le Calvinisme ; examiner d'abord si l'on étoit en
droit d'ôter à des Sujets les Privileges qu'on leur a donnés, voir ensuite
s'il étoit expedient de faire tant de Mécontens tout à la fois : Et peut-être
on auroit trouvé dans les avis des bonnes têtes qu'il y a de l'imprudence
de se faire des ennemis de ses propres enfants, & de s'attirer des affaires de
gayeté de cœur. Si c'avoit été l'interêt du Roy personnellement & de sa
Cour, il auroit pû en disposer comme il a fait sans consulter personne.
Mais quelle injustice est cela, d'engager tout un Royaume dans de si é-
tranges malheurs sans le consulter ? On ne sçauroit nier que d'établir ou
de ruïner une Religion dans un Etat ne soit la plus importante affaire qui
se puisse rencontrer. Quand il falut donner aux Calvinistes des Edits de
tolerance & de pacification, combien d'assemblées, combien de consulta-
tions, combien d'Etats tenus ? Aujourd'huy Loüis XIV. entreprend à
toute risque de casser & revôquer tout ce que les trois Etats du Royaume
avoient fait. La posterité ne croira pas cela, au moins si le Roy avoit eu le
consentement des Etats, la chose venant à mal réüssir, il n'en auroit pas
porté toute la haine. Aujourd'huy il est juste que la Cour toute seule soit
chargée de nôtre ressentiment. Mais nous demeurerons chargés de tous les
maux, par l'usage qu'on a fait contre les Calvinistes de cette Puissance
Arbitraire, inique, injuste & usurpée. Le ressentiment, il est vray,
c'est à dire le chagrin tombera sur la Cour, mais elle ne partagera pas les
miseres avec nous. Cela seroit-il juste ? Au contraire c'est à elle qu'il
faut faire porter la peine de ses folies & de ses entreprises tyranniques ; ce
sont les Peuples qu'il faut décharger de la misere, puis qu'ils n'ont pas de
part à la faute. Il faut donc ranger la Cour à son devoir, & c'est ce dont
nous chercherons les moyens dans nôtre derniere partie.

C'est par l'usage de cette Puissance Despotique, iniquement usurpée, qu'il n'y a plus rien de fixe dans les charges & dans les emplois.
Les Etats bien policés ont certaines charges fixées, certains emplois auxquels sont assignés l'exercice de la Justice, de la Police, des Finances &
de la guerre, avec certains émoluments, & avec les limites de pouvoir
qui leur sont marquées. Mais dans le Païs où nous sommes tout est roulant & incertain : l'état des charges & des emplois depend du caprice des

Ministres, ou plûtôt de leur ambition & de leur avarice. Car ce sont les
deux grands ressorts de toutes leurs actions. Quand ils ont besoin d'argent
ils multiplient les charges anciennes; le Roy crée des nouveaux offices,
lesquels ils vend bien cher aux particuliers. Il fait des Officiers dans les
Eaux & Forêts, des Thresoriers, des Maîtres des Comptes, des Secre-
taires du Roy. Il érige des Bailliages des Elections & des Elus, de nouveaux Tribunaux, & même des Parlements, dont il vend les Offices
fort cher. Et il assigne à toutes les charges de gros gages qui se doivent
prendre sur l'Epargne pour servir de leurre & de piege. Les affaires vien-
ment-elles à changer, on supprime toutes ces nouvelles charges, on abolit même les anciennes. C'est proprement enlever le bien d'autruy & c'est
une injustice toute semblable à celle d'un Marchand qui expose des marchandises precieuses en vente, qui les debite, qui les vend fort cherement,
qui en reçoit l'argent & le payement content; & qui aprés cela s'en va
les armes à la main chés tous les particuliers auxquels il a distribué ses
marchandises & les réprend avec violence. C'est exercer un vray brigan-
dage. Si les Rois veulent être Merchands, au moins qu'ils soyent Marchands de bonne foy. Mais tirer d'un homme tout son fonds, & souvent
l'argent de ses amis aussi-bien que le sien, en luy donnant un employ qui
le peut tirer & de la misere & de la bassesse : & casser cette charge quelques années aprés, c'est une exaction tyrannique & frauduleuse en même temps. Quelquefois ces suppréssions de charges ne font qu'un moyen
pour faire achéter deux fois une même chose. Aussi-tôt que la declaration de suppréssion est donnée, on voit de toutes parts aborder des malheureux à la Cour. Ils se plaignent du tort qu'on leur fait, ils representent leur misere, ils demandent justice, ils implorent la compassion du
Roy. Enfin on se laisse toucher ; on leur dit, le Roy a égard à vos raisons, il veut travailler à vôtre consolation, il veut bien vous rétablir dans
vos charges, mais comme il a besoin d'argent il faut financer. C'est à dire qu'il faut payer une seconde fois. Ce n'est pas à la verité toute la valeur
du fonds, mais c'en est un quart ou un tiers & quelquefois bien davantage. Et ce petit jeu se réitere souvent. C'est ainsi qu'on a fait payer aux
Juges des Elections & aux Procureurs des Parlements trois ou quatre fois
leurs charges. Quelquefois ce n'est pas feinte, c'est tout de bon, réelle-
ment & de fait qu'on supprime les charges: Et alors on joint ordinairement
de belles promesses de rembourser aux interessés ce qu'ils ont financé. Mais
à quoy réviennent ces rebourfements ; à rien : il faut voir combien d'années

tées vous avés joüy, dit-on, il faut precompter le revenant bon: le Roy ne s'est point obligé de vous faire valoir vôtre argent au denier dix ou au denier cinq. Pour une charge de dix mille livres vous avés tiré deux mille de rente : cinq ou six ans de joüiffance vous ont remboursé & de la rente & du capital. Si ce n'est ce tour-là, c'en est un autre. Car on peut être assuré que la Cour ne fait jamais de changement dans les charges que pour y gagner, & non pour débourser. Quoy qu'il en soit, les charges demeurent supprimées & les particuliers font ruinés. Mais ces suppreffions ne font pas pour longtemps, à la premiére guerre, ou à la premiere depence folle qui aura épuisé le trésor, on reffufcite toutes les charges qu'on avoit enfevelies. Et souvent comme un grain fort de terre avec multiplication, les charges supprimées rénaiffent plus nombreufes qu'elles n'êtoient auparavant. On ne manque pas de fpecieux pretextes pour orner le front des declarations: il est vray qu'on y en mêle auffi de ridicules : mais n'importe, tout est bon, pourvû qu'il en revienne de l'argent. Cela est exposé en vente au plus offrant. Et ce qui est furprennant, c'est que tout le monde y court. Prodige qui ne fe conçoit pas ! qu'on ait tant de fois été attrappé dans ce piege & qu'on y donne toûjours. Ceux qui font affés fots pour achéter ces nouvelles charges que le Roy a creées ou recreées depuis peu, ne profitent pas des exemples qu'ils on vûs de leurs propres yeux. Ne fentent ils pas que la neceffité prefente oblige la Cour à ces nouvelles creations d'offices, & que tout auffi-tôt que cette neceffité prefente fera paffée, on remettra les chofes dans leur premier état ? Cette follie de nos François n'est pas une marque qu'ils ont beaucoup d'argent, & qu'ils ne fçavent qu'en faire. C'est feulement une preuve de leur vanité. Ils veulent être diftingués, ils veulent paroître, il veulent faire de la dépence, Voicy une charge qui leur donnera de la diftinction, & qui leur donnera de gros revenus avec lefquels ils auront de grands équipages & de grandes Maifons. C'est une tentation à laquelle ils fuccombent toûjours. Il est vray que cette diftinction & les grands revenus feront fort incertains, & pourront bien perir par le même caprice du Souverain qui les a fait naître: mais n'importe, faire quelques mois le grand Seigneur, ne laiffe pas de tirer de la poudre & donner de la diftinction. Si la Cour n'êtoit pas en poffeffion d'une puiffance arbitraire, les charges feroient fixes comme dans tous les autres Etats; ceux qui les poffedent en fe gouvernant bien & fidélement feroient affurés d'en joüir toute leur vie. Il ne feroit point permis de faire payer trois ou quatre fois une même chofe. Et ainfi on arracheroit au gouvernement un des

F

moyens tyranniques par lesquels il ruïne l'Etat & épuise les particuliers.

J'ay à peu près les mêmes reflections à faire sur les rentes des Maisons de Ville & sur les Domaines: les Domaines doivent être inalienables. C'est un fonds qui n'appartient pas au Roy, mais au Royaume & à la Couronnne. Cependant on les aliene, on les engage: quelquefois la necessité qui ne souffre point de loy le veut ainsi; on a affaire d'argent pour des necessités pressantes; on engage les Domaines avec liberté de les retirer. Je ne trouve rien à redire à cela. Mais dans les occasions il faut avoir de la bonne foy. Il faut qu'il soit permis de plaider & de discuter ses droits contre le Roy, comme contre un particulier. Un Engagiste a donné son argent sous promesse d'une fidéle restitution. Au lieu de cela, on retire des Domaines par le droit de la puissance absoluë sans faire aucune raison à ceux qui les tenoient par engagement: & par ce moyen on ruïne des maisons qui par leurs prêts ont autrefois soûtenu les Rois & leur Couronne. Il y a toûjours quelque bonne raison; ou les Domaines qu'on retire on resté degradés, & ne sont pas en aussi bon état que quand ils ont été engagés; ou les revenus en vont bien au delà de la rente, qui pouvoit se tirer de la somme qui avoit été prêtée: par consequent partie des joüissances doivent être rabâtües sur le principal, ou bien c'est quelque autre chose de semblable; mais pour conclusion une maison se trouve depoüillée d'un bien dont elle joüissoit de bonne foy, quelquefois depuis plus d'un siecle, & un Seigneur oû un Gentilhomme qui tenoit par là un rang considerable dans l'Etat tombe entierement par terre. Si le pouvoir Despotique n'avoit pas de lieu, ces maux n'arriveroient pas. Les Domaines étant à l'Etat & non au Roy, ce seroit aux Etats, & non à la Cour à les engager, quand les pressantes necessités des affaires le demanderoient, & les Etats qui auroient engagé ces Domaines, les degageroient aussi avec honneur & sans ruïner les Engagistes.

Pareillement le Roy de sa pleine puissance & authorité Despotique, fait des emprunts sur les Sujets du Royaume; il crée de nouvelles rentes sur les Maisons de Ville; il augmente les gages des Officiers moiennant finance. Comme il vient de favoriser les offices de six cens mille livres d'augmentation de gages, & de créer pour un million cinq cents mille livres de rentes sur la Maison de Ville de Paris au denier dix-huit. Ces rentes se payent quelques années: puis on les retranche piece à piece, quartier par quartier: premierement un quartier, puis une demie année, & enfin le tout. Par ce moien des familles opulentes qui avoient tout leur bien sur les Maisons de Ville, se sont trouvées ruïnées. Si les Etats faisoient ces emprunts, & que

tout l'Etat en fût répondant , on n'auroit pas son bien en l'air , & l'on ne
se verroit pas tous les jours à la veille d'être ruïné. Si les Etats n'ont de
l'honneur & de la bonne foy aussi-bien que les particuliers, ils perdent leur
credit & deviennent Tyrans. C'est dommage que la Hollande n'en use ainsi : que deviendroient les particuliers qui ont presque tout leur bien en
obligations sur l'Etat ?

Avec toute l'infidélité dont la Cour accompagne la tyrannie de son
pouvoir Despotique , le Prince ne laisse pas de réüssir , & les Peuples
incorrigibles se laissent toûjours tromper. Qui pourroit s'empêcher de rire
en voyant les clauses & conditions que le Roy propose dans ses Declarations pour les emprunts ? *Les contrats seront passés par devant tel Notaire que*
voudra l'acquereur. On en sera bien plus seur de la fermeté de la parole
Royale. *Lesdittes rentes ne pourront être retranchées ni reduites pour quelque cau-*
se que se soit , ni les acquereurs depossedés, sinon en les rembourfant en un seul &
actuel payement : qui sera garand de l'execution de ces clauses ? Le Roy demeurant maître absolu , n'en usera-t'il pas sur les nouvelles rentes comme
il a fait sur les autres ? devant qui se pourverra-t'on pour luy faire tenir sa
parole ? sans doute la fidelité du passé sera le garand pour l'avenir. En verité ces Declarations en disent trop, pour qu'on les croie. Elles promettent
même aux étrangers & aux Peuples ennemis du Roy de recevoir leur
argent , & de leur payer les rentes exactement , & de les laisserpas-
ser à leurs Heritiers en Païs étranger , nonobstant toute opposition , &
en renonçant au droit d'*Aubaine* & à tout autre. On n'a qu'à s'y fier &
à porter son argent en France. Cette clause ne sert qu'à découvrir qu'on
veut tromper ici comme par tout ailleurs.

Par toutes ces voyes que la Puissance Despotique de la Cour de France employe pour épuiser les particuliers , il est clair qu'elle s'est arrogée
un souverain pouvoir & un plein droit sur tous les biens. Tellement qu'il
n'y a pas un homme ayant du bien qui se puisse asseurer d'en avoir le
lendemain de quelque condition qu'il soit. Il y a des lieux où l'élevation
est un rempart qui met à l'abri de la tyrannie. Il y en a d'autres où la bassesse & l'obscurité de la condition servent d'asyle. En France il n'y a
plus rien de semblable ; les plus riches & les plus puissans comme les plus
en vûë sont aussi les plus exposés , & quand il plait au Gouvernement
Despotique on les envoye à la Bastille , on les met entre les mains d'une
Chambre de Justice. On leur fait accroire qu'ils ont volé le Roy. Pour
les gens de basse condition quelques cachés qu'ils soyent on les découvre

fort bien, & l'on a toûjours des Impositeurs de Tailles qui les ruïnent par les Impots. Ainsi la France se doit resoudre à être éternellement miserable, si elle ne brise ce pesant joug de la Puissance Arbitraire.

Encore si ce pouvoir absolu & sans bornes n'allât qu'à la privation des biens, peut-être qu'on s'en consoleroit. Mais les vies ne sont pas plus en seureté que les biens. En tout Païs excepté en France & sous les Princes Mahometans l'innocence est un rempart derriere lequel on vit en toute sorte de seureté. Les Loix sont les protectrices des honnêtes Gens : personne ne peut souffrir s'il n'est coupable. Aujourd'huy en France, il n'y a plus de Loix que la Souveraine volonté du Prince. Il ne faut pas être criminel pour devenir malheureux ; l'innocence & la protection des Loix ne servent plus de rien. Qu'un pauvre homme vive dans le fonds de sa Province paisiblement sans remuër, sans agir, sans écrire, & même sans parler, on le vient enlever de sa maison, on le mene de lieu en lieu, de prison en prison, jusqu'à ce qu'il soit arrivé à la plus affreuse. Il demande ce qu'il a fait & quel est son crime, il prie qu'on le juge, & il demande la mort pour grace, on ne luy fait pas seulement la grace de luy répondre, son impatience ne fait qu'aggraver son joug, il craint dans son affreux sejour, il y languit, il y meurt. La cause de sa disgrace c'est un soupçon, un rapport, une relation de parenté ou d'amitié qu'il a avec une personne desagreable à la Cour, ce sera quelque parole un peu libre contre le gouvernement, quelque legere repugnance à obeïr aux volontés des Ministres & des Officiers du Roy. Enfin c'est un rien, & un rien qui fait autant que si c'étoit tout. Souvent un pauvre miserable est reduit à cette extremité, non pour le mal ou le bien qu'il a fait : mais pour celuy qu'il pourroit faire. Il ne faut plus de procés, plus de témoins, plus de formalité, plus de Loix. Combien y a-t'il de bons Eclesiastiques, ou relegués dans des lieux deserts, ou ensevelis dans de tristes & sombres prisons pour des crimes imaginaires, ou pour de tres bonnes œuvres ? pour avoir dit la verité où il la faloit dire, pour avoir soûtenu les droits de l'Eglise contre ses oppresseurs, pour n'avoir pas eu assés de soumission pour les Evêques de Cour ? Les Citadelles, les Conciergeries, & les Prisons sont aujourd'huy rempliés de pauvres Calvinistes qu'on à enlevés à leurs femmes & à leurs enfans sans leur dire aucune raison, & sans leur en pouvoir dire. Les uns ont de la qualité, les autres ont du bien, d'autres ont de la creance & du credit dans leur Canton, tous ont sujet d'être mécontens, c'est là leur crime ; sans qu'il soit besoin qu'on ait découvert en eux de mauvaises

intentions. Quelle espece de gouvernement est celà bon Dieu ? On est
à la disposition d'un Scelerat, d'un P * * * * d'un C * * * * * d'un J * *-
* * ou d'un Ministre furieux qui se jouë de l'esprit & de l'authorité du
Prince pour en faire ce qu'il veut, contre toutes les Loix de la nature, de
Dieu, des hommes & du droit de Gens.

Y a-t'il moins de tyrannie à poser des loix injustes & violentes, &
faire aprés cela des crimes capitaux aux plus honnêtes gens de n'y avoir
pas obéi. Il plait au Roy que je croye que cinq certaines propositions
que je n'entends pas sont dans le livre de Jansenius que je n'ay jamais lû.
Il faut que je souscrive à cela & si je ne le veux pas faire, je perds mon
benefice, & je suis envoyé en exil ou en prison. Quand donc il plaira
au Prince de faire une Loy pour m'empêcher de croire que la Terre tourne, le systeme de Copernique deviendra un crime d'Etat : c'en est dejà
un d'être Cartesien, parce que les J * * * * n'aiment pas la Philosophie
de Descartes : ou plûtôt parce qu'ils haïssent les Theologiens de Port
Royal qui sont Cartesiens. Dans tous les Etats libres & bien gouvernés
rien ne peut devenir un crime ne l'êtant pas de sa nature, que le Peuple
ne se le soit à soit même défendu, & qu'il n'ait consenti que le Souverain
en façe une Loy avec peine capitale. Car la vie & la liberté des hommes
ne peuvent être justement soûmis à des peines capitales pour des choses
en elle même indifferentes, que quand les membres de la societé le veulent bien. Ainsi c'est une tyrannie de rendre criminelle une action indiffe-
rente par un pouvoir & une decision purement arbitraire. Il n'y a plus deformais de limites entre le bien & le mal que la volonté du Prince. Hier le
Calviniste pouvoit servir Dieu à sa maniere avec toute liberté, aujourd'hui
c'est un crime digne de mort. Si ce n'est là un pouvoir arbitraire, tyrannique & tyranniquement exercé, je n'y entends plus rien. Quand le
Prince voudra se défaire de ceux qui luy déplaisent, il n'a qu'à leur faire
des Loix injustes ou impossibles dans leur execution, & auxquelles par
consequent il sçait bien qu'ils n'obeïront pas, & les faire mourir aprés
cela pour cause de desobéïssance. Par ce moyen il a puissance de vie &
de mort sur tous les Sujets comme sur des Esclaves : c'est precisement où
nous en sommes.

Pour noircir la memoire de Loüis XI. on a remarqué qu'il avoit fait
mourir quatre mille de ses Sujets, & à cause de cela on le fait passer avec
justice pour un Prince cruel. Aujourd'huy on loüe la clemence de Loüis
XIV. & cependant on peut prouver qu'il a fait pendre, brûler, roüer,

maſſacrer, perir dans les priſons & dans les exils plus de trente ou quarante mille perſonnes. C'eſt dix fois plus que Loüis XI. Il eſt vray que Loüis XIV. n'a pas fait mourir des Connêtables & des Ducs de Nemours. Mais c'eſt qu'il n'a trouvé aucune réſiſtance à ſes volontés entre les Grands. De la hauteur dont il prend tout, des Princes qu'il auroit pris armés contre luy, n'en auroient pas été quittes à meilleur marché que ſous Loüis XI. car il s'eſt arrogé un pouvoir ſans bornes ſur nos vies.

Enfin ſi vous voulés voir ce Pouvoir Arbitraire étendu juſque ſur la vie de tous les François ſans qu'il intervienne ni crime ni deſobeiſſance, voyés la maniere dont les Rois de France engagent l'Etat dans des guerres ſanglantes & cruelles, & qui coûtent la vie à une infinité de gens. Je ſçay bien que le droit des Armes appartient proprement aux Rois. Ils peuvent lever des Armées & défendre l'Etat. C'eſt pour cela qu'ils ont été faits. Mais ils ne doivent pas entreprend- des guerres injuſtes, & ſur tout des guerres qui aillent à la ruïne de leurs Sujets. Un Roy ſage ne doit point avoir de querelles particulieres ni d'interêt particulier. Car il ne luy eſt point permis de répandre le ſang de ſes Sujets uniquement pour ſatisfaire & ſon ambition & ſa vangeance. Chés tous ceux qui ont defini la tyrannie c'en eſt là un caractere, *de faire tout pour ſon interêt & non pour celuy du Peuple.* En effet les bons Rois ne font la guerre que pour défendre leurs Sujets & pour repouſſer les injures de leurs ennemis, ou pour rabâtre l'orgueil d'un Voiſin inſolent qui entreprend ſur l'Etat, ou pour diminuer les forces d'un ennemy à craindre, qui n'attend que l'occaſion d'inſulter, & de faire une invaſion, ou enfin pour les interêts d'un Allié, à qui on s'eſt engagé pour travailler à la commune conſervation. Et même les plus juſtes guerres ne s'entreprenent pas ſans conſulter les Grands & les ſages du Royaume, ſans avoir ſondé les inclinations des Peuples, ſans examiner ſi les Etats du Royaume peuvent ou veulent fournir aux frais de la guerre. On ne ſçauroit dire combien la guerre entraîne aprés ſoi de malheurs & ſur tout de crimes; des violences, des pilleries, des incendies, des viols & des meurtres. Un Roy eſt bien temeraire qui veut bien ſe charger tout ſeul de tant de pechés, dont il faudra qu'il rende ſeul conte à Dieu. Si l'effuſion du ſang d'un ſeul homme forme une voix terrible, qui crie contre le meurtrier, qui demande vangeance, & qui le precipite dans les Enfers, que deviendra un Prince qui paroîtra devant le Trône de Dieu baigné dans une Mer de ſang qu'il aura fait verſer? Lors qu'il ſera depoüillé de ces vaines grandeurs qui le deguiſent luy-même à luy-même.

comment pourra-t'il soûtenir la vûë de tant de violences, de rapts, de brûlements, de viols dont il sera reputé l'auteur devant celuy qui impute aux Chefs tous les pechés des Membres, commis par l'inspiration de la Tête?

Il n'y a donc rien en quoy les Rois doivent faire moins usage de la puissance Despotique que dans les declarations de Guerre, & où ils doivent moins agir pour eux-mêmes & pour leurs interêts particuliers. Mais il n'y a rien en quoy le Roy ait agi & agisse plus Despotiquement. Depuis sa Majorité il n'a pas entrepris une seule guerre pour l'interêt de l'Etat. Aprés la mort du Roy d'Espagne il fit chercher des pretextes pour envahir les Païs-Bas. On luy en trouva un dans la coûtume de Brabant, qui pour honnorer les premieres Noces, donne aux Enfants du premier lict de grands avantages sur les biens du Pere, quoy que ce soyent des Filles. La Reine Fille d'Espagne que le Roy avoit épousée étoit Fille unique du premier lict. Le Roy d'Espagne n'étoit que d'un second lict, ce fut un pretexte pour envahir les Païs-Bas, & pour faire perir un grand nombre d'honnêtes gens. Quand il y auroit eu quelque justice dans ce pretexte, qu'avions nous affaire de cela? C'étoit un interêt particulier du Roy. Il nous importoit beaucoup que le Roy fût Duc de Brabant: Les Rois ont les armes en main uniquement pour l'interêt & pour la conservation des Peuples. Et nous ne sommes pas obligés de verser nôtre sang pour les interêts particuliers du Prince. Cette guerre en produisit une autre qui n'étoit ni plus necessaire ni plus juste. Parce que les Hollandois firent faire la paix, & donnerent des bornes à cette vaste ambition qui commençoit à engloutir le Monde par ses desirs & par ses vûës, on se promit bien de les en châtier. Ce fut pourquoy on entreprit la Guerre contre la Hollande l'an 1672. avec tant de frais & tant d'appareil; uniquement *pour se vanger d'une mauvaise satisfaction.* Cette Guerre a duré 6. ans, & a coûté la vie à plus de cent mille personnes. Que de crimes accumulés sur une seule tête! Nous êtions bien obligés de vanger le Roy pour la mauvaise satisfaction qu'il avoit reçûë des Hollandois dans une affaire qui le regardoit personnellement, ou pour mieux dire qui ne le regardoit point du tout! Car les Hollandois n'avoient fait que leur devoir en éloignant un tel ennemy de leurs frontieres, & en arrêtant les progrés d'une Guerre aussi injuste qu'étoit celle de 1672. Comment ces guerres ont-elles été entreprises? sans consulter ni les Grands ni les petits, ni les Princes ni le Peuple, sans avoir aucun égard au bien public, mais uniquement pour satisfaire les passions du Prince, avec une puissance purement Despotique. Aussi quand il plaît au Roy, & qu'il n'a pas de moyen plus commode de nous faire mourir, il nous envoye sans nous consulter perir aux pieds d'un rempart, sur le bord d'un fossé, dans une tranchée, ou dans un champ de bataille. Assurement c'est avoir puissance de vie & de mort sur les gens, comme on avoit sur les Esclaves.

Toutes ces preuves font voir que la Puissance Despotique & Arbitraire du Gouvernement de France s'étend sans reserve & sur nos biens & sur nos vies. Je ne vois donc plus rien qui soit à couvert. Dirons-nous qu'au moins la conscience & la Religion font à Dieu & à nous? Point du tout: les exemples que nous avons rapportés font voir le contraire. Il ne m'est point permis aujourd'hui d'être Janseniste & de croire que les cinq Propositions condamnées par Innocent X. & Alexandre VII. ne font pas de Jansenius. Il ne m'est point permis de croire que le Pape est Infaillible, & qu'il est au dessus du Concile. Il n'y a seureté ni pour ma vie ni pour mes biens, si je fais profession de croire ce que le Roy a défendu qu'on crût sur ces matieres. Sur quelle maxime peut être fondée la persecution qu'on a faite aux pretendus Réformés qu'on a contraints avec le fer & le feu à aller à la Messe? Il faut necessairement que ce soit sur cette maxime. *Le Roy est maître non seulement de la vie & des biens, mais aussi de l'exterieur de la Religion: tellement qu'il n'est permis à personne de faire profession d'aucune Religion que de celle qu'il plait au Roy.* Je dis qu'il faut necessairement que la persecution des Huguenots soit fondée sur cette maxime. Car on n'en peut pas imaginer d'autre, & sans elle la conduite du Gouvernement est violente & tyrannique. Aussi y a-t'il plus de dix ans qu'on la prêche à ces miserables; *Le Roy ne veut qu'une Religion dans son Royaume, il en est le maître, il faut obeïr,* leur dit-on. Ainsi quand il plaira au Roy, il faut que nous renions Jésus-Christ, & que nous nous facions Turcs. Car je ne ne voy pas qu'il ait plus de droit sur la Religion des Huguenots que sur la Religion Chrêtienne en general. Voilà donc la Puissance Arbitraire qui s'étend à tout, aux biens, à la vie, à la Religion.

Les noms de *Puissance Arbitraire* & de *Pouvoir Despotique* sont demeurés odieux parmi tous les hommes. Les Tyrans même s'en défendent. *S'élever au dessus des Loix, n'avoir pour regle que sa volonté même; faire tout pour son interêt; tenir en sa main la vie des hommes, & la leur ôter sans forme de Justice; ravir leurs biens, & s'en rendre maître; exercer sur des personnes libres un Empire sans bornes, & les reduire en esclavage.* Tout le Monde frémit de cette idée, les Rois Chrêtiens ne la peuvent souffrir.

Et

LES SOUPIRS

DE LA

FRANCE ESCLAVE

Qui afpire aprés la Liberté.

IV. MEMOIRE,

Du 15. d'Octobre 1689.

PAR QUELS MOYENS LA COUR de France foûtient , & exerce fa Puiffance Deffo-tique : Trois de ces moyens.

DANS les Chapitres precédens nous avons vû l'épouvantable joug de la Puiffance Arbitraire qui repofe fur nos épaules; & le trifte état où nous a reduit cettePuiffance. Quand on connoit les François, il n'eft pas poffible de concevoir d'où vientleur pa-tience à porter le joug. C'eft la Nation du Monde la plus remuante, la plus impatiente , cherchant davantage le changement, aimant la liberté jufqu'au libertinage. Il faut que la Politique de la Cour ait trouvé des moyens merveilleux pour prévenir tous les mouvemens, pour étouffer toute amour pour la liberté, & pour tenir en bride tant des cœurs qui ge-miffent & qui foûpirent fous la pefanteur de leurs fers. Il eft neceffaire que nous examinions ces moyens, car ce font les fources du mal, & com-me nôtre but eft de remedier au mal, il en faut connoître les caufes. Puis que nous voulons reveiller les François & les obliger à fecoüer

H

ce pefant joug pour remettre la Monarchie fur l'ancien pied, il eft neceffaire que nous leur facions remarquer les voyes par lefquelles on affermit leur fervitude; car ce font ces voyes qu'il faut fermer, ce font ces
moyens d'efclavage qu'il faut anéantir.

Nous avons ci-devant comparé la Puiffance Defpotique de la Cour de
France à celle du Grand Seigneur & des Princes Mahometans; nous les
avons trouvées par tout femblables. Voici encore un endroit par où elles fe
reffemblent parfaitement. C'eft dans le premier moyen dont on fe fert en
France pour retenir les efprits des Peuples dans l'efclavage. Les Princes
Mahometans ont eu l'adreffe de faire un point capital de la Religion de
leurs Peuples, de la profonde foumiffion & de la parfaite obeïffance,
qu'ils doivent rendre à leurs Souverains. Les Turcs font perfuadés, que
porter fa tête aux pieds du Grand Seigneur, quand il le veut, & la luy
envoyer fans murmure & fans réfiftance, quand il la demande, eft l'a-
ction du plus grand merite qu'on fçauroit faire. Ils font perfuadés que
par là on gagne la Couronne du Martyre, & qu'on monte dans l'autre
vie au plus haut degré de la gloire. Le Grand Seigneur s'eft mis precifement dans la place de Dieu, l'obeïffance qu'on luy rend fait partie de la
Religion. Et l'on ne fçauroit dire combien ce malheureux entêtement a
fervi à maintenir cet Empire qui devoit perir en peu de temps à caufe de
fa violence. Comme le charme de cette fauffe perfuafion n'eft pas naturel, il fe rompt fouvent, & cela n'empêche pas qu'on ne voye des revoltes affés frequentes dans l'Empire Turc. Elles ont été auffi loin que
dans les Païs où la puiffance des Rois a le plus de bornes. On fait une
grande honte aux Anglois, d'avoir coupé la tête à un de leurs Rois par
condamnation de Juftice. Les Turcs n'en ont pas moins fait à *Ibrahim*
Pere du Grand Seigneur aujourd'huy regnant. On luy coupa la tête par
ordre du Divan approuvé & confenti par le Mufti; c'eft à dire par un
arrêt de Juftice dans toutes les formes. Mais ces exemples extraordinaires n'empêchent pas que fe ne foit là le cours ordinaire, & que les
Turcs ne fe facent une Religion d'une obeïffance aveugle à leurs Empereurs.

C'eft auffi la voye dont on fe fert en France pour affermir la tyrannie.
On y fait enfeigner une Jurifprudence folle, & une plus folle Theologie
fur la puiffance des Rois. On y entretient, & on y paye des Jurifcon-
fultes dans les Barreaux, des Profeffeurs dans les Ecoles, des Theologiens dans les Academies, des Predicateurs dans les Chaires, des Hifto-

riens à la Cour, & des flatteurs par tout qui prêchent continuellement :
Que les Princes Souverains font les vives images de Dieu fur la Terre,
& des copies toutes femblables à l'original; Qu'on ne doit pas moins
d'obeïffance pour le Temporel aux Rois qu'on en doit à Dieu pour le
Spirituel & pour les chofes eternelles ; Qu'on doit obeïr fans murmurer, & fans examiner fi les ordres du Souverain Seigneur s'accordent à
nos interêrs ou ne s'y accordent pas ; Que les Rois ne font obligés à rien
par rapport à leurs Peuples, qu'il n'y a point de pact mutuel entre le
Roy & les Sujets; Que la puiffance des Rois eft fans condition, que les
devoirs du Roy & du Sujet ne font pas refpectifs, comme ceux du maître & du ferviteur, du Mari & de la Femme, du Pere & de l'Enfant,
parce que le Roy de fa part n'eft obligé à rien : Qu'à la verité il doit
travailler à la confervation du Peuple, mais que s'il ne le fait pas, le
Peuple n'a aucun droit de luy en demander raifon & de fe fouftraire de
fon obeïffance : Que le Roy eft élevé au deffus des loix ; qu'il n'eft pas
obligé d'y obeïr, qu'il les peut caffer & changer quand bon luy femble : Que les Peuples font faits pour les Rois, & que les Rois font
maîtres des Peuples, tout autrement qu'un Pere n'eft maître de fes Enfans. Que les Royaumes font & appartiennent en propre comme les
Biens Fonds & Mobiliers appartiennent aux particuliers. Les particuliers
peuvent vendre leurs Fonds & leurs Meubles, les engager, les aliener,
& les vendre fans qu'on foit en droit de leur en demander raifon. Que
les Rois ont le même pouvoir fur leurs Sujets & fur toutes les parties de
l'Etat, qu'ils peuvent les aliener & en difpofer comme bon leur femble.
ble. Que les Couronnes fucceffives font dans des familles comme les
autres heritages ; que le vivant entre naturellement en poffeffion du
bien laiffé par le mort, fans être obligé à aucun ferment ni à aucun
traité avec le Peuple ; & fans qu'il foit neceffaire que le Prince Succef-
feur ait certaines qualités qui le rendent propre à fucceder : que les mau-
vaifes qualités du corps & de l'efprit, les criminelles difpofitions du
cœur, l'ambition, l'avarice, la cruauté, l'incapacité de regner, la
fauffe Religion, l'impieté, rien en un mot ne peut faire obftacle aux
droits d'un Prince legitime Heritier d'une Couronne : Que la Puiffance
des Rois vient immediatement de Dieu, & qu'ils ne la tiennent point
des Peuples ; c'eft pourquoy ils ne font obligés d'en répondre qu'à Dieu :
Qu'ils ne doivent pas abufer de leur pouvoir, mais que quand ils en a-
bufent, il en faut laiffer le jugement à Dieu. Qu'ils peuvent ravir les

Biens de leurs Sujets pour les employer à tel usage que bon leur semble ;
Qu'ils peuvent enlever des Femmes à leurs Maris, attenter à la pudicité
des Femmes impunément ; qu'ils peuvent tuer & massacrer leurs Sujets, en un mot qu'ils peuvent exercer une licence sans bornes, sans
qu'il soit permis de se pourvoir autrement que par des prieres & de remontrances. Que les mauvais Princes sont donnés du Ciel comme les
bons, que ceux-ci doivent être regardés comme des presents du Ciel,
mais que les autres doivent être considerés comme les verges de Dieu,
auxquelles il se faut soûmettre & ne pas entreprendre de les jetter au
feu. Que c'est là le droit de Dieu & qu'il luy en faut abandonner l'e-
xercice : Que les Sujets opprimés par un mauvais Prince peuvent se
tourner du côté de Dieu par des prieres & par des larmes, mais qu'ils ne
doivent jamais employer d'autres armes ; Qu'il n'y a point de cas où il
soit permis à des Sujets de se soulever contre un Roy : Que quand ce
qu'il ordonne est injuste, si c'est du mal à souffrir, il faut le porter patiemment, que si c'est du mal à faire, à la verité on ne peut être obligé de le faire, parce qu'il vaut mieux obeïr à Dieu qu'aux hommes ;
mais en ce cas il faut mourir, & non resister, parce que toute résistan-
ce contre la volonté d'un mauvais Prince est un grand crime devant
Dieu : Que même sous pretexte de Religion jamais il n'est permis de
se soulever contre un Roy qui devient Tyran, qui desole l'Eglise, qui
ruïne ses Sanctuaires, qui proscrit les Ministres de ses Autels, qui ra-
vage ses Domaines, qui profane ses Mysteres, qui abolit son culte, &
qui établit l'Heresie & l'Idolatrie. Que l'Eglise doit gemir & se plaindre devant Dieu, mais que les Peuples n'ont aucun droit d'arrêter ces
horribles excés par des voyes de fait.

Toutes ces belles maximes ne se debitent pas seulement comme des positions de jurisprudence, mais comme des points de Religion, des pre-
ceptes de la Morale Chrétienne, & des articles de Foy. Parce que l'E-
criture appelle les Rois *les Oints de Dieu*, qu'elle dit, *obeïssés à vos Conducteurs, celuy qui resiste à la puissance resiste à la volonté de Dieu : & qu'il s'y
faut soûmettre, non seulement pour la crainte du châtiment, mais aussi pour la
Conscience* ; parce enfin que les devoirs des Sujets à l'égard de leur Roy,
font partie de la Loy de Dieu, & de la Morale du Chrétien. Et de
peur que toutes ces maximes demeurant dans l'Idée generale sans appli-
cation, ne fissent pas assés d'impression sur les esprits, la Cour fit assembler son Clergé & ses Evêques l'an 1682, & y fit définir, que le Roy

eſt au deſſus de toutes les Loix de l'Egliſe , qu'il ne peut être excom-
munié par le Pape ni par l'Egliſe , que jamais les Sujets ne ſçauroient
être liberés du ſerment de fidelité pour aucune cauſe , non pas même pour
celle de Religion. Ainſi par ordre de Meſſieurs nos Saints Evêques , ſi
Dieu nous envoye en ſa colere un Róy qui ruine la Religion Catholique, qui ſoüille tous ſes Autels , qui nous veüille faire tous Turcs & qui
employe les Dragons pour nous faire Mahometans , il ſera permis de
mourir & de ſouffrir le Martyre. Mais il ne ſera pas permis d'oppoſer
aucune digue à ce torrent, il faudra ſouffrir la ruine du Chriſtianiſme ,
& voir patiemment planter le Mahometiſme & arborer le Croiſſant ſur
les débris de la Croix de J e s u s-C h r i s t. S'il arrive à quelqu'un de
faire ſentir qu'il n'aprouve pas ſes maximes outrées , on prend un grand
ſoin de l'enterrer dans un cachot, afin qu'il ne puiſſe parler & ne puiſſe
être entendu. Et pour ceux dont on ne ſçauroit fermer la bouche , & qui
diſent que les peuples ſe ſont établis des Rois pour être leurs peres & non
leurs tyrans. Que le droit des peuples ne ſe preſcrit pas, qu'on eſt obligé
en conſcience de travailler à ſa propre conſervation contre les oppreſſions
de quelque ordre qu'ils ſoient : que les Rois ne ſçauroient avoir plus de
pouvoir ſur les ſujets que les peres en ont ſur les enfans , puis qu'ils ſont
établis pour être les peres du peuple : que les Rois ont leurs bornes , non
ſeulement dans les regles de la Juſtice & de l'Equité, mais auſſi dans les
privileges que les peuples ſe ſont conſervés. Que les peres ſont des têtes
ſacrées pour leurs enfans auſſi bien que les Rois ſont les Oints du Seigneur , & que neanmoins la puiſſance des peres a ſes bornes, au delà deſ-
quelles toutes les Loix divines & humaines , Payenne & Chrêtienne
permettent de reſiſter à la violence des peres : que le Prince a pouvoir de
lever des tributs pour la conſervation de l'Etat, & non pour ſa ruine :
que le ſang du peuple ne doit pas être employé aux delices du Prince à luy
bâtir de ſuperbes maiſons & à luy procurer un nombre infini de ſuperflui-
tés, & de ſales voluptés, que les Rois ont leur domaine, & que c'eſt beaucoup ſouffrir que de permettre que le Prince faſe de ſes domaines ce que
bon lui ſemble pour l'aſſouviſſement de ſes plaiſirs. Mais qu'il eſt inoüy
qu'on ait donné de l'argent par impôt extraordinaire & qu'on ſe ſoit
épuiſé pour ſatisfaire aux paſſions dereglées d'un Roy. Ceux dis-je, qui
debitent ces maximes ſont traittés en France de gens execrables , d'ennemis des Rois , de peſtes des ſocietés , d'ennemis du genre humain, de
gens qui veulent rejetter tout dans la confuſion & dans le deſordre.

H 3

Ces clameurs & ce grand bruit étourdiffent les François, ils n'entendent qu'une partie , & par confequent n'entendent rien. Ils fentent bien que leur fens commun & leur cœur refiftent à ces maximes de tyrannie; mais à force de les entendre debiter avec hardieffe d'un haut ton , & d'un air d'affurance , ils ne fçavent qu'en croire. Ils voient le torrent qui va de ce côté là , les Ecclefiaftiques & les Evêques qui donnent là dedans; le Barreau qui ne s'y oppofe pas; les Avocats & Procureurs du Roy dans les Tribunaux qui appuyent ces maximes, les Juges qui les approuvent par la pratique & par un honteux filence, confus de refifter feulsils fe rendent,& ployent fous le joug, refervant à un meilleur temps de s'inftruire de la verité. S'ils ne font perfuadés , au moins ils jugent à propos de parler & d'agir comme s'ils l'êtoient. Un pauvre Janfenifte à qui on dechire la Soutane en le tirant à la fignature du Formulaire , ou un pauvre Huguenot à qui on met le poignard à la gorge pour lui faire abjurer fa religion, croient faire un grand effort de liberté en difant ; *mes biens & ma vie font au Roy , mais ma confcience n'eft qu'à Dieu.* Pauvre miferable, & que veux tu dire,quand tu dis,que ton bien & ta vie font au Roy? Si cela fignifie que le Roy s'eft rendu maître de tes biens & de ta vie pour en faire ce qu'il veut , tu as raifon. Mais par là ta confcience eft au Roy auffibien que ta vie & tes biens. Car comme il paroît il s'eft rendu maître de la confcience de tous fes fujets pour leur faire croire , ou au moins pour leur faire dire tout ce qu'il luy plait en matiere de Religion. Si tu entens que de droit le Roy a une pleine puiffance fur ton bien & fur ta vie pour en faire ce qu'il jugera à propos fans être obligé d'en répondre qu'à Dieu, où a tu pris ces maximes, eft-ce Dieu, eft-ce l'Eglife , eft-ce le fens commun qui te les a enfeignées. Ce n'eft point icy le lieu de les refuter & d'en faire voir l'abfurdité & le ridicule. Cela fe fera quand nous parlerons des moyens d'abbâtre le Pouvoir Defpotique , & de rétablir les anciénnes Loix du Royaume. Pour le prefent c'eft affés d'avoir rapporté hiftoriquement cette bizare Jurifprudence & cette folle Theologie,qui eft le premier moyen dont la Cour de France fe fert pour foûtenir fa Puiffance Arbitraire , voyons les autres.

Si ce 1. moyen êtoit feul, il n'auroit pas grand fuccés , mais la tyrannie s'eft affermie par plufieurs autres moyens. Le 2. moyen, c'eft que le Roy s'eft rendu maître de l'Eglife, qui tient la premiere partie,& la principale d'un tout,a bien tôt tout le refte.Et les Rois de France fe font rendus maîtres de l'Eglife en fe rendant maîtres des benefices & tous les biens d'Eglife,

Les Usurpateurs ne se font pas fait en un jour. Il y a longtemps que les Princes Seculiers travaillent à opprimer la liberté de l'Eglise & à remplir avec autorité les Chaires de leurs creatures. Il est clair à tous ceux qui font usage de leur sens commun, que le Peuple & le Clergé doivent élire leurs Evêques & leurs Conducteurs. Cela s'est ainsi fait dès le temps des Apôtres. Cela a toûjours été pratiqué dans tous les siecles où l'Eglise a pû joüir de ses veritables droits. Il est certain aussi que l'Eglise Gallicane a été fondée & a été gouvernée longtemps sur ce pied-là. Mais il est vray aussi que depuis longtemps les Rois ont travaillé à se rendre maître des Elections. Les Rois de la premiere race donnoient les Evêchés quand ils pouvoient, & l'Eglise s'y opposoit toûjours, quand cela se pouvoit avec seureté. Le troisiéme Concile de Paris tenú l'an 557. sous le regne de *Childebert*, fit là-dessus une severe ordonnance, *qu'on n'ordonne point d'Evêque*, dit il, *contre le gré des Citoiens, mais celuy-là seulement qui aura été élû volontairement, & d'un plein consentement par le Peuple & par le Clergé, non par le commandement du Prince.* Depuis ce temps là, l'Eglise Gallicane a toûjours été aux mains avec les Papes, & avec ses Rois, pour la liberté des Elections. *Charles VII.* fit faire à *Bourges* la Pragmatique Sanction, qui rétablissoit les Elections Canoniques en les delivrant de l'autorité des Rois, & de celle des Souverains Pontifes : *Loüis XI.* pour faire sa Cour au Pape lui livra le Pragmatique Sanction, & en envoya l'original à Rome. Ce qui y causa plus de joye, que n'auroit fait la conquête d'un Royaume à JESUS-CHRIST. Les Successeurs de *Loüis XI.* rétablirent & anéantirent cette Pragmatique, selon qu'ils étoient bien ou mal avec la Cour de Rome. Enfin *Leon X.* & *François I.* partagerent entre eux le morceau & donnerent le dernier coup aux libertés de l'Eglise Gallicane, en abolissant pour jamais les Elections Canoniques. Le Pape eut les Annates sur les benefices & la provision des Bulles, & le Roy se reserva la nomination à tous les grands benefices. La memoire du Chancellier *du Prat* qui fit ce beau coup, en est demeurée chargée de toute l'execration de l'Eglise. Depuis *François I.* tous les Rois de France ont exercé ce droit. Mais *Loüis XIV.* l'a fait valoir & l'a étendu plus loin que les autres : comme il paroit par le grand demêlé de la Regale, & par l'entreprise qu'il a faite de nommer des Superieurs & des Superieures aux Maisons Religieuses qui n'avoient jamais étés soûmises à ce joug.

Or il est clair comme le jour, que ce privilege que les Rois de France se sont acquis par une pure usurpation, est un des grands moyens par les-

quels ils soûtiennent leur Pouvoir Despotique & leur Puissance Arbitraire. On sçait combien les peuples se laissent facilement persuader par
les Directeurs de leurs consciences. Un Evêque prêche & fait prêcher
telle doctrine qu'il veut. Il envoie & donne des Confesseurs dans tout
son Diocese. Il n'admet aux Cures & ne met dans les Paroisses que
des gens qui sont dans ses principes. La Cour nomme aux Evêchés des gens qui sont à sa devotion, & ces Evêques demeurent parfaitement soûmis à la Cour qui a fait leur fortune & de qui leur fortune dépend. Car la même autorité qui les a faits les peut défaire. La Cour nomme
aussi aux grandes Abbayes. Et les Abbés Commendataires, ne manquent pas
d'inspirer à leurs Moines l'esprit d'obeissance & de soumission aveugle pour
le Roy qui les a faits. Les Moines sont presque toûjours en different avec les
Abbés pour le temporel & pour la cuisine. Mais cela même les oblige à vivre dans une grande soumission pour la Cour afin d'y partager la faveur.
Ils entrent en partage de la basse complaisance de leurs Abbés pour les
Puissances, afin de les contrequarrer plus facilement & avec appuy dans
leurs entreprises. Outre tout cela il faut considerer que par ce privilege de
disposer de tous les grands benefices, la Cour se rend maîtresse de toutes
les grandes Maisons du Royaume. Elles ne subsistent toutes que par
les Biens d'Eglise. Un Aîné emporte tout le Bien, les Cadets ne sont
riches que par les Evêchés, les Abbayes & autres Biens d'Eglise que le
Roy leur donne. Et ces Biens deviennent comme Hereditaires dans les
Maisons. Les Oncles les resignent à leurs Neveux de generation en generation : quand un Frere a longtemps possedé ces Biens d'Eglise, s'il
luy prend envie de se marier, il les resigne à l'un de ses Cadets en se re-
servant une grosse pension sur le benefice.

Il est aisé de comprendre que toutes les grandes Maisons du Royaume qui ne sont riches que de ces Biens, doivent être dans une grande
dépendance, puis qu'elles ne possedent ces grands revenus que par le
benefice du Roy & dépendamment de sa volonté. Enfin quand le Roy veut
recompenser quelqu'un qui ne peut pas recevoir un caractere Ecclesiastique, il luy assigne de grandes pensions sur des benefices qui sont possedés par d'autres. Ainsi les Biens Ecclesiastiques sont absolument secu-
larisés, & ne servent qu'à fournir au Prince le moyen de rendre tout
le Royaume esclave, de recompenser ceux qui sont les Ministres de
sa Puissance Arbitraire, & se gagner des voix qui la soûtiennent. Il n'y
a personne qui ne trouve bon un Gouvernement où l'on gagne, quoi
que

que tous les autres y perdent. C'eſt pourquoy toute la Nobleſſe de France & particulierement la grande Nobleſſe, ne ſçauroit avoir du chagrin contre la Puiſſance Arbitraire, qui les incommode à la verité quelquefois; mais qui ſeule leur aſſure la poſſeſſion des revenus immenſes de l'Egliſe Gallicane. Car ſi le Pouvoir Deſpotique du Gouvernement ſur les Biens d'Egliſe étoit aneanti; les Elections Canoniques étant établies, ce ne ſeroit plus la naiſſance, la faveur, la complaiſance pour la Cour, & l'attachement à ſes maximes qui emporteroient les grands benefices; ce ſeroit la vertu, la pieté, le ſçavoir & le merite ſans avoir égard à la Naiſſance.

La Cour ſe ſert encore d'un autre moyen tres-efficace pour s'attacher les Evêques & pour rendre par eux toute la Nation eſclave. C'eſt qu'elle autoriſe la tyrannie de ces Evêques ſur leurs Prêtres, & ſur tout le bas Clergé. Les Prêtres ſont les eſclaves de leurs Evêques. Il n'eſt rien ſi miſerable, ſi abject & ſi foulé que ce bas Clergé. Pendant qu'un Evêque eſt grand Seigneur & fait une dépenſe ſcandaleuſe en Chiens, en Chevaux, en Meubles, en Domeſtiques, en Tables, en Equipages, les Prêtres du Dioceſe n'ont pas dequoi s'achêter une Soutane; les fardeaux des Decimes tombent ſur ces miſerables & paſſent auprés de Meſſieurs les Prelats ſans les toucher. Les Evêques traitent leurs Prêtres non comme d'honnêtes Valets, mais comme des Valets d'écurie. Ils ne ſe couvrent jamais devant leurs Evêques, ils n'ont pas l'honneur de manger à leur table, il faut qu'ils marchent à leur mandement, & qu'ils obeïſſent aveuglement aux ordres de leur Prelat, comme s'ils étoient ſes Sujets, & qu'il fût leur Souverain. Dans un Etat libre & ſous une Monarchie bien reglée cette conduite n'auroit point de lieu, on apprendroit aux Evêques qu'ils ne ſont que les Chefs de leurs Prêtres & non leurs Rois, & qu'ils ne les doivent gouverner que ſelon les Canons. C'eſt pourquoy les Evêques & les Prelats ſont engagés à maintenir la Puiſſance Deſpotique qui les maintient. Les Tyrans ſe prêtent la main les uns aux autres, & les Tyrans les plus élevés permettent aux Tyrans inferieurs, d'exercer tyrannie ſur ceux qui ſont plus bas qu'eux, afin de les engager par là à conſerver un Gouvernement, ſous lequel ils ont un Empire qu'ils ne pourroient conſerver, ſi les affaires prenoient un autre train.

Loüis XIV, le plus imperieux & le plus autoriſé de tous les

Rois, a bien penetré cette politique, quoi qu'il ait efficacément travaillé à réünir dans fa perfonne toute l'autorité qui étoit répanduë en divers Sujets, il a permis aux Evêques d'aggraver le joug des Prêtres ; & même depuis quelques années il a fait rendre un arrêt dans fon Confeil, par lequel les Curés font deftituables par leur Evêques *ad nutum.* C'eft à dire qu'un Evêque tranfporte, chaffe, bannit un Curé quand il luy plait, fans autre raifon que fon caprice & fa volonté. Il ne faloit plus que cela pour abbâtre le bas Clergé, & le rendre le mépris des Peuples, & l'efclave des Prelats. Jugés fi des Evêques qui regnent fi Defpotiquement ne doivent pas tenir pour la Puiffance Defpotique ?

LE CLERGE' fait un grand Corps dans l'Etat, mais les Financiers, gens d'affaires, Traitans, Threforiers, Receveurs n'en font pas un moins grand : à tout comprendre depuis le premier Adminiftrateur des Finances, tel qu'eft un Surintendant ou tel qu'étoit M. *Colbert,* jufqu'au plus petit Commis, & jufqu'aux Archers de la Gabelle. Comme c'a été un grand myftere de politique d'intereffer tout le Corps du Clergé à maintenir la Puiffance Defpotique, ce n'eft pas un coup moins important d'engager tout le Corps des Financiers & gens d'affaires dans le maintien de la Puiffance Arbitraire : & c'eft ce qu'on a fçû faire dans ce dernier fiecle. Toute l'Europe a vû avec étonnement & même avec effroy les prodigleufes & immenfes fortunes qui fe font faites en fi peu de temps. Des gens fe font trouvés en état de faire quelques prêts aux Miniftres dans leurs preffantes neceffités. Cela leur a été une porte pour entrer dans l'Adminiftration des Finances. Et ils y ont fait des maifons puiffantes & riches en moins de rien. Ils fe font rembourfés au centuple de leurs avances. D'autres de petits Commis ont trouvé moyen de fe pouffer jufqu'aux premiers emplois des Finances : d'autres s'y font fourrés par d'autres portes. Mais quoi qu'il en foit, quand ils y ont été introduits ils y ont fait des ravages horribles. Le Peuple a été fuccé par toutes fes veines, il n'y a point de violences & de vilainies qui n'ayent été commifes pour l'épuifer. Les donneurs d'avis font venus à la traverfe comme des Troupes Auxiliaires des gens d'affaires. Une infinité de gens ont eu part au gâteau. Tout le Bourgeois de Paris a trouvé moyen de faire valoir fon argent par là, & de s'intereffer pour tirer vint, trente, quarante & cinquante pour

tent d'un argent qui felon les Ordonnances ne luy en devoit valoir
que cinq. Le regne des Financiers étoit monté à tel point dans le
Royaume, qu'il faifoit un autre Etat dans l'Etat, & paroiffoit avec
tant d'éclat, que tout ce qu'il y avoit de grand & de brillant dans
le Royaume en a été effacé. On voyoit ces Meffieurs achêter les
plus anciens Hôtels des Princes & des Ducs du fiecle paffé, jetter
par terre ces beaux & ces grands Hôtels, bâtir fur les ruïnes des Palais à la moderne plus magnifiques que les Maifons des Rois. Ils a-
chêtoient les premieres terres du Royaume dans les Provinces &
profitoient du débris des grandes Maifons ruïnées. Ils avoient des
Equipages de Souverain, des Tables magnifiques & delicieufes;
enfin il n'y eut jamais un fi prodigieux abus & une profufion de
richeffes fi demefurée. Toute la France a vû à quoi les Finances é-
toient employées du temps du Surintendant *Fouquet* : les fommes
immenfes qu'il dépenfoit en fales voluptés, en Bâtimens fuperbes,
en Fêtes d'une magnificence inconcevable, en terres fur lefquelles il
faifoit affembler toutes les raretés de la nature. Tous les autres gens
d'affaires fous luy à fon exemple pouffoient ces excés à toute extremité, & ne fe donnoient pas de bornes. Et qui fourniffoit à tout
cela ? La fubftance du Peuple & la Puiffance Defpotique : la volonté du Prince de laquelle feule dépendoient les Impôts. On hauf-
foit les tailles felon que les Traitans le jugeoient à propos : on faifoit monter les Fermes auffi haut qu'il étoit neceffaire pour fournir
aux befoins de l'Etat, pour affouvir l'infatiable cupidité des Miniftres, & pour combler la vafte convoitife de plufieurs millions de
gens affamés qui devoroient tout. Un Donneur d'avis étoit écouté
comme un Oracle ; on le produifoit à la Cour avec eloges, on le
récompenfoit magnifiquement : les récompenfes animoient les autres,
tout le monde donnoit dans une profeffion fi bien payée. Toute la
France étoit couverte d'exacteurs, & perfonne ne leur pouvoit rien
dire. Si les Impôts avoient été reglés & gouvernés comme autrefois par les Etats du Royaume, les chofes n'auroient pas pû aller
ainfi. Cette foule de petits Tyrans qui profitoient de la Tyrannie
n'auroit pû regner. Ces grandes Fortunes ne s'élevoient qu'à la faveur & à l'ombre de cette Puiffance Defpotique qui dit fans réfer-
ve, *Il nous plaît, nous voulons, & tel eft nôtre plaifir.* Car on n'avoit
qu'à intereffer les Miniftres ou à tromper le Confeil pour obtenir

une Declaration ou un Arrêt par lequel comme avec une faux tran-
chante on moissonnoit où l'on n'avoit pas semé.

Voilà donc encore une prodigieuse quantité de gens interressés à
soûtenir la Puissance Arbitraire, car leur regne dépendoit uniquement de là. Et outre que ces gens étoient en grand nombre, ils
trouvoient moyen d'engager tout ce qu'il y avoit de Grands dans
le Royaume. Il n'y avoit pas de Financier qui n'eût à ses gages,
les Gouverneurs des Provinces, Lieutenants de Roy, Commandants des Places, & même dés grands Seigneurs de la Province. A
l'un ils donnoient cinquante mille livres de pension, à l'autre plus ou
moins, afin qu'ils prêtassent main forte pour l'établissement & pour
là levée des Impôts. Car le peuple n'est point si esclave d'habitude qu'il
ne se souvienne toûjours de son ancienne liberté ; il se soûlevoit quand
il pouvoit pour secoüer le joug pesant qu'on luy mettoit sur les é-
paules. Mais les Commandants pour le Roy, les premiers Magistrats des Villes, & les principaux Seigneurs du Païs payés par les
gens d'affaires tenoient la main pour contenir le peuple dans son devoir, c'est à dire pour l'empêcher de faire son devoir, & de faire
valoir ses droits. Voyés combien voilà de gens engagés à maintenir la tyrannie. Nous l'avons dejà dit, quand on gagne à un Gouvernement, on ne se met pas en peine que les autres y perdent. Aujourd'huy ces Messieurs qui du depuis ont senti le poids de la Puissance Despotique, & qui en ont été opprimés, sentent aussi-bien
que nous la pesanteur & l'injustice du fardeau. Mais alors environnés de biens, nageant dans les richesses, ils benissoient les canaux
qui les leur apportoient, & n'avoient garde de tendre à une liberté qui leur eût été fatale.

Il est vray que les choses ont changé depuis ce temps-là : le regne
des Financiers est fort diminué, le Roy a attiré à luy tout le profit.
On voit peu de ces fortunes de gens d'affaires, comme on en voyoit autrefois. On n'a plus besoin de donner dés pensions aux Gouverneurs des Provinces, pour les obliger à tenir la main pour faire
obeir le peuple. Le Roy s'est tellement autorisé, & a porté son pouvoir si loin, qu'à present un ordre de la Cour porté par un valet de pied & produit par un Intendant, fait trembler toute une
Province. Tout baisse la tête & grands & petits, & gens du Roy,
& Magistrats & Peuples. Mais outre que cela ne revient pas à la

décharge du peuple, il faudra necessairement que la Puissance Despotique & les Impôts continuant, les gens d'affaires remontent sur
leurs thrônes. Les moyens que le Roy employe pour tenir le peuple dans la captivité sans dépendre de gens d'affaires, est plus one-
reux à l'Etat que n'êtoit le regne des Financiers. Car c'est cette horrible multitude de Troupes dont il couvre le Royaume, & dont
nous avons à parler dans la suite. Le Roy n'a pas autant gagné à
reformer les Officiers des Finances, qu'il consume dans l'entretien de
ces grandes Armées. La facilité que le Roy trouve dans les exactions,
vient de ce qu'on appelle la force du Gouvernement. On paye parce
qu'on n'oseroit refuser : & l'on n'oseroit refuser parce qu'on a sur
la tête une autorité qui paroît comme une Montagne toûjours prête à tomber & à écraser. Mais les Etats ne sçauroient longtemps
subsister dans cette situation violente, : des Guerres étrangeres qui
réüssissent mal, des Guerres Civiles causées par les Mécontents ; une
Minorité sous laquelle l'autorité Royale demeure comme éclipsée, font
aussi éclipser la terreur, les forces de Mer & de Terre diminuënt, on n'a
pas de Troupes pour être par tout ; les Commandants de ces Troupes ne
font plus si soûmis. Le Peuple alors commence à sentir sa force. Ce temps
reviendra indubitablement. Et alors il faudra que le regne des gens d'affaires retourne & qu'il face regner la Cour precisement par les mêmes voyes par lesquelles ils l'ont fait regner durant le Ministere du Cardinal
de Richelieu & celuy du Cardinal *Mazarin*. Et par consequent, à
moins qu'on n'y mette ordre, ce Ministere des Financiers, & la licence qu'ils ont de tout prendre sous l'Autorité Despotique du nom
de Roy, sera toûjours l'un des plus puissants moyens pour soûtenir la
Puissance Arbitraire. Tout abbaissés que sont aujourd'huy les gens
d'affaires par les cours de Justices, par les taxes prodigieuses qu'on
leur a fait payer, par la diminution de leurs gains immenses, ils ne
font point encore revenus du charme de cette Puissance Arbitraire ; & ils
ne voudroient pas travailler à la détruire. Ils se souviennent des heureux
temps qu'ils ont passés à la faveur de cette Puissance Arbitraire, de
leur pompe, de leur regne, & de leurs plaisirs. *Menerot* disoit qu'il
y avoit trois choses que le Roy ne luy pouvoit ôter, sa Noblesse,
car il étoit de basse naissance ; son Patrimoine, car il étoit né gueux,
& les bons repas qu'il avoit faits ; la memoire du passé les soûtient
donc dans leurs maximes. Le present quoi que fâcheux ne laisse pas

de les y engager ; car ces gens qu'on a vexés , taxés , ruinés , ont
conſervé de bonnes picces de leur naufrage. A l'un le Roy a emporté quatre ou cinq millions , à l'autre deux , à l'autre quinze cens
mille livres. Mais aprés cela ils ne laiſſent pas de vivre encore magnifiquement & dans l'abondance. Ils laiſſent bien plus à leurs Enfans que leurs Peres ne leur ont laiſſé. Ainſi ils n'ont ſujet que d'ê-
tre contents d'une Puiſſance Arbitraire de laquelle ils ont abuſé long-
temps , & qui dans la ſuite ne les a pas ſi bien jettés par terre , qu'ils
ne ſe trouvent encore ſur leurs pieds. Enfin l'eſperance de l'avenir les
retient dans les principes de la Puiſſance Arbitraire par la raiſon que
je viens de dire ; c'eſt qu'ils prévoient bien que l'état preſent des
affaires eſt trop violent & trop guindé pour ſubſiſter longtemps. Il
faut qu'il tombe & alors les gens d'affaires reviendront à être les
appuis de la Monarchie & les Miniſtres de la Puiſſance Deſpotique.
On aura affaire d'eux & de leur Argent quelque jour , & alors ils
feront bien payer , comme ils ont fait autrefois , le ſecours qu'ils auront prêté à la Couronne & aux Miniſtres. Voilà déjà trois moyens puiſſants & efficaces dont ſe ſert le Gouvernement Arbitraire
de la Cour pour ſe ſoûtenir : nous verrons les autres.

Fin du quatriéme Memoire.

LES SOÛPIRS
DE LA
FRANCE ESCLAVE
Qui aſpire aprés la Liberté.

V. MEMOIRE,
Du 15. de Novembre 1689.

OÙ SONT EXPLIQUÉS LE RESTE
des moyens dont la Cour de France ſe ſert pour maintenir
ſa Tyrannie, & exercer ſa Puiſſance Arbitraire.

NOUS avons commencé d'expoſer les moyens par leſquels la Tyrannie de la Cour de France ſe conſerve & ſe maintient, & nous en avons dejà trouvé trois : Le premier c'eſt la Theologie & la Juriſprudence eſclave ſur le Droit des Rois. Le ſecond ce ſont les Biens d'Egliſe ; qui font le quart ou le tiers des Biens du Royaume, de la diſtribution deſquels la Cour s'eſt renduë maîtreſſe : Le troiſiéme c'eſt d'avoir mis les Impôts en parti, & d'avoir établi le Regne des Gens d'affaire.

Le quatriéme moyen, dont on s'eſt ſervi pour retenir les Peuples dans l'Eſclavage, c'eſt de les ruiner & de les abbaiſſer. Rien n'ôte le courage comme la baſſeſſe & la pauvreté. Les Tyrans ont tous réconnu, qu'ils ne pouvoient regner tyranniquement ſur un Peuple riche, C'eſt pour-

K

quoy ils ont toûjours travaillé à se rendre Maîtres de toutes les richesses
des Etats qu'ils ont voulu opprimer. C'est par cette voye que les Arabes ,
les Turcs & les Tartares ont établi leur Domination depuis le Détroit
de Gilbraltar jusqu'aux Frontieres de Siam & de la Chine. Ils ont pris
tout le Bien des Peuples qu'ils ont conquis , & ont fait de tous leurs
Sujets de pauvres Esclaves. Les Ministres de la Cour de France n'ont pas
encore osé imiter entierement cet exemple , quoi qu'ils y ayent pensé ,
comme nous l'avons prouvé ci-devant. Mais ils ont succé & tiré tout
le sang de leurs Peuples par d'horribles Impôts , & ont reduit la Noblesse
& le Peuple à une telle pauvreté , que si l'on vouloit remuër dans le
Royaume , on ne sçauroit comment s'y prendre. Car il n'y a ni Forteresses , ni Armes , ni Artillerie ; ni Arsenaux , ni Munitions , dont on
se peut rendre maître , parce qu'il n'y a pas d'argent hors des Coffres du
Roy. Le Cardinal *de Richelieu* a commencé ; le Cardinal *Mazarin* a
poursuivi. Celuy-ci avoit accoûtumé de dire que la France étoit un bon
Asne , que plus on la chargeoit , mieux elle marchoit. Enfin le Ministere present a achevé d'executer ce moyen de tyrannie. Un Peuple demi
ruiné est justement en état de se revolter. Il a assez de mal pour le sentir
& pour desirer le changement. Il a encore assez de bien pour se soulever,
& faire des affaires aux Tyrans. C'est precisément l'état où se trouva
le Royaume aprés la mort de *Loüis XIII.* Roy titulaire sans pouvoir ,
& du Cardinal *de Richelieu* Roy Despotique sans titre. Durant la Minorité du Roy la France étoit à demi ruinée par les Exactions que le
Cardinal *de Richelieu* avoit exercées. Mais elle ne l'étoit pas assez pour
avoir perdu toutes ses forces. Elle s'en voulut servir pour recouvrer sa
Liberté. De là vinrent les mouvemens de la France , & les Guerres de
Paris. Le Royaume fut abandonné à la furieuse avarice d'*Emery* Surintendant des Finances , & de tous les Partisans qui commandoient sous
luy. Le Ministere d'alors crut que le Cardinal *de Richelieu* , qui avoit
regné Despotiquement , avoit suffisamment établi la Tyrannie , & que
desormais on pouvoit tout entreprendre. L'experience les desabusa. *Paris*
secoüa le joug , il fut suivi des Provinces de *Normandie* , de *Guienne* , de
Bourgogne , de *Languedoc* & de plusieurs autres. Le Parlement de Paris
prenant le nom de *Pere du Peuple* , entreprit de le proteger & de reformer
les abus. Et la Monarchie se vit à la veille d'être rétablie dans son ancienne Liberté , & de rentrer sous son ancien Gouvernement. Mais
l'ambition des Grands & les intérêts particuliers qui les faisoient aller les

tins d'un côté & les autres de l'autre , fit évanoüir toutes ces belles efpe-
rances. Le Parlement devoit alors prendre les refnes de l'Etat , affembler
les Etats Generaux du Royaume , abolir la Tyrannie & chaffer les Tyrans , fe rendre Maîtres de la Perfonne du Roy , & le faire élever dans
les maximes d'un veritable Prince. Si cela fe fût fait comme on le devoit ,
la France feroit aujourd'huy le Royaume du Monde le plus heureux. La
Cour tremble encore aujourd'huy du peril qu'elle courut alors de fe voir
arracher des mains la Puiffance Defpotique. Elle a vû d'où venoit le danger , elle a couru à la fource pour le prevenir. Elle a conçû que c'eft tout
perdre que de ruïner & d'abbaiffer un peuple à demi : luy laiffer une partie de fes forces , c'eft luy donner le moyen de fe vanger des outrages
qu'on luy a fait , en luy arrachant l'autre. C'eft pourquoy le Roy s'eft
fait une neceffité d'abaiffer tous ceux qui avoient penfé luy ravir fa Puiffance Arbitraire. Les Princes du Sang avoient paru à la tête du parti :
on les a éloignés du Gouvernement & des Confeils , & même on les a
tenus dans un éloignement de la Cour qui reffemble mieux à l'exil qu'à
une retraite. Les Parlements avoient paru dans cette affaire , comme les
premiers moteurs, on n'a pas manqué de les abbaiffer, & de les jetter fur
la pouffiere. La Ville de Paris avoit fait grand bruit ; outre mille moyens
dont on s'eft fervi pour l'appauvrir , le Roy luy fait connoître qu'il eft
irreconciliable , & qu'il ne pardonne jamais. C'eft pourquoy il a renoncé à la demeure de cette Ville , & s'eft bâti une Cour à Verfailles.
Quand il en fort , c'eft pour aller en quelque autre de fes Maifons. Il eft
par tout ailleurs qu'en fa Ville Royale , à qui la prefence des Rois a
toûjours apporté de grandes richeffes & de grandes commodités. Enfin
parce que les Peuples avoient fuivi le mouvement , que le Parlement ,
la Ville de Paris & les Princes leur avoient donné , on les a abbaiffés ,
ruïnés & appauvris , & mis dans le plus bas degré. Le Cardinal *Mazarin*
avoit fçû d'où venoit le mal : comme il étoit le premier inftrument de la
Tyrannie , il avoit été auffi le principal object du reffentiment & de la
fureur des Peuples. Il leur étoit échapé par un vray miracle. Pour fe vanger , il a laiffé des memoires qu'on a exactement fuivis. Et c'eft en
fuivant ces leçons qu'on a mis le Royaume fous le joug fous lequel il
gemit , & qu'on a achevé d'abbâtre les Peuples. Il eft vray que cette
maxime femble être juftifiée par l'experience : elle a tres-bien réüffi aux
Miniftres jufqu'ici. Mais un bon Roy devroit avoir honte de conferver
fon Autorité par de fi honteux moyens. C'eft une chofe étrange que les

Rois de France depuis le bon *Loüis XII.* ayent renoncé au glorieux titre de *Pere du Peuple*, & qu'ils ayent mieux aimé regner par la crainte que par l'amour. La veritable gloire d'un Prince, c'est de regner fur un Peuple qui le charge de Benedictions, en vivant paifiblement chacun chez foy dans l'abondance & dans la paix. Cette voye de violence, qui réüffit pour quelque temps, peut manquer enfin, & manquera fans doute. Il eft vrai que naturellement les mouvemens font plus difficiles au milieu d'un Peuple entierement ruïné. Mais fous la Domination des Romains on a vû des Guerres d'Efclaves, & l'abus que les Maîtres faifoient de leur pouvoir, a quelquefois fait trouver à ces miferables les moyens de s'affembler & de former des Armées formidables à la Republique. Il eft impoffible que la même chofe n'arrive en France. Les Gens qui n'ont plus rien à perdre rifquent tout, parce qu'ils n'ont plus rien à rifquer qu'une vie qu'on leur a renduë pefante par les fardeaux Infupportables dont on l'a chargée. Il y a une fin à tout : les François fouffrent, mais il eft tres-certain qu'ils font las de fouffrir, & que leur patience eft é-puifée.

Le cinquiéme moyen dont on fe fert pour conferver au Prince la Puiffance Arbitraire, & aux Sujets l'efprit de foumiffion & d'obeiffance aveugle, c'eft de fe rendre Maître du Bien des particuliers, qu'on n'a pas voulu, ou qu'on n'a pas pû leur ôter. C'eft à quoy vifent & ce que produifent ces prodigieux Emprunts que la Cour fait fur les Maifons de Villes. Le Roy en une feule année a emprunté plus de trente millions de fes Sujets, on affigne les Rentes de ces Fonds fur les Maifons de Villes ; ces rentes fe payent fort bien. Rien n'eft plus commode à des perfonnes qui font une grande dépenfe, & même à ceux qui ne font en état d'en faire qu'une mediocre, & qui par confequent ont befoin d'être plus regulierement payés. Cependant c'eft un aveuglement prodigieux à nos François de donner dans ces pieges, pour les raifons qui ont été ci-devant deduites. Mais c'eft une excellente Politique à la Cour de les tendre, & d'y attirer les Gens. Sans conter que la Cour de la maniere qu'elle gouverne, eft maîtreffe du Fonds & des rentes, & les retranche quand il luy plaît. Suppofé même que de bonne foy on eût deffein de payer regulierement & conftamment ces Rentes, elles ne laifferoient pas d'établir l'Efclavage, & d'affermir la Tyrannie. Premierement ces Emprunts ne coûtent rien au Roy. Il reçoit trente & quarante millions en une année : fon Fonds & fon Revenu n'en diminuënt pas d'un foul. On augmente les Impôts à proportion : cela fe met fur les Charges ordinaires de l'Etat, auxquelles il faut que l'Etat furvienne. Ainfi on tire des particuliers ce qu'on leur doit, afin de les payer de leur propre argent. De cette maniere ces Emprunts que le Roy fait, font de nouveaux moyens d'appauvrir les Peuples. De plus, c'eft un frein que le Prince tient en main, par lequel il mene les Peuples où il veut. Il n'a qu'à les menacer de fermer les Contoirs, & le faire en effet. Voilà tout le monde aux abois, qui vient à deux genoux fe foumettre & baifer la terre, s'engager de nouveau à tout fouffrir, & à tout faire felon la volonté du Prince.

En general, c'eft peut-être là le meilleur moyen qu'un Etat puiffe employer pour fe maintenir, & pour éviter les revolutions, qui peuvent arriver par les mouvements interieurs & même celles qui pourroient arriver par les invafions des Etrangers. Des Peuples qui ont tout leur bien entre les mains d'un Etat, font intereffés autant qu'on le peut être à le conferver, comme il eft. La Republique de Venife par fa Banque, la Ville d'Amfterdam par la fienne, la Republique des Hollandois par fes Obligations fur les Contoirs de l'Etat, & par fes Actions fur les Compagnies des Indes Orientales & Occidentales, tiennent tous les Biens de leurs Sujets, & par ce moyen ils font maîtres des Perfonnes. Peut-être que la Hollande n'a pas penfé à cela quand elle a fait fes emprunts. Elle a ouvert fes Contoirs pour établir des rentes felon les befoins qu'elle a eu durant la Guerre. Mais elle doit remarquer là-dedans une finguliere Providence, qui vouloit par là pofer le plus feur fondement de fa fubfiftence. l'Etat étant maître de tout le Bien du Païs, n'a rien à craindre de la part des particuliers. Car ils ne pourroient ruïner l'Etat fans fe ruïner eux-mêmes. C'eft auffi ce qui leur fait porter avec tant de patience ces Impôts, qui par tout ailleurs paroîtroient & exceffifs & infupportables. L'Etat doit payer peut-être fept ou huit millions de livres de rentes, fi on ne lui donne dequoi les payer, il fera banqueroute : qu'en reviendra-t'il ? C'eft que tous ces particuliers qui penfoient épargner deux ou trois cens livres d'Impôts, perdront trois ou quatre mille livres de rente que l'Etat leur paye. Les Actions fur les Compagnies des Indes Orientales & Occidentales ne font pas d'autre nature ; elles dépendent entierement du bon ou du mauvais état de la Republique. C'eft pourquoy le prix en eft fi roulant, felon la bonne ou mauvaife fituation des affaires. Enfin c'eft ce qui oblige ces Republiquains à faire de fi grands efforts & à depenfer fi largement pour se défendre des invasions des étrangers. Si le Païs passe sous une Domination étrangere, tout le Bien des particuliers est perdu. Un nouveau Maître n'entrera point dans les engagements du Gouvernement precedent. Il ne connêtra point d'autres biens de particuliers que leurs Champs & leurs Maisons, il croira qu'on luy en doit bien de reste s'il ne touche pas à ces fonds : & pour les rentes établies sur les Contoirs, il n'en voudra prendre aucune connoissance. Ainsi le veritable interêt de la Republique de Hollande est de rendre tout ce qu'elle a aux Etrangers, mais de ne rembourser jamais ses propres Sujets. Car en les remboursant elle les ruïneroit & leur ôteroit le moyen de payer les Impôts qui soûtiennent l'Etat. Et elle perdroit le frein par lequel elle les retient dans l'obeïssance & dans la soumission.

Ce moyen est donc bon & legitime dans les Etats libres & dans les Païs où les Peuples se gouvernent par eux-mêmes. C'est un lien qui les unit au Corps de l'Etat. Mais il est pernicieux dans les Païs de Gouvernement Monarchique : Car il est impossible qu'une Monarchie ne degenere incontinent en Tyrannie, quand le Monarque tient en sa main tout le Bien des particuliers. Aussi est-ce tres-assurement l'une des choses qui mettent le plus à couvert la Puissance Despotique de la Cour de France. Car il n'y a point de particulier interressé dans les Rentes que paye le Roy, qui ne puisse penser, *si nous remüons pour reformer l'Etat, le Gouvernement changera ; & si le Gouvernement change ; le nouveau Gouvernement ne se croira pas obligé de payer les rentes qui ont été creées par le desordre du Gouvernement precedent.* Mais c'est une difficulté, à laquelle on peut tres-bien répondre, & nous ferons voir dans la suite qu'il seroit tres-facile de ramener la Monarchie à ses anciennes Loix, sans rien faire perdre aux particuliers.

Le sixiéme appuy de la Tyrannie & de la Puissance Despotique, c'est de rendre la subsistence de tout ce qu'il y a de Grands & d'Importants dans le Royaume dependante de la Cour. Il n'y a Etat, ni Royaume dans l'Europe, où les choses aillent à cet égard comme elles vont en France. Par tout les Grands du Royaume vivent de leurs fonds & de leurs revenus, & ne s'attendent point aux pensions & aux bienfaits de la Cour. On sçait comme les Grands d'Espagne vivent independants de la Cour. Cette independance pourroit aller à l'excés. Car cela les porteroit à negliger les affaires de la Couronne & la gloire de l'Etat. En effet on croit que c'est delà qu'est venu le changement, qu'on croit remarquer

dans ce grand & puiſſant Etat, qui comprend tant de Royaumes & tant
de Provinces, qui poſſede autant de terre dans l'Europe & dans le nouveau Monde, qu'il en faudroit pour faire l'un des plus puiſſants Empires
qu'on ait vûs. Si l'Eſpagne ne fait pas ce qu'elle a fait autrefois, cela
vient peut-être de ce que les Grands d'Eſpagne ne ſe mettent pas aſſés
en peine des affaires du dehors, & ſe contentent de vivre chés eux riches,
puiſſans, & independants, ſans beaucoup s'intereſſer à la grandeur & à
la gloire de l'Etat, au moins les en accuſe-t'on. Et cette reflexion, pour
le remarquer en paſſant, doit faire comprendre que la France ne doit pas
fort conter ſur la pretenduë foibleſſe de l'Eſpagne. Car quand il lui plaira elle peut devenir auſſi formidable qu'elle a été autrefois. Deux ou
trois Provinces que la France lui a enlevées n'ont pas diminué ſes forces,
& ne font gueres de choſes en comparaiſon des prodigieux Domaines
qui luy reſtent. Les Grands n'ont qu'à ſe reveiller & incontinent le
Gouvernement roulera ſur un autre pied. La même obſervation ſe peut
faire ſur l'Angleterre. C'eſt que les Grands Seigneurs ne ſont pour leur
ſubſiſtence dans aucune dépendance de la Cour. Ils ont de grands Biens,
ils vivent chés eux en petits Souverains. La Cour ne les tenant point
par là, ils ne font pas ſes Eſclaves, & ſont toûjours en état de s'oppoſer
à ſes uſurpations, ſans craindre la perte des penſions. C'eſt toute autre
choſe de la France. Le Roy a trouvé moyen de rendre tout miſerable,
afin qu'on ne puiſſe vivre ſans lui ; & par conſequent qu'on ſoit toûjours
dans l'Eſclavage. L'Angleterre pour l'étenduë n'eſt point comparable à
la France ; cependant, on y trouvera peut-être deux ou trois fois plus
de grands Seigneurs, capables de ſe ſoûtenir par eux-mêmes qu'en France. D'où peut venir cela ? Cela vient de la Politique des Rois de France, qui ruïnent toute la grande Nobleſſe, par les dépenſes prodigieuſes
auxquelles ils l'obligent, tant pour paroître à la Cour, que pour la
guerre. Alors quand les maiſons ſont ruïnées, le Roy leur tend la main
pour les empêcher de tomber. On leur donne des penſions, on les pour-
voit de charges, & de gouvernements, dont ils vivent ; mais ils vivent
dans la dépendance de la Cour, il ſont ſes Eſclaves, & par conſequent ils
ſont engagés à ſoûtenir la Tyrannie & la Puiſſance Arbitraire. Car ſi
cette Puiſſance étoit abâtuë, ſi le pouvoir d'exiger des ſommes prodigieuſes ſur l'Etat étoit borné, les penſions neceſſairement tomberoient.
Si la grande Nobleſſe de France entendoit ſes veritables intérêts, elle
vivroit dans les Provinces ; les Grands s'y rendroient conſiderables par

une dépenſe honnête , & par les ſervices qu'ils rendroient & la protection qu'ils fourniroient aux Peuples & aux Gentilshommes ; par ce
moyen ils ſeroient là comme de petits Rois. Ils iroient à la Cour autant
que leur devoir les y engageroit , pour rendre leurs Hommages au Roy.
Mais ils ne s'amuſeroient pas à groſſir la Cour d'un Prince qui les opprime , & ne ſe ruineroient pas pour luy faire honneur & pour bâtir la Tyrannie. Par ce moyen conſervant leurs biens & leur credit dans leurs
Provinces , ils ſeroient toûjours en état de s'oppoſer efficacement aux entrepriſes de la Puiſſance Deſpotique & ſans bornes. C'eſt ainſi que la
Nobleſſe de France vivoit autrefois , & avant le Regne des *Valois* , les
Grands ne venoient à la Cour que quand on les y appelloit , & qu'on
avoit affaire d'eux.

On peut conter pour un ſeptiéme moyen de conſerver la Tyrannie ,
ce qu'on s'eſt rendu maître de tous les emplois , & de toutes les
charges ; & de ce qu'on a permis l'introduction des abus dans celles
dont la Cour s'eſt en quelque façon défaiſie. Premierement les abus
qui ſe ſouffrent dans la poſſeſſion & l'alienation des charges de Juſtice
eſt un grand appuy à la Tyrannie. Par exemple la venalité des charges
de Juſtice dans les Tribunaux , eſt une des grandes corruptions qui puiſ-
ſent être introduites dans un Etat. Cela remplit les Sieges de mal-hon-
nêtes gens , mal-habiles , ſans connoiſſance , ſans conſcience , ſans honneur & ſans foy. Il n'y a rien plus rare qu'un homme qui a toutes les
qualités neceſſaires pour faire un bon Juge. Et ces qualités ne ſe rencon-
trent pas toûjours dans le plus riche , & dans celui qui a le plus de
moyen de faire de la dépenſe , & d'achêter cherement le Droit de s'aſ-
ſeoir ſur les Fleurs de Lis. Il faut donc qu'un homme ſans merite &
ſans vertu rempliſſe les places , qui ne ſont dûs qu'au merite , parce
qu'il a de l'argent. C'eſt vendre proprement la Juſtice au plus offrant:
& l'on peut être fort aſſuré que celui qui achête bien cher le Droit de
la diſtribuër ne la donnera pas à bon marché. Les Cours Souveraines
ne ſont pas exemptes de ces corruptions ; au contraire elles y ſont ſujettes plus que les Tribunaux inferieurs. Les places y ſont plus honorables,
on les paye bien plus cher , ainſi cela eſt deſtiné à ces nouveaux riches,
qui avec un ſang ſorti de la boüe , en ont encore l'eſprit , & les inclinations. Les Peres ont amaſſé du bien dans des Emplois ſouvent peu
honnêtes ; il faut relever la maiſon , & effacer l'infamie , en s'acquerant
des places d'honneur. Ainſi un Parlement ſe remplit de jeunes Gens ,

ſouvent

souvent sans esprit, qui n'aiment que le plaisir, le jeu, la débauche, l'oy-
sivité, qui n'ont pris des Licences & des Degrés, que par forme
& en les payant bien. Voilà les Gens de qui dépendent la vie, les
Biens, & la fortune de tout un Royaume. Dans les Tribunaux
Inferieurs le plus riche de la Ville, qui souvent en est le plus mal-
honnête homme, s'en fait le premier Magistrat, en achêtant la premiere Charge; les autres Dignités du Barreau qui sont au dessous,
se vendent de même : & ces Messieurs qui ont achêté ces Emplois,
n'oublient rien pour se dedommager. Ils allongent les procés, ils
multiplient les Formalités; ils se font adjuger de grosses sommes pour
des Vacations, pour des Décentes sur les lieux, & pour cent
autres choses. Jugés si de telles Gens assis sur le Tribunal sont fort
propres à corriger les desordres du Barreau. Des Juges qui sont eux
mêmes des Fripons, sont-ils bien propres à châtier les Solliciteurs &
les Procureurs de leurs friponneries ? Au contraire ils partagent avec
eux & les soûtiennent. De là vient que de tous les Païs du Monde, la France est celuy où la Justice s'administre le plus mal. On le
peut dire, & sans exageration & sans exception. Souvent il faut
manger la moitié de ce qu'on prétend & de ce qu'on demande pour
avoir l'autre. Il y a des Familles ruïnées par l'injustice des Juges,
par la friponnerie des Gens de Barreau, & par l'iniquité des Juges
qui refusent Justice, & qui font durer des procés plusieurs vies d'hommes. Pourvû que l'injuste Usurpateur d'un Bien, ait de l'argent
pour payer des Gens habiles en Chicane, il est assuré d'être quitte pour
le reste de ses jours : aprés luy ses Heritiers y aviseront. Si on juge,
la brigue, les amis, la sollicitation des Grands, & particulierement
celle des Femmes belles & galantes, decident de tout : parce que
ceux qui jugent sont des ames venales, basses, corruptibles, & agitées
par des passions impures. La Cour voit bien tous ces desordres, elle
feint même d'y vouloir remedier. Il n'y point de Regne où l'on ne
façe de nouveaux Codes. Mais tout cela s'en va toûjours en fumée,
& l'on a jamais aucun dessein serieux de faire finir des crimes qui
sont utiles à la conservation de la Tyrannie. Car qui ne voit que par
ces desordres & ces abus de la Justice voici encore un grand Peuple engagé à maintenir une authorité qui tolere leurs desordres ? Ne
sent-on pas bien que si les Rois n'étoient Souverains comme ils sont,
& s'ils n'avoient pas secoüé le legitime joug des Etats du Royaume

L

les Grands & les Sages assemblés, comme on les assembloit autrefois, arrêteroient le cours de tant de maux, aboliroient la venalité
des Charges, puniroient severement les prévarications des Juges, &
ne laisseroient aucun lieu à l'exercice des voleries & des friponneries des Gens du Barreau ? Ainsi l'impunité dans cet article important attache encore une infinité de Gens aux intérêts de la Cour pour
la maintenir dans ses cruelles usurpations. Car combien y a-t'il de
Juges, de Cours, de Procureurs, d'Avocats ? Il ne faut pas trouver
étrange que les Peuples n'osent soupirer, ayant tant de Tyrans sur la
tête, qui se tiennent par la main, & qui se maintiennent les uns
les autres.

Le mal n'est pas moindre par les Charges dont la Cour s'est reservée la pleine & entiere disposition. Il est aisé de juger qu'elle ne met
dans ces emplois que des Esclaves & des ames qui luy sont aveuglement attachées. Ainsi soit que la Cour donne les Charges, soit qu'elle les vende, soit qu'elle les laisse vendre, c'est à peu prés la même
chose. Et elle sçait se servir de tout utilement pour s'affermir dans la
possession de la Puissance Arbitraire & sans bornes.

Mais comme si tout cela ne suffisoit pas ; la Cour depuis quelque
temps a distribué dans les Provinces & dans toutes les Generalités,
certaines Gens auxquels elle donne le nom d'*Intendants*. Ce sont des
Plenipotentiaires, ce sont des hommes revêtus du pouvoir de tout a-
bâtre, & de tout mettre sur la poussiere dans tout le Royaume. Ils
s'appellent *Intendants de Justice, Police & Finance*. C'est parfaitement
bien les définir. Car en effet ils embrassent & rassemblent dans leurs
personnes toutes les affaires & toutes les Jurisdictions. On les voit
tenir Seance chés eux pour juger les procés des particuliers ; recevoir les
plaintes & les griefs du premier venu, & particulierement du bas
Peuple & du Paysan ; & par ce moyen ils ont abbaissé la Noblesse-
se. Il est vrai qu'ils ont reprimé les excés que les mauvais Nobles
commettoient : ce n'est pas en quoi ils ont tort. Mais sous le pretexte de remedier à quelques desordres, d'empêcher l'oppression, il n'y
a pas de vexation qu'ils n'ayent fait & qu'ils ne façent à la Noblesse-
se. Il faut que les premiers Gentilshommes de la Province rampent
devant eux ; les Intendants les envoyent querir par un Laquais : quand
M. l'Intendant passe en un lieu, tout est en mouvement, le Seigneur de la Parroisse se ruine à luy faire des magnifiques receptions,

Et avec toutes les baſſeſſes qu'on peut employer , un Gentilhomme n'évite pas le malheur d'être mal-traité comme le plus miſerable de tous les hommes , s'il vient à manquer le moins du monde à ce qu'on appelle *ſon devoir*. On ruïne ſes Fermiers par des Impôts exceſſifs. On fait demeurer ſes terres ſans culture ; on fait venir des Lettres de Cachet pour l'arrêter , pour le releguer , ou pour le mettre en priſon. Ou pour mieux dire on manifeſte une de ces Lettres de Cachet dont les Intendants ont toûjours proviſion , & qui ſont comme des blancs ſignés. Ces Gens ſont encore deſtinés à abâtre tous les Juges & tous les Magiſtrats des Villes. Car non ſeulement ils attirent devant eux les procés des particuliers , mais ils interdiſent & font interdire les Juges qui ne ſuivent pas aveuglement leurs volontés. Quand il y a des affaires importantes à juger , l'Intendant de ſon autorité , & en celle du Roy choiſit des Preſidiaux de la Generalité tels Membres que bon luy ſemble , il en compoſe un nouveau Conſeil , & là on juge ſelon les Ordres ſecrets qu'on a de la Cour. Si les Jugements rendus dans les Tribunaux ordinaires ne leur plaiſent pas , il les caſſent , ou du moins ils en ſuſpendent l'effet : ils ouvrent les priſons , ils arrachent quand il leur plait les Criminels des mains de la Juſtice. En un mot ils ont réûni dans leurs ſeules Perſonnes toute l'autorité des Tribunaux. Enfin ils ſont les Maîtres abſolus des Finances. Ils ont englouti toute l'autorité des Tréſoriers de France qui ne ſont plus aujourd'huy que de noms. Ils ont comme aboli toute la Juriſdiction des Elus & des Elections. Ils font les Impoſitions , ils ſignent & autoriſent les Roolles. Ils taxent d'office qui bon leur ſemble. Ils jugent des procés & des difficultés qui naiſſent ſur la levée des Impôts : tout eſt de leur reſſort. Cet établiſſement des Intendants a de beaux dehors. C'eſt , dit-on , pour empêcher la prévarication des Juges qui ſe laiſſent corrompre , & pour veiller ſur leur conduite : c'eſt pour remedier à la negligence des Maires , Eſchevins & autres Juges de Police qui negligent les affaires des Communautés. C'eſt pour empêcher l'oppreſſion des foibles ; & reprimer la violence des Puiſſants. C'eſt enfin pour reprimer ces petits Juges des Elections qui faiſoient autrefois les Souverains dans leur reſſort : qui affranchiſſoient leurs Terres & leurs Fermiers , & ceux de leurs amis , & qui chargeoient qui bon leur ſembloit. Et tout cela pretexte : car il y avoit d'autres moyens efficaces de remedier à ces deſordres pretendus ou veritables. Mais il est clair que ces Intendants ont été établis & envoyés pour abâtre toutes les puissances sous celle du Roy. Sur les Frontieres ils font desesperer les Gouverneurs des Places, ils les contrequarrent, ils leur ôtent leur pouvoir, & s'erigent en Inspecteurs ou plûtôt en Maîtres sur eux. Et comme nous avons vû, ils ont commission d'opprimer dans les Provinces tout ce qui s'éleve un peu, & tout ce qui seroit capable de concevoir des pensées de Liberté. On ne se tient pas encore assés assuré par les moyens que nous avons ci-dessus deduits, des Gouverneurs & Lieutenans de Roy des Provinces, des Juges, & de tous ceux qui ont quelque autorité. Il a falu envoyer en chaque Generalité un homme nourri aux pieds de la Cour, rempli de ses maximes, comblé de ses bienfaits, & payé tout exprés pour exercer immediatement la Puissance Arbitraire sur tous les Ordres du Royaume. Cet Intendant a des Gardes comme un General d'Armée, jamais il ne marche sans eux. Ce sont les Executeurs de ses volontés. Ce sont les instruments de toutes ses violences. Et outre cela, il n'a qu'à écrire à la Cour, & on luy envoye des Compagnies & des Regiments, qui se mettent en Garnison dans les Villes, dans les Parroisses, & dans les Maisons des Gentilshommes, pour ruïner tous ceux à qui il est échapé quelques soupirs tirés par la pesanteur de l'Esclavage, & par quelque reste de souvenir de l'ancienne Liberté. C'est ce que j'appelle le huitiéme moyen de soûtenir la Tyrannie, & la Puissance Despotique : & sans doute ce moyen est des plus efficaces & des mieux concertés.

Le neufviême moyen de maintenir la Puissance Arbitraire & la Tyrannie, c'est le Ministere, & la maniere dont le Roy compose le Conseil qui gouverne l'Etat, les Princes du Sang & les Grands du Royaume sont Conseillers nés du Roy & de la Couronne. C'est à eux à prêter leurs secours aux Souverains, & ils on droit de donner leurs avis, & de faire leurs remontrances sur les desordres qui se glissent dans le Gouvernement, c'est d'eux dont devroient être composés les Conseils, & qui devroient posseder les premieres places du Ministere. La Cour n'a pas garde d'en user ainsi. Les Grands & le Princes qui sentent ce qu'ils sont veulent être écoutés, ils ne trouvent pas bon qu'on neglige leurs avis, ils s'interessent aux maux de l'Etat. Ils prenent en main la cause du Peuple qu'on opprime, & quelquefois quand on les pousse trop loin ils se mettent à la tête. C'est ce que

l'on craint ; & c'eſt ce que l'on ne veut pas à la Cour. C'eſt pourquoy
on n'admet au Gouvernement que des Gens propres à faire des Eſclaves, des hommes d'une Naiſſance au deſſous de la mediocre ; tel
eſt un Monſieur *de Louvoy*, petit fils d'un bourgeois de Paris, en ſon
temps occupant une charge de Judicature au Chaſtelet ; tel êtoit un
Monſieur *Colbert* fils d'un Marchand de Rheims. On êleve ces viles
têtes au deſſus de toutes celles du Royaume. Ils regnent pendant
que les Princes du Sang plantent des Choux dans leurs maiſons de
Campagne : on comble ces indignes Miniſtres de bienfaits, on les
rend riches & puiſſants au de là de tout ce qui ſe peut imaginer.
Auſſi prenent-ils un air d'autorité qui foule aux pieds tout ce qui
paſſe devant eux. Un Monſieur *de Louvoy*, un *Segnelay* traitent tous
ceux, ſur qui leur autorité s'étend, avec une brutalité ſans pareille,
& une hauteur qu'on auroit peine à ſouffrir dans le Souverain luy
même. Il eſt aiſé de comprendre, comment de telles gens ſont in-
tereſſés à maintenir une Tyrannie & une Puiſſance Deſpotique dont
ils ſont les ouvrages, les inſtrumens, & les maîtres. Auſſi ſont ils
avec une grande exactitude tout ce qu'on demande d'eux. Et il
n'y a crime, oppreſſion, violence, brûlements, maſſacres, exactions,
ni fureurs qu'ils ne ſoient capables d'exercer ſur les Sujets & ſur les
Voiſins, pour ce qu'ils appellent *le ſervice & la grandeur du Roy*.
Si les choſes alloient comme autrefois, & comme elles devroient
aller, les Etats du Royaume feroient faire bonne Juſtice de ces
Tyrans ; & ſur la ſimple liſte de leurs Biens immenſes & de leurs
revenus prodigieux, on les traiteroit ſans autre information comme des Voleurs du Bien Public, coupables du plus énorme Peculat
qui ſe ſoit jamais vû. Cette politique de la Cour de France de
n'admettre au Gouvernement que des ames ſouples, & capables
de tout faire pour établir la Tyrannie, va ſi loin, que l'on exclut
de la connoiſſance & de l'adminiſtration de toute affaire, juſqu'à
Monſeigneur le Dauphin Heritier de la Couronne, & celui qui a plus
d'interêt que perſonne, à ce que les affaires ſoient bien adminiſtrées.
On aime mieux écouter des Miniſtres violents juſqu'à la fureur, qui
donnent dans tous les foibles du Prince, que de prendre les conſeils d'un
fils qui ſans doute auroit horreur de la conduite que l'on tient au
dedans & au dehors ; & qui tâcheroit de remettre le Roy ſur des
voyes de douceur, de bonne foy, de Juſtice & de ſageſſe. Outre

l'injuſtice qu'il y a à traiter ainſi un Dauphin, qui n'a jamais fait paroître la moindre inclination à la revolte, il y a auſſi de l'imprudence. C'eſt ainſi qu'on fait les Rois faineants : quand un Prince
né pour l'adminiſtration des affaires a été nourri juſqu'à trente ou
trente cinq ans à faire ſon affaire de la Chaſſe du Loup, qui ſçait
ſi aprés cela il pourra ſe reſoudre à ſe charger du plus peſant joug
qui ſoit au Monde, qui eſt le Gouvernement d'un grand Etat. Auſſi eſt-ce la vûë de ce Miniſtre ambitieux qui poſſede & qui gouverne l'eſprit du Roy. Il l'entretient dans cet eſprit de jalouſie contre Monſeigneur le Dauphin & éloigne ce Prince du Conſeil Privé pour
l'accoûtumer à ne rien faire, afin que changement arrivant par la
mort de *Loüis XIV. Loüis XV.* ſe repoſe de tout ſur lui, & le laiſſe
regner ſous ſon nom. Mais on eſpere qu'il ſera trompé dans ſes
vûës, & que Dieu ne tardera pas à rompre une tête ſi chargée de
crimes énormes. C'eſt donc là le neufviéme moyen dont la Cour ſe
ſert, pour maintenir la Tyrannie, ſçavoir d'éloigner du Gouvernement toutes les grandes têtes qui ont interêt à la conſervation des
Peuples, & de n'y recevoir que des miſerables qui font leur unique
intérêt de la grandeur perſonnelle d'un Prince ambitieux & fier juſqu'à l'excés.

Mais il faut avoüer que tous ces moyens de ſoûtenir la Tyrannie
ſeroient encore trop foibles ſans un dixiéme : c'eſt la force, c'eſt la
violence, ce ſont les ſupplices, ce ſont les Armées, qu'on entretient
en temps de Paix plus nombreuſes, que les Rois d'autrefois n'en a-
voient en temps de Guerre. Il paroît par les mouvemens arrivés de
ce Regne en *Bretagne*, à *Bourdeaux*, dans le *Languedoc* & en d'autres lieux, que les Peuples n'ont pas tout à fait perdu & l'amour
& le deſir de la Liberté. Mais à quoi peut ſervir cela ? Des pauvres
Gens qui ſoupirent & qui veulent faire quelque mouvement pour diminuer la peſanteur de leur joug, ſe voyent incontinent une puiſſante
Armée ſur les bras. On roüe, on pend, on exile, on relegue, on
ôte aux Villes leurs Privileges, on interdit, on tranſporte les Parlements. Et qui eſt-ce qui pourroit remuër, accablé de ces Armées effroyables qui couvroient la France au milieu de la Paix. Déjà la
Cour entretient 40. ou 50. mille hommes ſous le nom d'Archers de
la Gabelle, qui ſont autant de Soldats devoüés à exercer toute ſorte
de violence par ordre du Prince. Et outre cela, on a des Troupes

reglées répánduës par tout. Un Intendant n'a qu'à donner un signal, & on luy envoye Infanterie, Cavalerie, Dragons, autant qu'il 'en faudroit pour dompter un Païs Ennemi. C'est là le plus vif caractere d'un Tyran qui se puisse trouver. Les bons Rois n'ont pas besoin d'Armées pour se faire obéïr, l'amitié de leurs Sujets leur sert de Rempart, & obtient l'obéïssance. Autrefois nos Rois n'avoient pas même des autres Gardes que les Officiers de leur Maison. Ces Troupes reglées & toûjours sur pied sont de nouvelle invention ; quelque jour nous verrons quand a commencé cette pernicieuse coûtume, qui a été le plus puissant moyen dont les Rois de France se sont servis pour se rendre Souverains sans bornes. Quand les Rois avoient des Guerres, on levoit des Troupes, la Paix étant faite on les licentioit toutes sans rien excepter. On n'avoit pas besoin de Troupes pour garder des Places Frontieres. Car comme de part ni d'autre il n'y avoit sur pied aucuns Soldats, on ne pouvoit rien craindre nulle part. Mais même depuis qu'on a pris la coûtume de conserver des Corps au milieu de la Paix, on n'en reservoit qu'autant qu'il en faloit pour garantir les Villes Frontieres de surprise. *Louis XIV.* est le premier qui s'est avisé d'avoir toûjours 150. hommes sur pied ; de faire des Campemens au milieu de la Paix, de vexer des Sujets par des passages continuels de Gens de Guerre & par des logemens. C'est à la faveur de ces Troupes qu'il a porté la Puissance Despotique plus loin que n'ont jamais fait les Empereurs de Turquie.

Ce sont là les moyens generaux : outre cela il y en a qui sont particuliers au Roy, & qui lui ont beaucoup servi à établir sa Puissance Arbitraire. C'est par exemple un grand air de capacité ; des manieres d'autorité & qui font trembler, & enfin une grande apparence de Pieté & de Religion. On sçait combien ces sortes de choses imposent aux Peuples. Peut-être se trouvera-t'il quelque jour quelqu'un qui arrachera le masque, & qui fera voir que toutes ces grandes qualités du Roy se reduisent à un souverain amour propre, à une fierté qui n'a point d'égale, à un amour extreme pour la grande reputation, à une conscience épouvantée par la grandeur de ses pechés, de ses Fornications, de ses Adulteres & de ses Violences, & qui essaye d'appaiser Dieu en gardant les dehors de la Religion, & en outrant le faux zele. Le Roy veut paroître tout faire, si on l'en croit, il ne se laisse pas gouverner. Et jamais il n'y eut au Monde Prince plus Esclave de ses Ministres. La difference de luy & des autres Rois conduits par leurs Ministres , c'est que les autres se laissent conduire par un seul ; & ci-devant le Roy en croyoit plusieurs. Il est vrai qu'il est aussi aujourd'huy tombé dans les mains d'un seul homme. Quand on connoîtra ce Prince dans son interieur, on verra qu'il a merité le surnom d'Heureux plus que celui de Grand. Mais il est bon de se souvenir du mot de *Solon* qui disoit , *qu'il ne faut appeller personne heureux avant sa mort.* Il y aujourd'huy dans l'Europe deux Etoilles heureuses qui menacent fort celle de *Loüis XIV.* Le temps nous apprendra ce qui en doit arriver.

Fin du Cinquiéme Memoire.

LES SOUPIRS
DE LA
FRANCE ESCLAVE

Qui aspire aprés la Liberté.

VI. MEMOIRE,
Du 15. de Decembre 1689.

QUE LA MONARCHIE FRANCOI-
se n'a pas êté fondée sur le pied de la Puissance Arbitrai-
re. Premiere Preuve generale, la Couronne êtoit Ele-
ctive. Vanité de la Loy Salique.

JE PENSE avoir fait la moitié de ce que j'avois promis en commençant cet Ouvrage. J'ay promis de faire voir premierement jusqu'où va l'Oppression & la Tyrannie que la Cour de France exerce sur les Peuples de sa Dépendance ; & jusqu'où elle pousse l'usage de la Puissance Arbitraire. Je me suis engagé en second lieu à exposer à la vûë du Public tous les moyens dont elle se sert pour établir, pour soûtenir, pour exercer & pour défendre cette Puissance Souveraine sans bornes. J'ay fait ces deux choses; & je prétends les avoir fait sans rien outrer, & avec une si exacte verité, que je défie tous les Esclaves de la Cour, & tous les Ministres de ses violences, de me marquer un seul article où je puisse être accusé avec

M

justice d'avoir avancé quelque chose de faux. Cela étant, il est clair que nous avons démontré que la Nation Françoise est aujourd'huy la plus Esclave qui soit dans l'Europe, que ses fers sont insupportables, & qu'elle ne peut être obligée à souffrir plus longtemps une Tyrannie si énorme.

Mais là-dessus les Défenseurs de la Tyrannie qui en vivent & qui s'en engraissent, nous disent : Hé bien, quand une partie de ce que vous dites seroit veritable, qu'y peut-on faire ? La Monarchie est ainsi fondée : on sçait bien que l'authorité des Rois n'est pas égale par tout : l'usage & les Loix reglent cela ; de temps immemorial les Rois de France sont Maîtres chés eux : la Monarchie a été bâtië sur le fondement de la Puissance Absoluë & sans bornes : voulés-vous renverser l'ouvrage de tant de siecles, & remettre l'Etat sur un pied sûr lequel il n'a jamais été ? C'est vouloir ruïner l'Etat aussi-bien que le Roy ; c'est mettre le feu dans les entrailles. Puis que les choses ont toûjours été ainsi, il faut qu'elles continuënt. Voilà ce que ces Messieurs disent de plus specieux. Mais il faut voir si cela est vray : c'est justement où nous mene nôtre dessein. Car nous nous sommes engagés pour troisiéme article de faire voir qu'elle a été la vraye forme du Gouvernement sur laquelle nôtre Monarchie a été fondée, pour découvrir comment & en quel temps ces usurpations se sont faites, & comment enfin de nos jours elles ont été portées au souverain degré de la Tyrannie. Ce n'est pas que je m'oblige à dire là-dessus tout ce qui pourroit être dit, & tout ce qu'on pourroit titer de l'Histoire de nos Rois, & de nos Antiquités. Car on feroit de ce seul Chapitre un gros Livre, dont la vûë seule dégoûteroit la plûpart des Gens. Au lieu que mon dessein est de faire un Ouvrage qui invite les Lecteurs autant par sa brieveté que par l'importance de la matiere. Je ne diray donc sur un si grand sujet que ce qui sera d'une necessité absoluë; mais j'en diray assés pour convaincre les plus opiniâtres, que ce qu'on avance avec tant de temerité est tout à fait faux ; sçavoir que nos Rois sont en possession de tout temps de cette Puissance Arbitraire, absoluë, & sans bornes.

Le premier moyen que je veux employer pour prouver la fausseté de cette avance, c'est que la Couronne n'a point été Successive, mais Elective ; au moins durant les deux premieres Races, & assés avant dans la troisiéme. Si cela est ainsi, il est bien évident que la Puissance de nos Rois ne pouvoit être d'une Souveraineté sans bornes. Car jamais Nation

ne s'eſt fait un Maître par Election, pour avoir un Tyran, & pour luy
abandonner leurs biens, leurs fortunes & leurs vies. On ne trouvera point
de Couronnes Electives, où les Princes ne ſoient bridés par les Loix. Le
Roi de Pologne qui eſt Electif eſt plûtôt un Chef de Republique qu'un
Souverain : l'Empereur qui obtient la dignité par Election regne ſur des
Princes & des Etats libres, & à peu prés independ.nts de luy. Il eſt ſi
éloigné d'avoir ſur l'Empire une Puiſſance Arbitraire & ſans limites, que
ſon pouvoir dans la plûpart des affaires n'eſt qu'un fantôme d'authorité,
qui n'a de vie qu'autant que les armes & la force lui en donnent. Et c'eſt
pourquoy les Etats de l'Empire craignent ſi fort la trop grande augmentation de la Maiſon Dominante ; les Rois de Suede & de Danemarck ne ſe
ſont rendus Maîtres que depuis qu'ils ont trouvé moyen d'amener leurs
Peuples à faire la Couronne Succeſſive d'Elective qu'elle étoit auparavant. Toute Nation qui ſe fait un Roy, ſe conſerve le Droit de le défaire, quand il va au delà des bornes de ſon devoir, & quand il ruïne l'E-
tat au lieu de le conſerver ; & cela même fait voir que les Princes élus
ne ſont point & ne peuvent être Souverains d'une Puiſſance Arbitraire.
Car on ne pourroit jamais les dépoſer aprés les avoir faits, ſi on leur a-
voit donné en les éliſant une Puiſſance ſans bornes. Les Allemands ont
dépoſé l'Empereur *Wenceſlas* Predeceſſeur de *Sigiſmond.* L'Hiſtoire de Pologne & celle de Suede eſt pleine de ces exemples de dépoſition des Rois.
Nos Rois étoient dans la même condition : on les éliſoit, & on les dé-
poſoit quand ils ne faiſoient pas leur devoir. Or c'eſt ici un point d'Hiſtoire important, tres-digne de la curioſité des honnêtes Gens, & peu
connu de ceux qui ne ſçavent que mediocrement l'Hiſtoire de France.
Parce que dans la premiere & dans la ſeconde Race auſſi-bien que dans
la troiſiéme, on voit preſque toûjours le Trône Royal paſſer de Pere en
Fils, on ſe perſuade que c'eſt par le Droit de Succeſſion. Ceux de nos
François qui ont étudié l'Hiſtoire de leur Païs, ne ſont pas dans ce ſentiment. C'eſt d'eux que nous apprenons ce que je m'en vais dire, car
nous ne ſçavons rien par revelation : & nous n'avancerons rien par
conjecture. Ce ſeront tous faits certains, indubitables ; & en même
temps deciſifs. Car s'il demeure conſtant que durant ſept ou huit cens ans
on a élu & dépoſé les Rois de France, il demeurera évident que la Couronne eſt devenuë Succeſſive par une pure uſurpation : puis qu'on ne
voit aucun endroit dans nôtre Hiſtoire, où la Nation ait conſenti à ce
changement. Par cela même il paroîtra que la Puiſſance Arbitraire des

Rois de France n'eſt point de même âge que la Monarchie, & qu'ainſi
ſans violer les Loix Fondamentales on peut & on doit renfermer l'Authorité Royale dans ſes juſtes bornes, en rétranchant ſes excés.

Pour prouver que la Monarchie Françoiſe a été fondée avec le Droit
du Peuple d'élire ſes Rois, il n'eſt pas neceſſaire de remonter juſqu'à
la premiere origine des Francs. Tous ceux qui ont un peu étudié l'Hiſtoire, ſçavent ce qui s'en dit plûtôt peut-être que ce qui en eſt. Car
cette origine eſt fort obſcure & fort embaraſſée par la diverſité des opinions des Auteurs. Il y a ſeulement trois ou quatre choſes certaines. La 1.
que les Francs ſont originaires de la Germanie qu'on appelle aujourd'huy
l'*Allemagne*, & qu'ils ſont venus d'au-delà du Rhin. La ſeconde qu'ils
avoient donné leur nom à tout ce vaſte Païs qui eſt depuis l'Ocean Oc-
cidental juſqu'à la Hongrie & juſqu'à la Pologne, comme tout le
monde l'avoüe & comme le diſois Nauclerus. * *Charlemagne*, dit-il,
*s'appelloit Roy des François. Ce qui valoit autant que ſi on l'eût appellé Roy
de la Gaule & de la Germanie. Car il eſt certain qu'en ce temps-là, toute la
Gaule Tranſalpine & auſſi la Germanie, depuis les Monts Pyrenées, juſqu'à
la Pannonie, s'appelloit France. Celle-là, c'eſt à dire, la France Germanique
s'appelloit France Orientale, & l'autre, c'eſt à dire, la France Gauloiſe
s'appelloit France Occidentale.* La troiſiéme choſe certaine, c'eſt que bien
que nous ne contions les Rois des Francs ou des François que depuis
Pharamond, cependant il y en a eu beaucoup d'autres devant. Mais pour
nôtre but, il nous ſuffit de commencer nos obſervations par où commence nôtre Hiſtoire. Enfin la quatriéme choſe certaine & indubitable,
c'eſt que les Rois des anciens Francs ou François ſe faiſoient par Election. Ce n'eſt pas une choſe qui puiſſe être diſputée. Il ſuffiroit pour
le prouver d'obſerver que les Francs êtoient des Peuples Barbares, &
une eſpece de *Nomades*, c'eſt à dire, de Peuples errants, qui paſſoient
de lieu en lieu pour y chercher des demeures. Or il eſt certain que ces
ſortes de Peuples n'avoient point de Rois Succeſſifs. Leurs Rois n'ê-
toient que des Capitaines, qu'ils éliſoient pour mettre à leur tête; &
ils choiſiſſoient toûjours le plus vaillant : auquel ils ne donnoient point
de Puiſſance abſoluë. Au contraire ils ſe reſervoient le Droit de le dépoſer, quand ſon âge ou ſes vices le rendoient incapable du ſervice auquel on l'avoit deſtiné. Le nom ſeul de ces Peuples eſt une preuve de
l'amour qu'ils avoient pour la Liberté. Car tout le monde avoüe que

* *Nauclerus Generat. 27.*

le mot *Franc* signifie dans leur Langue comme il signifie encore aujour-
d'huy dans la nôtre un homme libre ; & delà est venu que nous appellons les Asyles des *Franchises*, & nous disons *affranchir* pour signifier
mettre en liberté. Ce n'êtoit donc pas seulement par rapport aux Romains dont ils n'ont jamais voulu subir le joug, qu'ils prenoient le
nom de Francs ; c'êtoit par rapport à la forme de leur Gouvernement.
Ils ont toûjours eu des Rois, mais sans préjudice à leur liberté. Car o-
béïr à un Roy ce n'est pas servitude, quand on se reserve le Droit de
le chasser, lors qu'il devient Vicieux, Brigand, & Bourreau. Que
Pharamond que l'on conte pour le Fondateur de la Monarchie Françoise ;
l'ait établie sur ces deux Loix, la premiere que le Peuple seroit Maître
de l'Election de ses Rois, la seconde que l'Authorité des Rois seroit
bornée selon la volonté du Peuple, cela, dis-je, est certain & indubitable. Tous les anciens Auteurs en sont témoins. *Aimoinus* § dit, *que
les Francs en imitant les autres Nations s'élurent un Roy & le mirent sur la
Trône.* Ces mots, *comme les autres Nations* sont dignes d'être observés,
car ils montrent que tous les Rois des Gaules & de Germanie se faisoient
par Election. *Hunibaldus* un Auteur tres-ancien dit pareillement, *que
l'an 405. tous les Ducs, grands Seigneurs & Nobles d'entre les Francs s'assemblerent à Neopagus pour faire l'Election d'un nouveau Roy, & d'un commun
consentement ils choisirent pour Roy Pharamond qui êtoit de la Race Royale.*
Ces dernieres paroles que *Pharamond* êtoit de la Race Royale, sont propres à refuter la chicane des Adulateurs de Cour, qui disent que *Pharamond* fut élu, parce qu'alors les François n'avoient pas de Rois, ni de
Famille Royale. Il paroît au contraire, qu'ils avoient des Rois, que
Pharamond êtoit de la Famille de ces Rois, que s'il y eût eu un Droit
de Succession dans la Couronne des Francs, il auroit regardé *Pharamond*
à cause de sa Naissance ; & enfin que nonobstant sa Noblesse & son o-
rigine Royale, il ne fut Roy qu'en vertu de l'Election que les François
en firent.

Paroît-il quelque part que *Pharamond* ait changé cette ancienne Loy
des François, & qu'il ait ordonné, ou que ce Peuple ait consenti que la
Couronne des Francs fût deformais Successive? Pourquoy & comment au-
roit-on porté ces Peuples Idolâtres de la liberté, & qui en avoient emprunté le nom, à se rendre Esclaves d'un seul homme & de ses Décendants ?
Mais au contraire ne paroît-il pas dans toute l'Histoire que les François se

M 3

§ *Aimoinus lib. I. cap. 4.*

font confervés le Droit d'élire de la Famille Royale celuy qui leur paroiffoit le plus propre à les proteger & à les défendre, & à les bien gouverner ? Gregoire de Tours nous dit * *que les François ayant rejetté Chilperic
se choifirent unanimement Eudes pour Roy.* Et dans un autre lieu il dit, † *que
les François aprés avoir jetté les yeux fur le vieu Childebert, envoyerent une
Ambaff. de à Sigebert, afin qu'il vint à eux, pour être établi Roy, en la place
de Chilperic auquel ils renonçoient.* Et peu aprés il dit, *toute l'Armée s'affembla auprés de Sigebert, & l'ayant élevé felon la coûtume fur un Bouclier,
ils le firent Roy.* Le même Auteur dit encore ailleurs que *Sigebert confen-
tant à la demande des François fut mis fur le Bouclier, fut proclamé Roy, & prit
le Royaume de fon frere Chilperic.* Le même *Gregoire de Tours* dit, *que les
Bourguignons, & les Auftrafiens ayant fait la Paix avec les autres François é-
lurent Clotaire pour Roy des trois Royaumes.* Ce qui eft confirmé par l'Abbé
d'*Ufperg* en autant de mots, & il adjoute peu aprés, *que les François établirent pour eux fur le Roy Chilperic fon autre frere qui regnoit déja fur l'Au-
ftrafie.* Aimoin dit, *que les François prirent un certain homme du Clergé appellé* DANIEL, *auquel ils laifferent croître les cheveux, l'établirent pour Roy,
& l'appellerent Chilperic.* l'Hiftorien *Adon* ne parle point autrement, quand
il rapporte de quelle maniere les Rois de France fe fuccedoient les uns
aux autres. Sur l'an 686. il dit, *que le Roy Clovis mourut, & que les François établirent pour Roy fon fils Clotaire, & peu aprés, que Clotaire aprés avoir
regné quatre ans mourut, & que les François élûrent en fa place Theodoric fon
frere.* Sur l'an 669. il dit, *que les François établirent fur eux, Theodoric
fils de Dagobert.* Gregoire de Tours ne parle pas non plus autrement. * *A-
prés la mort de Theodoric,* dit il, *les François élurent pour Roy fon fils Clovis
qui étoit encore petit.* § Et dans la fuite, il rapporte que *les François s'établirent
pour Roy un certain Chilperic.* † *Celuy-ci étant mort ils éleverent Theodoric fur
le Siege du Royaume.* Enfin tous les Auteurs, & de ce tems là, & des âges
fuivans ne parlent pas autrement. On peut lire *Otthon de Frifingue, Godefroy de Viterbe, Sigebert, Huldric Mutius,* & cent autres. Souffriroit-on
un Hiftorien qui diroit aujourd'hui, aprés qu'*Henry IV.* eût été affaffiné
les François élurent *Loüis XIII.* & aprés la mort de *Loüis XIII.* ils s'établirent fon fils *Loüis XIV.* pour Roy ? Il eft indubitable que ceux qui ont
pouvoir d'élire, ont auffi celuy de depofer. Auffi voyons-nous que les
Grands de France ont ufé de ce Droit de depofer leurs Rois, quand ils fe

---

* *Lib. 2. cap. 12.*   † *lib. 4. cap 51.*   * *Appendix lib. 11. cap.*
101.   § *cap. 106.*   † *cap. 107.*

font rendus indignes de regner. Pour être affuré de cela , il ne faut que voir le 12. Chapitre du deuxiéme livre de l'Hiftoire des Francs de *Gregoï-re de Tours* : où il rapporte la dépofition de *Chilperic* pere du grand *Clovis* , l'élection de *Gilles* Capitaine Romain , & le rétabliffement de *Chilperic.* *Chilperic , dit cet* Hiftorien , *fe plongea dans la plus honteufe débauche , pen-dant qu'il étoit Roy des François , il enlevoit leurs filles pour les violer ; à caufe de quoy ils le mirent à bas du Trône. Et luy s'étant apperçû que non contents de cela , ils le voulurent tuer , s'enfuit en Thuringe. Aprés cela ils élurent* GILLES *Romain qui regna huit ans.* Mais parce que *Gilles* devint cruel & fuperbe , ils le dépoferent & rapellerent *Chilperic*: l'Abbé d'*Ufperg* & *Sigebert* rappor-tent la même chofe à peu prés en mêmes termes , qu'ils ont tous em-pruntés de *Gregoire de Tours.* * *Les François fe fervirent du même Droit con-tre Theodoric douziéme Roy : il voulut s'ériger en Maître de la vie & des Biens de fes Sujets , mais les François s'éleverent contre luy , le dépoferent , le rafe-rent , & le jetterent dans un Convent , pour mettre fon frere Chilperic en fa place.* Enfin les Etats du Royaume dépoferent *Chilperic* le dernier du nom, & le dernier de la premiere race , & mirent *Pepin* en fa place. Aprés cela ne doit pas être le moins du monde douteux , que la Couronne de France ne fût Elective & non Succeffive fous la premiere Race de nos Rois. Et il eft clair pareillement qu'ils n'êtoient ni Maîtres abfolus , ni Souverains fans bornes , puis qu'on les dépofoit pour leurs maléfices ; il ne faut point dire que c'êtoit par violence , car il eft clair qu'ils aquief-çoient à leur dépofition & réconnoiffoient le Droit du Peuple. *Chilperic* Pere du grand *Clovis* demeura dans le Royaume comme particulier aprés fa dépofition autant qu'il le pût avec feureté , ce qu'il n'auroit fait s'il eût regardé fa dépofition comme une violence. Il ne s'enfuit en Thuringe que quand il s'apperçût qu'on en vouloit à fa vie. Et même dans fa retraite de Thuringe il n'implora pas le fecours ni de fon protecteur , ni des au-tres Princes fes voifins & amis pour être rétabli. Il attendit patiemment le retour de la bonne volonté des François , & laiffa feulement un fidele ami dans le Royaume pour menager les efprits, En quoy cet ami réüffit fi bien & profita fi heureufement du chagrin que les François conçûrent contre *Gilles* Romain , qu'il fit rappeler fon amy *Chilperic*. Au refte ce n'êtoit point par tendreffe de confcience que *Chilperic* en ufa avec tant de moderation. Car il demeura fort mal-honnête homme dans fon exil. Il ne profita pas du châtiment qu'il avoit reçû , & pour recompenfer le

* *Aimoinus lib. 4. cap. 44.*

Roy de Thuringe, qui l'avoit si genereusement protegé, il débaucha *Baline* sa femme, la fit venir en France, l'épousa, & c'est d'elle qu'est né le grand *Clovis* nôtre premier Roy Chrêtien. Pour détruire ce Droit des François de pouvoir élire & déposer leurs Rois, il ne faut point non plus opposer ce qu'on voit ordinairement dans cette primiere Race de nos Rois, les fils succeder au Pere. Car outre que cet ordre souffre à tout coups des interruptions dans nôtre Histoire, cela ne prouve rien du tout. Combien de temps la Famille des *Jagellons* a-t'elle regné en Pologne ? n'y a-t'il pas plus de deux cents ans que la Maison d'Austriche possede l'Empire de pere en fils ? est-ce donc que la Couronne de Pologne, & celle de l'Empire ne sont pas Electives ? Tous les Peuples en ont toûjours usé ainsi, quoy que Maîtres de leurs Couronnes : quand une Famille possede la Dignité Royale, on ne l'en dépoüille pas qu'il n'y en ait de fortes raisons : on élit le fils en la place du pere autant qu'on le peut. Mais cela ne fait aucun préjudice aux Droits du Peuple. Le grand *Clovis* partagea le Royaume de France à ses quatre enfants, *Theodoric* fut Roy de Mets, *Clovis* d'Orleans, *Clotaire* de Soissons & *Childebert* de Paris. On regarde cela comme une preuve que les Rois de France êtoient maîtres du Royaume comme de leur Domaine. Mais on se trompe tresfort, car ces partages se faisoient du consentement des Etats, & par les Etats mêmes. Les Grands du Royaume s'assembloient tous les ans au mois de May, comme le sçavent les moins versés dans nôtre Histoire, & dans cette Assemblée on jugeoit de toutes les grandes affaires, on jugeoit le Roy même, comme nous le verrons dans la suite. C'est là qu'on assignoit aux enfants des Rois leur partage, qu'on établissoit, & qu'on déposoit les Rois. On le peut voir particulierement dans l'Histoire de *Gregoire de Tours* Historien digne de foy sur la matiere, & parce qu'il étoit François, & parce qu'il vivoit dans les Siecles dont il nous donnoit l'Histoire. Mais peut-être que les flatteurs de la Cour, & de la Puissance Arbitraire se rétrancheront à dire, que ces Droits du Peuple sur les Rois pour les élire & les déposer n'ont eu de vigueur que dans la premiere Race de nos Rois. C'est ce qu'il faut voir.

Dés l'Entrée nous trouvons *Pepin* élu Roy des François aprés la déposition de *Chilperic*. Les Auteurs de delà les Monts sont ridicules, & ne meritent pas d'être refutés, en ce qu'ils prétendent que ce fut le Pape *Zacharie* qui déposa *Chilperic*, & qui donna la Couronne à *Pepin*. Outre qu'alors il n'étoit pas encore monté dans l'esprit des Papes, qu'ils

fussent

fuſſent les Superieurs des Rois , pour le temporel , & qu'ils puſſent ôter & donner les Couronnes à qui bon leur ſembloit : outre cela dis-je , les François n'avoient pas beſoin d'aller à Rome pour ſe défaire d'un Roy Tyran , ou faineant , & pour s'en faire un autre : eux qui,depuis la fondation de leur Monarchie , étoient en poſſeſſion de ſe faire des Rois , & de les défaire , quand ils le jugeoient à propos ; comme nous venons de le prouver par tant d'exemples & tant de témoignages inconteſtables. Mais pourquoy donc *Pepin* envoya-t'il à Rome ? Cela eſt aſſés aiſé à deviner. Il étoit prudent & ſage , il ſçavoit que les François avoient accoûtumé de s'élire des Rois de la Famille Royale , quand ils rejettoient le plus prochain Heritier , c'étoit ordinairement pour en prendre un autre de la même Maiſon : Il ſçavoit de plus que la Nation Françoiſe étoit fort legere & inconſtante : caractere qu'elle conſerve encore aujourd'huy. Il ſçavoit enfin que les nouvelles Dominations ſont longtemps branlantes, devant que d'être affermies. Il voulut donc prendre toutes ſes ſeuretés. Et il crût que c'en étoit une fort bonne de mettre dans ſes interêts le Pape, parce que dés lors les Evêques de Rome , quoy qù'il ſe contentaſſent de leur Puiſſance Spirituelle, ſe faiſoient fort écouter ſur les affaires temporelles. Voilà donc dejà une preuve inconteſtable dans le premier Auteur de la ſeconde Race de nos Rois, que les François avoient le pouvoir de faire & de défaire leurs Maîtres.

Aprés *Pepin* nous trouvons *Charlemagne*, l'honneur & la gloire de cette ſeconde Race , le Fondateur de l'Empire d'Occident , qui nous fournit une preuve inconteſtable de la verité que nous ſoûtenons. Il laiſſa trois Enfants , auxquelles il partagea ſes vaſtes Etats. Mais comment le fit-il ? Avec le conſentement & ſous l'authorité de ſes Peuples. Ainſi le rapporte *Reginon* dans le 2. livre de ſa Chronique en ces termes. *Charlemagne ayant trois enfans , voulut aſſurer leur fortune durant ſa vie. Pour cela il fit un Arrêt de l'avis des Grands, & des Seigneurs du Royaume pour leur partager ſes Eſtats , & les ayant diviſés en trois , il en fit un Teſtament qui fut confirmé par ſerment par les François.* Voilà un fait bien exprés : ce ſont les Grands du Royaume qui font le partage avec le Roi : ce ſont les François qui le confirment par leur Serment. *Eginart* qui a écrit la vie de *Charlemagne*, dit, *que ce Prince appella auprés de luy ſon fils Loüis Roy d'Aquitaine, le ſeul de ſes fils qui luy reſtoit d'Hildegarde , & qu'ayant convoqué les Principaux de tout le Royaume de France, de leur avis, il s'aſſocia Loüis, & partagea avec luy toute l'Autorité Royale ſur tout le Royaume.* Ce ſont donc les François qui

choisissent leurs Rois; & ceux qui sont déjà faits ne peuvent s'en asso-
cier d'autres, que par le consentement des Peuples. Mais si tous ces faits
n'étoient pas assés parlants, voicy une regle de Droit contre laquelle il n'y
a rien à dire. C'est le Testament du même *Charlemagne*, on le trouve
dans *Nauclerus* & dans *Huldric Mutius*, & l'on y lit cette clause en propres
termes. *Si l'un de mes trois fils vient à avoir un fils, que le Peuple veüille élire pour succeder à son pere dans l'heritage du Royaume, nous voulons que ses
Oncles y consentent, & permettent que le fils de leur Frere regne sur la portion
du Royaume échuë à son Pere.* Je ne sçay s'il y aura encore quelque opiniâtre-
té, qui puisse tenir bon contre cette preuve. *Charlemagne* dit expressément
que le Fils pour succeder au Pere doit être élu & confirmé par le Peuple.

De *Pepin* nous sommes venus à *Charlemagne*, à cause qu'étant de grande
autorité, ses exemples & ses Loix sont de fortes preuves. Mais cependant
nous ne devons pas negliger, ce qui se fit après la mort de *Pepin*, &
avant *Charlemagne*. Comme *Pepin* avoit été élu par les François, aussi
furent élus ses Enfants. * *Aimoin* dit expressément, que *Pepin étant mort
Charles & Carloman ses deux fils furent creés Rois par le consentement de tous
les François.* Le terme de *Creés* est assés fort pour être remarqué, & l'on
ne s'en servit jamais pour exprimer une simple ceremonie d'Onction ou
d'inauguration. Le même *Aimoin* dans un autre endroit dit encore ; *après
la mort de Pepin, les François ayant fait une assemblée solemnelle s'établirent
pour Roy ses deux Enfants à condition qu'ils partageroient tout le Royaume également.* C'est donc le Peuple qui non seulement élit les Rois. C'est luy
qui ordonne la division du Royaume. Lors que *Carloman* fut mort, les
Deputés de tout le Royaume se rassemblerent selon le même Auteur,
Charles son frere fut établi Roy du consentement de tous les François. La premiere Election ne suffisant pas, à cause qu'elle n'avoit été faite que pour
une partie, il en falut faire une seconde, pour tout le Royaume, Voilà
donc de notables preuves du Droit des Peuples dans le commencement &
dans la force de cette seconde Race : en voicy qui ne sont pas moins
considerables sur le declin de cette même Race.

Loüis le Begue Roy de France mourut l'an 878. & laissa sa Femme
grosse d'un Posthume qui fut appellé *Charles le Simple* ; auquel il donna pour Tuteur *Eudes* Fils de *Robert*, Comte d'Angers. Voilà le Royaume entre les mains d'une Femme, d'un Enfant, & d'un Tuteur ; c'é-
toit une authorité mal affermie, & peu capable de mettre l'Etat à couvert des insultes des Normands qui en ce temps là désoloient la France.

* *Lib. 4. cap. 67.*

Cela obligea les Etats du Royaume à laisser là *Charles le Simple* encore
Enfant, à luy refuser la Couronne pour la donner à *Loüis* & *Carloman*,
Fils naturels de *Loüis le Begue*. Ces deux Princes moururent & laisse-
rent le Royaume à *Loüis* Fils de *Carloman*, qui vécut auffi tres-peu.
De forte que voilà derechef la Couronne retombée fur un Enfant.
C'eft *Charles le Simple*, à qui on l'avoit ôtée pour la donner à fes Freres
Bâtards. *Charles* n'étant pas plus en état de gouverner qu'auparavant,
quoy qu'ils eût quelques années de plus, & même les François ayant
réconnu qu'il avoit l'efprit foible & bas, ils le laifferent encore une
fois là, & élurent pour Roy *Eudes* Comte d'Angers fon Tuteur : quand
Charles le Simple fut arrivé à l'âge de douze ans, *Hervé* Archevêque de
Rheims forma un parti contre le Roy *Eudes*, que le Clergé & la Nobleffe avoient élu. Il confacra *Charles* à Rheims ; il y eut Guerre Civile : *Eudes* mourut peu de temps aprés ; *Charles* fut élu & réconnú
Roy de France fans Concurrent. Ce Prince jeune, foible d'efprit, &
poffedé par un Favori nommé *Aganon*, choqua par fa conduite tous les
Grands du Royaume : lefquels s'étant affemblés à Soiffons chafferent
Charles, & le reduifirent à telle extremité qu'il fut obligé de fe mettre
en retraite chés l'Archevêque de Rheims fon bon ami, & d'y vivre aux
dépens de l'Archevêque, tous fes Revenus luy étant retranchés : &
enfin mourut en prifon. On ne croyoit pas encore en ce temps-là que
les Rois de France puffent faire tout ce que bon leur fembloit impune-
ment contre leurs Sujets, ni qu'ils euffent le Droit de difpofer des Revenus de la Couronne, pour enrichir des Favoris. La mauvaife conduite de *Charles le Simple* obligea donc les François à le dépofer & à
faire Roy *Robert* Comte & Gouverneur de Paris. Il fut élevé à cette
Dignité par le choix de la Nobleffe & du Clergé : Aprés fa mort on
élut pour Roy de France *Raoul de Bourgogne* Gendre de *Robert*. Aprés
Raoul on élut *Loüis d'Outremer* ; Aprés *Loüis d'Outremer* fon Fils *Lothaire*
parvint à la Couronne, mais par la même voye, qui eft celle d'Election, comme tous nos Hiftoriens en demeurent d'accord. Aprés *Lothaire* les François élurent le Fils de *Lothaire*, *Loüis* le dernier de la feconde Race ; & enfin aprés *Loüis* ils élurent *Hugues Capet* au préjudice
de *Charles* Frere de *Loüis* & fecond Fils de *Lothaire*, & par confequent
Legitime Heritier de la Couronne, fi elle eût été Succeffive. Remarqués premierement que voilà fept Rois confecutifs, qui obtiennent la
Couronne par voye d'Election. *Eudes* Comte d'Angers, *Robert* fon

Frere Comté de Paris, *Raoul de Bourgogne*, *Loüis d'Outremer*, *Lothaire*,
le dernier *Loüis* de la Race de *Pepin*, & *Hugues Capet*. Observés en second lieu, que quelques-uns de ces Rois élus furent élevés au préjudice des Heritiers. *Eudes* fut élu contre *Charles le Simple* Fils de Roy,
& *Hugues Capet* contre *Charles de Lorraine* Fils de *Lothaire*. Enfin il est
à remarquer que même ceux qui étoient de la Race Royale, monte-
rent sur le Trône par Election; sçavoir, *Loüis d'Outremer*, *Lothaire*
son Fils, & le dernier *Loüis* son petit Fils. C'est une erreur sans fondement de s'imaginer, comme disent quelques-uns, que les troubles,
où se trouva lors le Royaume, donnerent occasion à ces Elections. Car
il ne se peut faire qu'une Nation passe tout d'un coup d'une coûtume
à l'autre. Et l'on ne persuadera jamais à des Gens judicieux, que les
François sans aucune deliberation ayent fait passer leur Couronne de
l'état de Couronne Successive à celuy de Couronne Elective. L'on ne
croira jamais que *Loüis d'Outremer*, *Lothaire*, & le dernier *Loüis* eussent
voulu recevoir la Couronne par Election, si incontestablement elle
leur eût appartenu par Droit de Succession. Aprés tant de preuves,
quel égard doit-on avoir au témoignage du Grec *Agathias*, qui dit *
que les Rois de France reçoivent la Couronne de pere en fils. Il n'est pas fort
étonnant qu'un Grec ait ignoré la forme du Gouvernement des François. Mais il est plus étrange que *Theodoric à Niem* ait écrit, † que
Charlemagne avoit ordonné que deformais les François recevroient des Rois par
la Succession. Il n'est rien de plus impertinent & de plus fou que tout
ce que dit cet Auteur dans cet endroit. Il est bon de voir le passage
entier. *Parce que Charles*, dit-il, *étoit Roy de France, ce Royaume luy*
étoit échû par Succession. Mais voyant qu'étant devenu Empereur par là il
dépoüilloit ses Heritiers de leur bien propre, sçavoir du Royaume de France,
il ordonna que les François auroient un Roy Successifs par Droit d'Heredité,
qui ne récognoîtroit point de Superieur pour le Temporel. Il y a là-dedans
presqu'autant de fautes que de mots. On sçait que *Charlemagne* divisa
& partagea la France, l'Allemagne & l'Italie entre ses trois Enfants,
sous les mêmes Droits & aux mêmes conditions; sçavoir qu'ils seroient
agreés & confirmés par les Peuples. Nous avons là-dessus les paroles
de *Reginon*, & les propres termes du Testament de *Charles* luy même.
Un homme si mal instruit ne merite donc nullement d'être crû. On nous
oppose ra l'authorité de *Pasquier* qui appelle *Heresie*, l'opinion de ceux

---

* *Lib* 1.   † *In Libro, nemus unionis tract.* 6.

qui difent que la Couronne des François étoit Elective. Nous pouvons répondre que *Pafquier* ne fçavoit peut-être pas tout & pouvoit n'avoir point vû le Teftament de *Charlemagne*, ou n'y avoir pas fait attention. Ou plûtôt nous répondrons que *Pafquier* étoit partial, grand Ennemi de la Ligue & des Ligueurs; dont c'étoit le grand principe : que quand le *Bearnois*, ainfi appelloient-ils *Henri*, eut été Legitime Heri-tier, il étoit pourtant au pouvoir des Etats de l'exclurre & de choifir un autre Roy, parce que la Couronne de France eft originellement Elective, & n'eft devenuë Succeffive que par ufurpation. Auffi *Paf-quier* fe contredit-il manifeftement. Car au même lieu, où il nous dit que c'eft une herefie de croire la Couronne de France Elective, il nous conte fept Rois élus les uns aprés les autres, & il nous apprend de quelle maniere *Hugues Capet* & fes Décendants ufurperent le Droit de Succeffion, & firent éclipfer infenfiblement celuy d'Election. C'eft que *Hugues Capet* durant fa vie fit facrer & couronner fon Fils *Robert* du confentement des Etats du Royaume. *Robert* en ufa de même à l'é-gard de *Henri* fon Fils ; *Henri* fit auffi élire & confacrer fon Fils *Phi-lippes I.* Les François trouvant un Roy tout fait aprés la mort du prece-dent, n'étoient plus en Droit d'en élire un nouveau. *Philippe I.* crut que le Peuple & les Grands du Royaume avoient oublié leurs Droits, & qu'une poffeffion de quatre Generations fuffifoit pour affermir ce Droit de Succeffion. Dans cette penfée il negligea de faire couronner fon Fils *Loüis le Gros.* Ce qui penfa faire exclurre ce Prince. Car l'Ar-chevêque de Rheims & plufieurs Grands du Royaume s'oppoferent à fon inftallation. Il furmonta ces difficultés, mais il fe donna bien de garde de faire la faute qu'avoit fait fon Pere. Car durant fa vie il fit facrer fon fils *Loüis le Jeune* ; * & *Loüis le Jeune* fit facrer fon fils *Phi-lippe Augufte. Ces fages refignations admifes dés le temps des peres, firent oublier les Elections.* Ce font les propres paroles de *Pafquier.* C'eft à dire que la Couronne demeura encore Elective dans la troifiéme Race du-rant plus de dix ou douze Generations, comme celle de l'Empire eft demeurée Elective dans la Maifon d'Autriche. Les Princes de cette Maifon fe fuccedent de Pere en fils, mais avec cette precaution de faire élire leurs fils de leur vivant Roy des Romains.

Le témoignage de *Pafquier* n'eft donc d'aucun poid contre une verité fi évidente ; Auffi les Auteurs qui font venus du depuis, & qui étoient

N 3

* *L ib. 2. des Recherches chap. 9.*

exempts des partialités oppofées à la Ligue, ont reconnu la verité de ce
que je viens de prouver. *Bernard de Girard* Seigneur du Haillan, celebre
Hiftoriographe & Hiftorien de France parlera pour tous; voicy comme
il commence la vie de Meroüée. *Quoy qu'il en foit , aprés la mort de Clo-*
dion le Chevelu , Meroüée fut élu Roi par les François : & il faut noter que
jufqu'à Hugues Capet tous les Rois de France ont été élus par les François ; qui
fe referverent cette puiffance d'élire , bannir , & chaffer leurs Rois. Et bien que
les Enfants ayent fuccedé quelquefois à leurs Peres , & les freres à leurs freres ,
ce n'a pas été par Droit Hereditaire , mais par l'Election & confentement des
François , qui fe trouvant bien d'un Roy ont voulu en récompenfe des biens reçûs
de luy , élire & recevoir pour Roy fon Fils ou fon frere. Ce qui fera vû bien am-
plement au fil de cette Hiftoire , encore que quelques-uns fe fcandalifent de ce que
nous difons, que nos premiers Rois ont été élus & électifs , comme s'ils fuffent
nés d'eux-mêmes de la terre , fans aucune caufe premiere & mouvante , qui eft
l'Election que les Peuples ont faite d'eux. Et n'y a au Monde aucune Monarchie
ou Principauté Hereditaire , qui premierement n'ait été Elective , parce que les
Peuples font devant les Monarques , & les ont faits , choifis , & élus ; & en
aprés ont rendu leurs Etats Hereditaires , ou l'ont fouffert par la puiffance des
Princes élus.

Il n'eft rien plus certain que le fait qui eft icy expofé fur l'ancienne
forme de la Monarchie Françoife, & rien plus judicieux que la reflexion
qu'adjoûte *Du Haillan* là-deffus , touchant l'origine des Principautés Hereditaires. Mais fi cela eft ainfi ; que deviendra cette fameufe Loy Salique
qui fut faite , dit-on par *Pharamond* pour regler les fucceffions à la Couronne , & qui ordonna qu'elle iroit toûjours de mâle en mâle à l'exclufion
des femmes ? Nous dirons que cette Loy Salique eft une des grandes
chimeres que l'Hiftoire ait jamais forgées , & la plus grande illufion que
la Chicane ait inventée dans les procés. Ce n'eft point icy le lieu de dif-
puter de fon origine, de fon antiquité, & pourquoy elle eft appellée *Sali-*
que. Je veux qu'elle ait tiré fon nom des *Saliens* anciens Peuples de Germanie , habitans au-delà du Rhin, & dont *Ammian Marcellin* parle affés
fouvent. Je veux qu'elle foit fort ancienne ; je confents même qu'on la
regarde comme un article de l'ancien Droit des premiers Francs. Mais je
foûtiens qu'elle ne regarde en façon du monde l'heredité de la Couronne.
Il ne faut que la reprefenter & la lire pour voir que c'eft une coûtume
regardant fimplement les particuliers. La voicy en Original. *De terra*
Salica nulla portio Hereditatis tranfit in Mulierem. Sed ubi inter Nepotes aut

Pronepotes post longum tempus de Alode terra contentio suscitatur, non per stirpes, sed per capita dividatur. (Nulle portion de la Terre Salique ne doit passer aux femmes, elle doit appartenir au Sexe Masculin. Mais quand aprés un long temps il arrive contention touchant les Alleuds entre les petits fils & arriere-petits fils, on les doit diviser non par souches, mais par têtes :) Aprés avoir lû cette Loy, il faut être sans esprit ou sans conscience pour soûtenir qu'elle regarde directement la Couronne, & la succession dans la Maison Royale. 1. Premierement il est clair qu'elle a été faite uniquement pour regler les Droits des particuliers : car elle ne parle que d'eux, & elle ordonne de quelle maniere on doit partager les *Alleuds* entre les Descendants, voulant que le partage se face par têtes & non par souches. 2. Secondement cette Loy ne parle pas même des Fiefs, elle ne parle que des *Alleuds*. *Allodia*, ou *Alleuds* signifient les Terres Roturieres, qui doivent Cens & Rentes, par opposition aux Fiefs & Terres Nobles : voyés si cela n'a pas grand rapport à la Couronne de France, l'heritage le plus noble qui soit dans l'Europe. 3. Ce partage entre les petits fils & arriere-fils par têtes & non pas par souches, ne ressemble-t'il pas fort au Droit, selon lequel la Couronne de France se donne à ceux qui l'heritent ? En quel siecle a-t'on partagé le Royaume entre les petits fils & arriere-fils par têtes & non par souches ? 4. Outre cela, quand même on voudroit étendre cela jusqu'au plus nobles Fiefs & jusqu'à la Couronne même, par quelle machine y trouvera-t'on l'exclusion des femmes ? Quand la Loy dit que la femme ne doit pas entrer en partage de la terre Salique, cela se doit entendre pendant qu'il y a des Heritiers Mâles immediats & de même proximité que les femmes. L'usage explique la Loy, selon la plûpart des coûtumes les femmes ne partagent point avec les Mâles dans les Fiefs ou Terres Nobles. Mais si les Enfants Mâles manquent dans la famille, les Filles heritent les terres les plus nobles, & les peuvent porter en d'autres Maisons : les Femmes ne seroient donc excluses par cette Loy de la succession & du partage de la Couronne, qu'au cas qu'il y eut des enfants mâles. 5. Enfin cette Loy est surannée & il y a lieu de douter qu'elle ait jamais de lieu. Car on ne voit pas que les Filles & les Femmes ayent été excluses de la succession dans les Terres en roture. Ce fut sous *Philippe de Valois* qu'on produisit pour la premiere fois ce beau titre dans le démêlé qu'il eut avec *Edoüard III.* Roy d'Angleterre sur la succession à la Couronne de France ; mais je ne sçay à quoy pensoient ses Avocats ? Car c'est gâter une bonne cause que de la soûtenir par d'aussi

méchans titres. D'où vient dira-t'-on , que jamais on n'a vû Femme af-
fife fur le Trône des François ? D'où cela vient! nous l'avons affés découvert , & c'eft une nouvelle preuve évidente que la Couronne des
François êtoit Elective. Jamais Femme n'a été choifie pour remplir un
Trône Electif. Les Peuples qui fe font des Rois , fe les font pour tous
les ufages ; non feulement pour le Cabinet & pour le Gouvernement ;
à quoy les Femmes peuvent fervir , mais principalement pour la Guerre,
pour le Combat & pour le Commandement ; à quoy les Femmes font
inutiles, Sous les deux premieres Races, & jufqu'à la dixiéme Generation de la troifiéme , les Rois de France fe font faits par Election. Aprés
cela les Rois ayant ufurpé l'Heredité, ils ont continué l'exclufion des
Femmes. Injuftice qui demeure comme une marque indubitable de leur
ufurpation. Car cette exclufion ne venant point de la Loy Salique ,
comme on l'a ridiculement prétendu ; il eft fenfible qu'elle ne vient que
de ce que leur Couronne eft Elective. Tellement que pour remettre les
chofes dans leur ordre naturel , il faudroit que les Rois fe fiffent par
Election, ou fi la Couronne demeure Succeffive , que les Filles des Rois
& leurs Enfans fuffent admiffibles à la Couronne , au défaut d'Enfants
Mâles au même degré de proximité. Voilà la premiere preuve generale
que nous avons à produire, pour prouver que la Couronne n'a pas été
fondée fur le pied de la Puiffance Arbitraire : y face des exceptions qui
pourra.

Fin du Sixiéme Memoire.

LES SOUPIRS
DE LA
FRANCE ESCLAVE
Qui aspire aprés la Liberté.

VII. MEMOIRE,
Du 15. de Janvier. 1690.

Second moyen general pour prouver que la Puissançe Abso-
luë des Rois de France est usurpée : Les Etats ont toû-
jours êté les principaux Depositaires de la Souveraineté,
& sont superieurs aux Rois.

ENTRE les moyens dont on se peut servir pour ruiner les pretentions de la Cour de France au sujet de la Puissance Arbitraire, il y en a de generaux & de particuliers. Nous avons déja employé le premier moyen-general, en faisant voir que la Couronne de France n'est Successive que par usurpation, & qu'elle est originellement Elective : que la Loy Salique faite pour regler les Successions est une fable inventée par les Flatteurs de la Cour, & que les paroles de l'ancien Droit des Francs, que l'on emploͮye à composer cette Loy Salique, ne signifient rien de ce qu'on leur fait dire. Voicy un second moyen general : c'est que rien de grand & d'important ne se faisoit dans le Royaume que de l'avis & du consentement

des Etats ; de sorte que le Gouvernement de France étoit plûtôt Aristocra-
tique que Monarchique, ou du moins c'étoit une Monarchie temperée
par l'Aristocratie, precisement telle qu'elle est en Angleterre. C'est ici
que nous allons voir la forme du Gouvernement ancien de nôtre France
si different de celuy d'aujourd'huy. Nous verrons premierement la coûtume constante d'assembler les Etats, & ensuite nous chercherons dequoy
ils connoissoient ce qu'ils pouvoient dans toutes les grandes affaires, &
comment les Rois ne pouvoient rien sans eux ; & au contraire comment
ils pouvoient tout sans les Rois.

A l'égard de la premiere & de la seconde Race de nos Rois, la coûtume d'assembler les Grands & les Deputés du Royaume est si connuë &
si confessée, que nous n'aurions pas besoin de nous y arrêter, ni d'en apporter des preuves, n'étoit qu'écrivant principalement pour ceux qui ne
sçavent pas l'Histoire, il est bon de les instruire des faits historiques qu'ils
ne sçavent pas. Il est donc certain que sous les Rois de la premiere Race,
c'étoit la coûtume d'assembler tous les ans au mois de May tous les
Grands du Royaume : * quand l'Assemblée étoit formée, le Roy s'y
faisoit conduire sur un ‡ Char de bois traîné par des Bœufs, & conduit
par un Bouvier. Lors que le Prince étoit arrivé au Palais, les Barons &
les Grands du Royaume le prenoient & le plaçoient sur un Thrône d'Or,
§ & chacun prenoit la place qui luy appartenoit. Il ne faut pas s'imaginer que la simplicité & la rusticité de cet Equipage sur lequel le Roy se
rendoit à l'Assemblée, doive être uniquement attribué au temps, dans
lequel la magnificence de nos jours étoit entierement inconnuë. Il est
clair que l'on vouloit faire comprendre au Prince qu'il n'étoit Roy que
dans l'Assemblée de ses Etats. Là il étoit revêtu d'habits Royaux, & là
il étoit assis sur un Thrône d'Or, digne de la Majesté Royale. Mais hors
de là on vouloit que le Prince se considerât à peu prés comme un particulier, & comme le premier Membre de l'Etat, qui n'avoit autre pouvoir
que celuy d'executer les Ordres & les Loix que luy-même avoit faites
avec ses Barons. C'est pourquoy en sortant de l'Assemblée il quittoit ses
habits Royaux, il décendoit de dessus son Thrône d'Or & remontoit
sur son Char à Bœufs, pour retourner en sa Maison. En ce temps-là on
ne connoissoit point encore la maxime qui passe pour si constante aujour-
d'huy, qu'un Roy est Roy & Souverain par tout : aussi-bien quand il
joüe aux Cartes & badine avec des Femmes, que quand il est dans le
Conseil & sur son Lict de Justice. Le Sceau qu'on appelle de la Chan-

* *Eguinard in vita Caroli Magni.*   ‡ *Nauclerus Generat. 26.*   § *Grande
Chronique dans la vie de Charlemagne.*

cellerie, femble nous conferver des marques des fentiments oppofés où
étoient nos Ancêtres. Le Roy y eft reprefenté en Robe longue, la Couronne fur la Tête, le Sceptre dans la main droite, & dans la gauche le
Baton de Juftice, affis fur un Thrône & prefidant fur le Confeil du Royaume. Cela fignifie clairement que le Roy ne doit exercer aucun acte
de la Puiffance Royale que quand il eft affifté des Confeillers de fon
Royaume, qui luy aident à porter le Sceptre & à gouverner l'Etat. Le
lieu de l'Affemblée n'étoit point fixe, mais il dépendoit de la volonté du
Roy. * *Le Roy Dagobert affembla les Etats dans un lieu appellé* BIGARGE,
où fe rendirent prefque tous les Grands de France au premier jour de MAY, *&
le Roy étant affis fur fon Thrône d'Or leur parla ainfi.* Charlemagne les affembloit où il fe trouvoit, tantôt à Compiegne, tantôt à Noyon, tantôt à
Wormes, tantôt à Aix la Chapelle, & tantôt ailleurs. Car la coûtume
d'affembler les Etats & de ne rien faire fans eux, fe garda religieufement
fous les Rois Carlovingiens. Charlemagne fi grand, fi puiffant par fes
conquêtes, fi redouté par fon courage, & par confequent fi authorifé
n'abufa jamais de fon pouvoir. On peut voir dans l'Hiftoire d'*Aimoinus*,
combien fouvent il affembloit les Grands de fes Etats, afin de ne rien
faire que de leur avis. § *Quand il eut achevé fa Chaffe à Aix, il revint,* dit
cet Auteur, *& fit felon la coûtume l'Affemblée Generale de fon Peuple.* Et dans
un autre Chapitre ‡ du même Livre il dit, *que* Charlemagne *tint deux
Affemblées Generales, l'une à Noyon, l'autre à Compeigne.* * *Et qu'au mois
d'Aouft il vint à Wormes, qu'il y fit l'Affemblée Generale, & y reçût felon la
coûtume, les dons annuels, & y donna audience à plufieurs Ambaffadeurs.*
* Dans le Livre fuivant, il dit, *que le* 13me. *de Juin il tint fes Etats à
Douzi, où il reçût les prefents qu'on luy faifoit annuellement.*

Il eft bien aifé de comprendre que fi Charlemagne ne fe difpenfa point
d'affembler fouvent les Etats, fes Succeffeurs & même fes predeceffeurs,
qui étoient beaucoup moins authorifés que lui, ne s'en difpenferent point.
Pepin y étoit fort exact. † *L'an* 773. *il affembla les Etats à Nevers.
L'an* 764. *il les affembla à Wormes. L'an* 766. *à Attigny; & enfuite
à Orleans.* C'eft *Rheginon* qui le dit ainfi. Et fi les Etats de chaque
année ne font pas marqués, ce n'eft pas qu'on ne fût regulier à les
affembler tous les ans. Mais les Hiftoriens ne font mention que de
ceux dans lefquels il avoit été fait quelque chofe de memorable, ou qui
avoient precedé une grande action. Les Succeffeurs de *Charles* en uferent

O 2

* *Aimoinus lib.* 4. *cap.* 30. § *lib.* 4. *cap.* 13. ‡ *cap.* 116.
* *cap.* 117, † *lib.* 5. *cap.* 31. † *Rheginon chron. lib.* 2.

de même. ‡ *Aimoinus* dit, *que Loüis le Debonnaire aprés la mort de Charles,* convoqua l'Assemblée generale du Peuple dans un lieu appellé THEOTUADUM. Et sur le démêlé du Roy Loüis & son Cousin du même nom, ils assemblerent les Etats, dit cet Historien, du consentement de leurs Conseillers. Toute l'Histoire de ces Princes de la seconde Race est pleine de ces exemples, Il n'y en a pas moins dans l'Histoire des premiers Rois de la troisiéme Race. *Hugues Capet* se fit élire par l'Assemblée des Etats du Royaume. Ce seroit une chose trop longue de citer toutes les Assemblées d'Etats qui se sont tenuës sous cette troisiéme Race. Il suffira d'en marquer quelques-unes des principales. L'an 1327. le Roy *Charles le Bel* étant mort sans Enfants, *Edoüard* Roy d'Angleterre né d'*Isabelle* Sœur de *Charles* prétendit que la Couronne luy appartenoit par Droit de Succession ; *Philippe de Valois* soûtenoit au contraire qu'étant le plus prochain Prince du Sang dans la Ligne Masculine, la Couronne luy devoit revenir: L'affaire fut portée aux Etats, & selon *Claude de Seyssel* Archevêque de Marseille dans son Livre intitulé, *La Monarchie de France*, les deux Rois y assisterent & y firent plaider leur cause. *Philippe de Valois* gagna la sienne, & il fut ordonné par les Etats qu'il seroit preferé à *Edoüard*, qu'il auroit la garde de la Reine, qui étoit demeurée grosse, & si la Reine accouchoit d'une fille, qu'il seroit mis en possession de la Couronne. L'an 1356. le Roy *Jehan* ayant été pris Prisonnier par les Anglois, bien qu'il y eût trois fils du Roy en état de gouverner le Royaume, ces Princes n'oserent pourtant rien entreprendre sans l'authorité des Etats Generaux qui furent convoqués à Paris l'an 1379. On assembla les Etats pour examiner le Testament de *Charles V.* surnommé *le Sage.* Par ce Testament il avoit institué *Philippe* Duc de Bourbon Frere de sa Femme pour Tuteur de ses Enfants, & faisoit *Loüis* Duc d'Anjou son Frere Administrateur du Royaume. Mais les Etats convoqués à Paris casserent, ou du moins corrigerent le Testament de *Charles* : ordonnant que *Loüis* Duc d'Anjou seroit Administrateur du Royaume. Mais on luy adjoignit certaines personnes selon les avis desquelles il devoit gouverner. Et c'est dans ces Etats qu'il fut ordonné que les Rois seroient reputés Majeurs à quatorze ans, qu'à cet âge on les couronneroit & qu'on leur rendroit hommage. L'an 1592. on assembla encore les Etats de tout le Royaume à l'occasion de la maladie d'esprit dans laquelle tomba *Charles VI.* premierement au Mans & ensuite à Paris. Et il y fut ordonné que les Ducs de Berri & de Bourgogne administreroient le Royaume pendant la maladie du Roy. L'an 1426. *Philippe* Duc de Bourgogne & le Duc de Glocester Ennemis declarés l'un de l'autre voulurent ter-

‡ *Appendix Aimon. lib.* 5. *cap.* 10.

miner leur different par le dûel. Mais les Etats s'assemblerent, leur ordon-
nerent de pofer les armes, de renoncer aux voyes de fait, & de terminer
leurs démélés par la Juftice. L'an 1478. démélé étant né entre *Loüis XI.*
& *Charles* fon Frere, on affembla les Etats à Tours. Et il fut ordonné
parmi pluficurs autres chofes que *Loüis* donneroit à fon Frere en titre d'A-
pennage quelque Duché qui vaudroit au moins douze mille livres de rente, & que le Roy outre cela luy fourniroit tous les ans de fon épargne
une penfion de foixante mille livres. Aprés la mort de *Loüis XI.* on affembla les Etats au même lieu de Tours, & il y fut ordonné que *Charles VIII.*
qui n'avoit que 13. ans feroit élevé par la Princeffe *Anne* Sœur du Roy,
& que le Gouvernement du Royaume feroit commis à certaines perfonnes qui furent nommées; quoy que *Loüis* Duc d'Orleans le plus proche
Parent le demandât. Environ l'an 1300. le Pape *Boniface VIII.* ayant écrit à
Philippe le Bel une lettre infolente, les Etats furent affemblés à Paris & de
leur avis on écrivit à *Boniface* une réponce qui luy fit fentir fa folie, &
combien êtoient ridicules & mal fondées, les pretentions qu'il avoit fur
le temporel du Royaume de France. Cet exemple pouvoit être placé a-
vant les Regnes de *Charles V. Charles VI. Charles VII.* & *Loüis XI.* mais
nous l'avons mis icy à part & hors de fon rang pour le diftinguer & pour
faire voir que les Etats fe mêloient des affaires Spirituelles auffi-bien que
des affaires Temporelles, puis qu'ils jugerent des pretentions dés Papes fur
les Rois. Le Regne de *Loüis XI.* touche au Siecle precedent dans lequel
on fçait que les Etats ont été fouvent affemblés. Et au moins en avons
nous eu un exemple dans le Siecle prefent par les Etats affés celebres de
l'an 1616. *Loüis XIV.* eft le premier à qui il a plû d'en abolir l'ufage &
quafi la memoire. C'eft un nom odieux aux Grands & à leurs Miniftres.
C'eft pourquoy ceux qui ont fi malheureufement abufé de l'Authorité du
Roy dans le dernier Regne, ont aboli l'ufage d'affembler les Etats Generaux du Royaume. Et par là ils ont donné le dernier coup de mort à la
Liberté Françoife. C'eft une des obligations que nous avons au Cardinal
de Richelieu & au Cardinal *Mazarin,* dont *Loüis XIV.* a fi bien fuivi les pre-
ceptes & les maximes.

Ces Affemblées Generales qu'on appellé aujourd'huy les Etats s'appelloient au commencement *Placitum.* On les appelloit auffi *Curia* la Cour,
& toutes les anciennes Chroniques Françoifes les appellent *Parlements:*
Aimoinus dit, que *Dagobert indixit Placitum in loco nuncupato Bigargio.* Et
en parlant de *Charlemagne, generale Placitum Idibus Juniis in villa Duziaco*
tenuit. Le treifiéme de Juin il tint l'Affemblée Generale à Duzy. Ainfi

les appelloit aussi Gregoire de Tours, * *igitur* dit-il, *advenient? Placit# directi sunt à Childeberto Rege, &c. sed cum ad Placitum Childebertus cum Proceribus suis convenisset.* ‡ *Witic*[...] en parlant de *Charles le Chauve*, dit que *Charles* voulant aller [...], *Compendii Placitum Generale habuit;* qu'il assembla son [...]ment à Compiegne. Et qui doute que delà ne soit venuë cette superbe clause des Arrêts de nos Rois & de leurs Ordonnances; *Car tel est nôtre plaisir?* dans les anciens temps on écrivoit les Arrêts & les Ordonnances en Latin, & même tous les Actes publics. Ce n'est que du Siecle passé que la coûtume en est abolie. On écrivoit donc en Latin *tale est Placitum nostrum.* Ce qui ne signifioit pas comme aujourd'huy telle est nôtre volonté, mais tel est le resultat de nôtre Assemblée, ou telle est la volonté & le decret de nos Assemblées. Jamais *Placitum* ne s'est dit de la volonté d'un seul, comme nous aurons lieu de le remarquer dans la suite. C'estoit donc un terme consacré aux Arrêts qui se faisoient dans les Etats Assemblés. Ensuite les Rois l'ont employé generalement dans toutes leurs Ordonnances, & l'ont paraphrasé par ces paroles *Nous voulons, entendons, commandons de nôtre pleine Puissance & Autorité absoluë.* Parolles odieuses & qui sentent la Tyrannie. On appelloit aussi les Etats Generaux Assemblés *Curia.* Ainsi les appelle souvent *Aimoinus,* § *Carolus Danorum Regis Filius Flandriæ Proceres quosdam Judicio Curiæ convenienter petebat.* Et dans le Chap. suivant. * *Defuncto Henrico Romanorum Rege in ea quæ maxima & generalis est habita Maguntiæ Curia.* Et ce nom fait bien connoître quelle étoit la Puissance de ces Assemblées Generales. Car *Curia* vient du *Cura* des Latins qui signifie, *Soin, Gouvernement & conduite :* On en donna le nom de *Curia* aux Etats assemblés, parce que le Royaume étoit conduit & gouverné par eux. Il est vray que les Parlements se sont conservé ce nom. Mais les Rois qui ont pris à eux toute l'Autorité s'en sont aussi attribué les noms par prérogative. Aujourd'huy le Roy & ses Conseils s'appellent *Curia*, la Cour par excellence.

Il est assez peu important de sçavoir comment on composoit ces Assemblées Generales du Royaume. Il semble qu'au commencement de la Monarchie, c'est à dire durant les deux premieres Races, on n'y appellât pas le Peuple; au moins ordinairement. Car les Historiens ne nous parlent en la plûpart des lieux que des Grands. § *Rheginus* dit que *Charlemagne* avisa aux moyens de conserver la Paix entre ses Enfants *cum Primoribus & Optimatibus Regni. Aimoinus* fait ainsi parler *Clothaire* au sujet de la Reine *Brunehault* & de ses demandes, *conventum Nobilium debere eam ag-*

* *Lib. 7. & lib. 8.* ‡ *lib. 5. cap. 35.* § *Aimoin. lib. 5. cap. 50.* * *51.* § *Reg. l. 2*

gregare; qu'elle devoit affembler les Nobles. *Gregoire de Tours* dit que *Childebert* vint *ad Placitum cum Proceribus fuis*, avec les Grands. Entre ces Grands on contoit auffi les Evêques. Car *Jaquin* parlant de la Conjuration des Enfants de *Loüis le Debonnaire* pour le dethrôner, dit que n'ofant pas dépofer le Roy fans avoir le confentement des Grands du Royaume; *Il affembla à Compiegne les Evêques & les Grands de tout le Royaume, tira fon Pere de prifon pour le mener là.* Mais bien qu'en plufieurs endroits de l'Hiftoire il ne foit parlé que des Grands, il n'y a cependant aucun lieu de douter que le Peuple n'eût fes Deputés dans ces Affemblées. Il eft le plus intereffé dans les grandes affaires; c'eft luy qui porte le fardeau dans les grands mouvemens; il doit donc être confulté dans les importantes refolutions. Auffi paroit-il par les anciens monuments qu'il avoit fa part au Gouvernement de l'Etat. L'Appendice de *Gregoire de Tours* ‡ dit que *Clothaire cum Proceribus & Leudibus Burgundiæ Trecaßinis conjungitur* (Il affembla les Grands & les Leudes,) c'eft à dire ceux qui poffedoient les Biens Allodiaux oppofés aux Biens Nobles. *Clovis II.* en parlant à l'Affemblée des Etats les appelloit * *Francigenæ Cives, Citoyens de France*; ce nom comprend tous les Habitans d'un Royaume. Le même Auteur § dit en parlant de *Charlemagne*, *publicum Populi fui conventum in loco qui Padabruno vocatur more folenni habuit.* Il tint une Affemblée Publique de fon Peuple, &c. Le Peuple fignifie les Habitans du Royaume, même par oppofition aux Grands de l'Etat. Peu aprés il dit auffi, que *Charles* ayant trouvé fa Femme à Wormes, *refolut d'y faire une Affemblée de fon Peuple.* ‡ Il dit de même de *Loüis le Debonnaire* qu'aprés la mort de *Cl. les, il tint une Affemblée Generale de fon Peuple.* Un ancien Hiftorien rapporté par *Veneric de Vercel*, en parlant de la depofition de *Chilperic* & de l'Election de *Pepin*, dit qu'elles fe firent *cum confilio & confenfu omnium Francorum*, par le confeil & du confentement de tous les François. Le Peuple y eut donc fa part. * *Aimoinus* dit que *Loüis le Debonnaire* dans les débats qu'il eut avec fes Enfants, ordonna que fon Peuple s'affemblerit à Thionville. Tous ces témoignages auxquels on en pourroit ajûter beaucoup d'autres, font connoitre manifeftement, que le Peuple c'eft à dire cette partie qui eft diftinguée des Grands & de la Nobleffe compofoit avec les Seigneurs les Affemblées Generales, entre les mains lefquels étoit le Souverain Pouvoir de la Monarchie. Mais il ne paroît pas que l'on puiffe avoir le moindre fcrupule là-deffus, aprés ces paroles qui fe lifent dans le Capitulaires de *Charlemagne* : *Que le Peuple foit confulté fur les cha-*

‡ *Lib.* 11. *cap.* 54. ᵇ *Aim. b.* 4. *c.* 41. § *lib.* 4. *c.* 71. ‡ *lib.* 5. *c.* 10. * *l.* 5. *c.* 13.

pitres qu'on ajoûtera nouvellement à la *Loy* : *& quand tous auront consenti* *qu'ils facent les soufcriptions & confirmations de leur propre main dans les cha-* *pitres.* Ce paſſage prouve que le Peuple faiſoit & confirmoit les Loix , & qu'on n'en pouvoit faire ſans luy. Il étoit conſulté & on prenoit ſes avis. Or on ne le pouvoit faire que dans les Aſſemblées des Etats : il faloit donc qu'il y fût. Il ne faut donc pas douter que ceux-là ne ſe trompent qui croyent que le Peuple n'a été appellé aux Etats que vers le milieu de la ſeconde Race , quand les Impôts commencerent en France. Mais quand il ſeroit vrai qu'on n'auroit compoſé ces Compagnies Souveraines que des grands Seigneurs du Royaume, cela ſuffiroit pour nôtre but, & prouveroit ſuffiſamment que les Rois n'avoient pas de Puiſſance Abſoluë, & qu'ils dependoient de leurs Sujets.

Ce qu'il y a donc d'important dans cette affaire, c'eſt de voir juſqu'où alloit la Puiſſance des Etats, & de montrer qu'ils étoient Superieurs au Roy, qu'ils le pouvoient juger, condamner & depoſer ; qu'ils connoiſ-ſoient de toutes les grandes affaires, de Paix, de Guerre, de partage en-tre les Enfants des Rois, qu'ils donnoient les grandes Charges de la Cou-ronne, que rien d'important ne ſe faiſoit ſans eux ; & que le Roy n'étoit pas Maître des reſolutions pour faire ce que bon luy ſembloit, aprés a-voir oüy les avis de l'Aſſemblée des Etats ; comme un Souverain eſt maître de faire ce qu'il veut aprés avoir oüy les avis de ſon Conſeil.

Premierement quand nous n'aurions point de preuve de fait de cette ve-rité, la raiſon ſeule nous en perſuaderoit. Si les Rois avoient été maîtres des reſolutions des Etats, comme aujourd'huy nos Rois ſe ſont rendus maîtres de celles des Parlements, ç'auroit été une folie extreme d'aſſem-bler un Peuple à grands frais de toutes les parties d'un Royaume, ſeule-ment pour les entendre & pour avoir leur avis. La ſageſſe & les bons conſeils ſe trouvent rarement dans la multitude. Vingt ou trente bonnes têtes qu'on auroit fait venir de divers côtés, en auroient autant dit que tout un Royaume aſſemblé, & il n'en auroit pas tant coûté. Il eſt évi-dent que tout un Royaume ne s'aſſemble que pour regler les affaires & pour ordonner avec une authorité ſouveraine. Mais nous ne ſçavons pas l'étenduë du pouvoir des Etats ſeulement par cette raiſon, nous la ſçavons par toute nôtre Hiſtoire. Il eſt vray que les Rois paroiſſoient dans ces Aſ-ſemblées comme les Maîtres ; ils y étoient reçûs en grande ceremonie, on les revêtoit d'habits Royaux, on les aſſeoit ſur un magnifique Thrône. Mais ils y paroiſſoient pourtant comme les Chefs & les Preſidents d'une Aſſemblée, au jugement de laquelle ils étoient ſoûmis. Ils étoient plus

qu'aucun

qu'aucun des Membres de l'Assemblée pris en particulier, mais ils étoient moins que tous les particuliers pris en Corps. S'ils recevoient des hommages ils en rendoient aussi. *C'étoit la coûtume des Rois des Francs, dit* * *Sigebert, de présider tous les mois de May sur l'Assemblée de toute la Nation, de la saluër & d'en recevoir les salutations, les hommages & les presents.* Non seulement ils recevoient des salutations de leurs Peuples, mais ils luy en faisoient, comme il paroît par cet Auteur : & la chose étoit si certaine que la connoissance en étoit passée chés les Grecs. *George Cedrenus* Historien Grec, de l'onziéme Siecle dit en termes encore plus forts. *Que tous les ans au mois de May le Roy de France présidoit sur toute la Nation, qu'il la saluoit & en recevoit la salutation, qu'il en recevoit des presents & leur en rendoit.* Et il est à remarquer que pour exprimer ces civilités mutuelles que le Roy & l'Assemblée des Etats se rendoient, il employe le même terme pour l'un & pour l'autre ; Προσκυνεῖν αὐτοῖς, καὶ ἀντὶ Προσκυνεῖσθαι ὑπ' αὐτῶν. *Il les adoroit & en étoit adoré.* C'est le terme de la plus grande soûmission, & dont les Grecs se servent aussi pour exprimer les Hommages qu'on rend à la Divinité. On doit observer de plus que non seulement les salutations étoient mutuelles, comme de pair à pair, mais aussi les presents. Car *Cedrenus* dit expressement que si le Roy recevoit des presents, il en rendoit aussi. Et il ne faut pas douter que dans ces occasions les Rois ne fissent leurs liberalités pour se faire des amis & mettre leurs Sujets dans leurs interêts par toute sorte de moyens.

Nous avons cy-devant fait voir par des preuves invincibles que ces Assemblées de tout le Royaume étoient au dessus du Roy : puis que nous avons prouvé qu'elles avoient le pouvoir de l'élire & de le deposer, de le faire & de le défaire. Nous avons vû les François deposer *Chilperic premier*, & mettre en sa place *Gilles* Romain ; & ensuite deposer ce *Gilles* pour rétablir *Chilperic*. Nous les avons vû raser & jetter dans un Convent le dernier *Chilperic* pour mettre sur le Thrône *Pepin* Maire du Palais. Nous les avons vû réjetter un autre *Chilperic* pour donner la Couronne à *Sigebert* son Frere. Nous les avons vû réjetter *Charles le Simple* Fils de *Loüis le Begue* pour élire *Eudes* Fils de *Robert* Comte d'Angers. Nous les avons vû enfin refuser la Couronne à *Charles de Lorraine* Frere de *Loüis* dernier Roy de la seconde Race, pour la donner à *Hugues Capet*, le Fondateur de la troisiéme Race de nos Rois. Il ne faut donc que remonter à ces exemples cy-dessus cités & rapportés pour juger ce que pouvoient les Etats. Car il faut qu'une Puissance soit sans bornes quand elle va à pouvoir deposer celuy qui est le principal Depositaire de la Souve-

* *In Chronico ad annum 662.* P

raineté. Et il est aysé de comprendre que ceux qui pouvoient tant sur la personne & sur la dignité Royale, devoient avoir la même puissance par tout & en toutes choses. Nous avons des exemples dans l'Histoire que leur pouvoir s'étendoit même sur la vie des Personnes Sacrées & des Têtes Couronnées. Du temps de *Clothaire*, la Reine *Brunehauld* accusée & convaincuë des crimes énormes fut mise entre les mains des Etats du Royaume assemblés, auxquels le Roy parla ainsi. * *Mes Chers Compagnons d'Armes premiers Seigneurs de France, ordonnés à quelle peine doit être exposée une Femme coupable de tant de crimes.* Et par le jugement des Francs, elle fut condamnée en presence du Roy à être dechirée par des Chevaux indomtés. En ce temps là les Rois avoient un Style fort different de celuy d'aujourd'huy. Voicy comme le Moine de *St. Germain* fait parler *Clothaire* à l'occasion de la demande que luy faisoit *Brunehauld*, du Royaume d'Austrasie. ‡ *Elle doit disoit-il, convoquer l'Assemblée des Nobles François, & traiter des interêts communs par un avis & un consentement commun, & pour moy j'obéïray en toute chose à leur jugement, & ne m'opposeray point à ce qu'ils ordonneront.* *Greg. de Tours* rapporte la même réponse de *Clothaire* à peu prés dans les mêmes termes. § *Clothaire répondit, qu'il observeroit tout ce qui seroit jugé & reglé par l'Assemblée des François.* Cela est un peu different du *Nous voulons, Nous commandons, Nous ordonnons,* d'aujourd'huy.

Mais voyons plus distinctement & par ordre, de quoy jugeoient les Etats. Premierement ils élisoient & déposoient les Rois. C'est un article prouvé. Secondement ils confirmoient le partage des Enfants des Rois ; de sorte que rien ne pouvoit être bon pour le partage de l'Etat qui n'eut été confirmé par les Etats. Lors que *Clovis* partagea son Royaume entre ses quatre Enfants, ce fut avec le consentement des Etats du Royaume. Quand *Charlemagne* voulut aussi faire le partage de ses Etats entre ses Fils ; ce fut avec l'avis & le consentement des Grands de France & d'Allemagne. * *Rheginon dit, que Charlemagne tint une Assemblée Generale appellée Placitum avec les Principaux & les Seigneurs de France pour établir la Paix entre ses Enfants & leur partager le Royaume.* ‡ *Le Moine Aimoinus en parlant de Charles le Chauve dit, qu'il tint une Assemblée Generale à Larisy, qu'il revêtit son Fils Charles d'Armes d'Homme, c'est à dire qu'il luy ceignit l'épée ; il luy mit la Couronne sur la tête, & luy donna la Neustrie, & à Pepin l'Aquitaine.* L'Assemblée Generale n'avoit pas été convoquée simplement pour être Spectatrice de l'action. On sçait qu'ils avoient dans ces occasions une pleine autorité d'approuver ou d'improuver le choix du Roy. On se

* *Aimoinus lib. 4. cap. 1. Adv. atat. 6.* ‡ *Almoinus. lib. 4. cap. 1,*
§ *Lib. 11.* * *Lib. 2. ad annum 606.* ‡ *Lib. 5. cap. 17.*

peut souvenir de l'Article du Testament de *Charlemagne* que nous avons cité dans le chapitre precedent, par lequel il paroît que le consentement de la Nation étoit d'une necessité absoluë pour confirmer dans la Dignité Royale un Prince designé par son Pere. On peut voir aussi dans l'Histoire que les Enfants de *Loüis le Debonnaire* partagerent les Etats de leur Pere par l'avis des Deputés de tout le Royaume assemblés dans la Ville d'Amiens. Quand il y avoit débat entre les Freres pour le partage, les Etats en jugeoient. * *Caroloman ayant assemblé les Etats à Wormes, Hugues se rendit à cette Assemblée Generale pour demander cette partie du Royaume que son Frere Loüis avoit possedée par engagement.* Aprés la mort de *Charlemagne,* ‡ *Loüis le Debonnaire* eut un demêlé avec *Loüis* son Cousin : Les Etats furent assemblés pour terminer leur different & en jugerent. Aprés la mort de *Charles le Bel, Edoüard* Roy d'Angleterre pretendit être Heritier de la Couronne. § *Philippe de Valois* soûtint que la Couronne ne pouvoit être donnée à aucun Prince décendu de la Race des Rois seulement par les Femmes, parce que les Femmes sont excluses de la Succession du Royaume de France. Ce furent les Etats qui jugerent ce fameux demêlé ; & même quelques Auteurs nous disent que les deux Rois y comparurent en personne. Puis que ces Assemblées jugeoient les Rois, il n'est pas étonnant qu'ils jugeassent les Grands du Royaume. * Sous le Regne de *Clothaire* & de *Childebert, Bojo Gunthran* fut accusé d'avoir violé les Sepulchres. Il fut cité, il s'enfuit, mais il fut condamné à perdre tous les revenus qu'il possedoit en Auvergne. Quand les Princes étrangers s'interessoient dans les affaires du Royaume, il faloit que les Etats jugeassent de eurs demandes. ‡ Sur la fin de la seconde Race, *Loüis IV.* Fils de *Charles le Simple* ayant été exclus de la Couronne s'étoit sauvé en Angleterre avec sa Mere. *Edmond* Roy d'Angleterre envoya en France & interceda pour le rétablissement de *Loüis.* Les Etats du Royaume s'assemblerent sous la direction de *Hugues le Grand* Fils de *Robert* Comte d'Angers, & on accorda au Roy d'Angleterre sa demande en rétablissant *Loüis,*

Quand les Rois, ou à cause de leur jeunesse, ou à cause de leurs infirmités, ou par l'absence ne pouvoient administrer eux-mêmes les affaires, c'étoient les Etats qui nommoient les Tuteurs des Rois & les Administrateurs du Royaume. *Charles le Chauve* voulant faire un voyage à Rome qui devoit être long, *Il assembla,* dit * Aimoinus, *les Etats Generaux à Compiegne au premier de Juin, & fit des articles pour regler comment pendant son absence son Fils Loüis gouverneroit le Royaume avec les Officiers & les*

P 2

* *Aimoinus lib.* 5. *cap.* 41. ‡ *Idem lib.* 5. *cap.* 10. § *L'an* 1328. * *Gregoire de Tours lib.* 8. *cap.* 21. ‡ *L'Auteur des Annales de Rheims sous l'an* 946. * *lib.* 5. *c.* 35.

Grands de l'Etat. Nous avons ci-devant vû que les mêmes Etats du Royaû-
me voyant l'incapacité de *Charles le Simple* luy donnerent *Eudes* pour Tuteur & pour Administrateur du Royaume. *Loüis êtant mort,* dit le continuateur ‡ de l'Histoire d'Aimoinus, *Charles son Fils qui dans la suite fut
surnommé* LE SIMPLE, *êtoit encore au berceau quand il perdit son Pere. Et les
Grands de France voyant son âge incapable de gouverner le Royaume, prirent
conseil sur les affaires importantes. Et les Seigneurs François, Bourguignons &
Gascons assemblés ensemble élurent Eudes pour Tuteur de Charles, & pour Administrateur du Royaume.* Lors que *Charles VI.* tomba dans une alienation
d'esprit, les Etats s'assemblerent à § Paris ; & par leur authorité il fut ordonné que les Ducs de Berri & de Bourgogne seroient les Regents de
l'Etat. Quand le Roy *Jehan* fut pris prisonnier par les Anglois dans la
Bataille de Poitiers ‡, il avoit trois Fils dont l'Aîné avoit l'âge requis
pour gouverner. Cependant les Etats s'assemblerent à Paris, & l'on y
nomma douze personnes notables de chaque ordre pour avoir soin du Royaume avec le Fils Aîné du Roy *Jehan.* * En même temps on envoya u-
ne Ambassade en Angleterre pour traiter de la Paix, & de la delivrance
du Roy : pour la rançon duquel on leva un Impôt sur tout le Royaume,
par l'ordre des mêmes Etats.

On ne sçauroit douter que ceux qui avoient le Droit de donner des Tuteurs aux Rois & des Regents au Royaume n'eussent le Droit de Creation pour les grands Officiers, qu'on appelle *Officiers de la Couronne.* Nous
en avons une notable preuve dans la vie de *Charles le Chauve,* qui devant
que d'avoir êté sacré Roy, avoit donné les Gouvernements comme il luy
avoit plû. Les Grands du Royaume convoquerent une Assemblée Generale, voulurent choisir un autre Roy, & ne voulurent jamais couronner
Charles, qu'il n'eut distribué les Charges & les Gouvernements de leur
avis & de leur consentement. *Les Grands du Royaume,* dit ‡ l'Historien,
*indignés de ce qu'il avoit donné des Dignités à plusieurs personnes sans leur con-
sentement, à cause de cela conspirerent contre luy, & s'êtant assemblés à Ville-
Witmar, ils envoyerent leurs Deputés à Loüis, & Loüis leur envoya les siens.*
§ Rheginon rapporte que *Charlemagne ayant assemblé les Etats à Compiegne,
il commit au Comte Robert de l'avis des Grands le Duché qui est entre la Loire
& la Seine.* * Le Continuateur de *Gregoire de Tours* rapporte que le Roy
Clotaire ayant assemblé les Etats à Troyes, il les pressa pour qu'ils consen-
sentissent à l'Election d'un Maire du Palais en la place de *Warnhier* qui ê-
toit mort depuis peu. Mais ils n'y voulurent pas consentir, disant qu'ils

‡ *lib. 5. cap. 42.* § *l'an 1392.* ‡ *1356.* * *Froissart lib. 1. cap. 170.*
‡ *Append. Aimo. lib. 5. cap. 36.* § *Rheginon lib. 2.* * *lib. 11. cap. 54.*

ne vouloient point remplir cette Charge. Ce qui fait voir que cette grande
Charge ne se donnoit que par les Etats, ou du moins avec leur consentement. Ce qui paroît encore par ce que dit le meme Auteur : * *Que le Roy*
Theodoric étant mort les François élurent Clovis son fils qui étoit encore Enfant;
lequel étant mort peu d'années aprés, Childebert son Frere fut mis sur le Thrône;
& en même tems que Childebert fut élu Roy, on élut außi Grimoald pour Mai-
re du Palais sur les François. Dans toute nôtre Histoire on voit toûjours
une tres-claire distinction entre les Officiers de la Maison du Roy, &
ceux de la Couronne. Et cette distinction est encore demeurée aujour-
d'huy comme un monument de l'ancienne Liberté des François. Car on
dit, le Grand Maître d'Hôtel de la Maison du Roy, le Grand Chambellan &c. Mais on dit le Connêtable de France, l'Amiral de France,
le Chancelier de France. Et ces dernieres Charges ne meurent point avec
le Roy. Les grands Officiers de la Couronne demeurent dans leurs Dignités quand le Roy meurt : & même on ne sçauroit leur ôter ces Charges qu'avec la vie. Au lieu que les Charges de la Maison du Roy meurent avec le Roy & peuvent être changées par son Successeur. Et la raison de cette difference vient de ce que ce qui est donné par un Roy peut
être ôté par un autre. Mais les Officiers de la Couronne étant faits par
le Peuple & par le Royaume ne pouvoient être deposés par le Roy seul.
Et il est tres-remarquable que ces Offices de la Couronne, que les Etats
du Royaume donnoient & pouvoient seuls ôter, s'étendoient à tout, à
la Guerre, à la Justice, & aux Finances. Car les trois grands Officiers
qui sont élevés sur tous les autres dans la Guerre; dans la Justice, &
dans les Finances portent encore aujourd'huy le surnom *de France* & non
du Roy. On ne dit pas un Connêtable, ou un Maréchal du Roy. Mais
le Connêtable, ou un Maréchal de France. C'est pour la Guerre. Le
Chancellier est le Chef de la Justice; mais on ne dit pas le Chancellier du
Roy : on dit le Chancellier de France. Enfin le Grand Thresorier est pour
les Finances, & l'on ne disoit pas le Grand Thresorier du Roy; mais le
Grand Thresorier de France, auquel répondoient tous ceux qui s'appellent aujourd'huy Thresoriers de France. Ce qui est une preuve que les
Etats avoient inspection sur tout ce qui s'administroit dans le Royaume.
En ce temps-là le Roy & l'Etat, les Officiers & les Conseillers du Roy
& ceux de la Couronne étoient si distingués, qu'on ne vouloit point admettre les Conseillers du Roy dans les Etats qui font le Grand Conseil
du Royaume. Il y a un peu plus de 300. ans que le Roy Jehan ayant é-
té pris par les Anglois, les Etats s'assemblerent à Paris. Les Conseillers

du Roy y voulurent prendre place ; mais ils en furent exclus. Et on leur declara que les Etats ne s'assembleroient plus s'ils ne cessoient de s'y trouver. C'est ce que rapporte la grande Chronique Françoise dans le 2 livre.

La Puissance Legislative est assurement le plus noble caractere de l'Authorité Souveraine. Or il est certain que c'êtoient les Etats & le Peuple de France qui faisoient les Loix. C'est de là qu'est venu l'ancien nom que portoient les Etats, *Placitum*. Car proprement ce mot signifie la determination de plusieurs personnes sur une matiere agitée, & sur laquelle elles font un Arrêt, une Loy & une Decision. Les Arrêts du Senat Romain commençoient ainsi *Placuit Senatui*. Il a plû au Senat. Et encore aujourd'huy on opine ainsi dans les Conciles *Placet*, ou *non placet*. Je suis de cet avis, ou, je n'en suis pas. Or que les Loix du Royaume ayent été faites pas les Etats, il ne semble pas que cela ait besoin de preuves. Car ces ombres d'Etats qui ont été tenus dans le siecle passé & dans celuicy, se font donné la liberté de faire des Loix & des Ordonnances. Nous avons vû une Ordonnance de *Charlemagne* qui est formelle là-dessus : *Que le Peuple soit consulté sur les choses qu'on ajoûte nouvellement à la Loy, & quand tous auront consenti, que la confirmation s'en face par la souscription de tous.* On lit à la fin d'une ancienne Loy : *cecy a été arrêté par le Roy, par ses Princes & par tout le Peuple Chrêtien du Royaume des Merovingiens.* Aussi est-il certain qu'autrefois rien ne pouvoit passer pour Loy qui n'eût été confirmé par les Etats. Et tout le monde sçait que pour corriger, augmenter ou diminuer le Droit Local, qu'on appelle *Coûtume*, il falloit assembler les Etats de la Province. Ainsi pour faire des Loix generales il falloit avoir le consentement des Etats Generaux.

Enfin c'êtoit aux Etats à pourvoir à tous les desordres du Gouvernement ; soit que le desordre vint du Roy ou de ses Ministres. Il ne faut pas avoir la moindre sincerité pour n'en pas tomber d'accord aprés avoir lû nôtre Histoire. Un seul exemple notable suffira pour tous : il est tiré de la vie de *Loüis XI.* l'un des plus rusés & plus cruels Princes qui ait jamais été ; mauvais Fils, mauvais Pere & mauvais Roy, comme on l'a défini : & celuy qui a donné le coup mortel à la Liberté Françoise. Ce Prince gouvernoit selon son esprit & selon son genie. Pour remedier aux maux & arrêter les progrés de la Tyrannie, toute la France aspira aprés une Assemblée d'Etats, le Roy n'avoit garde d'y donner les mains. Ce que les Grands du Royaume voyant, ils leverent des Troupes, & firent contre *Loüis* cette Guerre qui fut appelée *du bien commun.* Et dans cette affaire entrerent le Duc de Charolois, le Duc de Bourbon, le Duc de Berri Frere du Roy, les Comtes de Dunois, de Nivernois, d'Armag-

ſac , d'Albret. C'eſt à dire tout ce qu'il y avoit de Grands dans le Royaume. La principale de leur demande fût que l'on convoquât l'Aſſemblée
des trois Etats ; qui avoit toûjours été le remede à tous les maux de la
France. *Loüis XI.* aprés avoir longtemps refuſé ce qu'on luy demandoit ,
l'accorda enfin , & convoqua les Etats à Tours. Dans cette Aſſemblée il
fut arrêté qu'on éliroit trente-ſix Conſeillers de l'Etat , par les conſeils deſquels le Roy ſe conduiroit pour mettre fin à tous les deſordres , & pour
corriger tous les abus. On choiſit donc douze perſonnes du Clergé , douze
du Corps de la Nobleſſe & douze du tiers Etat. Et le Roy donna ſa parole
Royale qu'il ratifieroit tout ce que ces perſonnes ordonneroient. Mais il
ne tint point ſa parole , & à cauſe de cela le Royaume fut rempli de confuſion. *Loüis XI.* ne s'aviſa jamais de diſputer aux Etats leurs Droits. Il ne
leur dit pas que ce n'êtoit pas à eux de corriger les deſordres , & qu'ils
n'avoient rien à voir ſur ſa conduite.

Il n'y a donc aucune partie de la Souveraineté qui ne fût autrefois entre les mains des Etats. * Le Sçavant *Budée* dans ſon Livre *de Aſſe* , aſſure
que la puiſſance de hauſſer & de baiſſer les Monnoyes avoit toûjours appartenu au Peuple. § *Charles du Moulin* ce Sçavant Juriſconſulte dit qu'il
a trouvé & vû dans les Archives du Parlement & de la Chambre des
Monnoyes pluſieurs Loix faites par le Peuple des François , par leſquelles
il êtoit défendu de faire aucun changement dans la valeur des Monnoyes
ſans le conſentement du Peuple. Or il eſt clair que ce Droit de changer
les Monnoyes eſt un Droit de Souveraineté & par conſequent le Peuple
qui partageoit ce Droit avec nos Rois , partageoit auſſi la Souveraineté
avec eux. Il y avoit encore un privilege notable du Peuple & des Etats.
C'eſt qu'on ne pouvoit lever de Tributs , ni faire aucunes impoſitions
ſans eux. Mais comme c'eſt là un Chapitre important , je ne l'ay point
voulu toucher icy legerement comme les autres articles qui regardent les
Droits des Etats & du Peuple François. Nous en parlerons plus amplement quand nous parlerons de l'origine des Tributs & de la maniere dont
on les impoſoit. La coûtume de lever & impoſer des Tributs ordinaires
eſt beaucoup plus nouvelle que celle de conſulter les Etats du Royaume
ſur toutes les affaires importantes. Elle n'a commencé que vers le milieu
de la ſeconde Race ; c'eſt pourquoy il n'êtoit pas neceſſaire de traiter du
Droit que le Peuple a de regler les Tributs qui ſe levent ſur luy , dans
l'endroit où l'on traitoit des Droits anciens du Peuple François.

Preſentement raſſemblons tous ces articles de la Puiſſances des Etats ;
& nous verrons comment ils s'accorderont avec cette Puiſſance Abſoluë

---

* *Lib. 3. & 5.*   § *Molin. Commen. de contract. & uſur.*

que les Rois de France exercent aujourd'huy. 1. Les Etats du Royaume élifoient les Rois & les depofoient, par confequent ils étoient leurs Juges. 2. Ils jugeoient entre le Peuple & le Roy. 3. Ils jugeoient entre Roy & Roy, quand plufieurs afpiroient & prétendoient à la Couronne. 4. Ils jugeoint des demêlés que les Rois avoient avec leurs Vaffaux. 5. Ils donnoient des Tuteurs aux Rois, & des Regents au Royaume. 6. Ils donnoient les grandes Charges de l'Etat. 7. Ils faifoient des Ordonnances qui feules avoient force de Loy dans le Royaume. 8. Ils regloient les affaires des Monnoyes. 9. Ils ordonnoient les levées & les impofitions de Tributs. 10. Ils étoient confultés fur toutes les grandes affaires. 11. Enfin ils étoient en droit de corriger tous les defauts du Gouvernement, même ceux dont les Rois étoient auteurs. Par tous ces articles il paroît qu'à certains égards les Etats étoient Superieurs au Roy, par exemple, quand ils l'élifoient, le depofoient, le jugeoient, & le corrigeoient ; & que dans les autres ils partageoient toutes les parties de la Souveraineté avec le Roy. Si nous avions befoin de nouvelles preuves, le nom de *Parlement* que toutes nos vieilles Hiftoires donnent à l'Affemblée des Etats, nous en fourniroit une. C'eft le nom que les Anglois donnent à cette Affemblée qui partage la Souveraineté avec le Roy. Les Gaulois & les anciens Bretons avoient les mêmes Loix, & la même langue. Ils fe gouvernoient par Etats, donnoient même nom à leurs Affemblées : & fans doute qu'elles avoient la même authorité. Auffi eft-il certain que les Etats avoient autrefois en France le même pouvoir que les Parlements en Angleterre. Les Cours de Juftice, à qui on a tranfporte le nom de *Parlement* & une partie du Droit des Etats, s'appellent *Cours Souveraines*, nom qu'elles ont emprunté de l'Affemblée des anciens Etats qui étoit Souveraine.

Par toutes ces preuves il paroît que la *Puiffance Abfoluë* eft un monftre qui n'étoit pas même connu en France il a quelques fiecles. Il ne faut donc plus s'étonner que les Rois de France pour fe rendre abfolus ayent entierement fupprimé l'ufage des Etats. Au commencement on les affembloit tous les ans, fous la feconde Race *Loüis le Debonnaire* ordonna qu'ils s'affembleroient deux fois par an. Mais les Rois de la troifiéme Race qui ont aboli peu à peu la Liberté Françoife, ont auffi peu à peu rendu la tenuë des Etats rare, jufqu'à ce qu'enfin on a oublié ce que c'eft. Les derniers fe font tenus en 1616. fous la Minorité de *Loüis XIII.* S'il eût été Mayeur il n'y auroit jamais confenti. Et ceux qui ont gouverné fous la longue Minorité de *Loüis XIV.* avoient trop d'intérêt à entretenir & augmenter la Tyrannie, pour fouffrir que les Etats s'affemblaffent. Car le nom feul eft la terreur des Rois & de tous ceux qui abufent fous eux de l'Authorité Royale. Aux dix moyens que j'ai expliqués dans la feconde Partie de cet Ouvrage, & dont j'ai dit qu'on fe fervoit pour maintenir la Tyrannie, on peut ajoûter celuy-ci. C'eft la fuppreffion des Etats. Car c'eft dans ces Affemblées uniquement qu'on pourroit trouver du remede à nos maux.

Fin du feptiéme Memoire.

LES SOUPIRS
DE LA
FRANCE ESCLAVE,
Qui aspire aprés la Liberté.

VIII. MEMOIRE.
Du 1. de Mars 1690.

Troisiéme moyen pour ruiner les prétentions de la Puissance Arbitraire. Histoire de l'origine du Parlement de Paris. Il fut établi pour réprésenter les Etats Generaux, & donner un frein aux entreprises de la Cour.

NOUS avons déja trouvé deux articles essentiels dans l'établissement & dans le cours de la Monarchie Françoise : la Couronne Elective & non Successive ; & le Souverain Pouvoir entre les mains du Peuple & des Assemblées composées de ses Députez. Ces deux articles prouvez par nôtre Histoire détruisent absolument la prétention de la Puissance Arbitraire des Rois de France d'aujourd'huy. Ce sont les deux premiers moyens generaux que nous avons à produire pour ruiner cette injuste prétention. Nous en trouverons un troisiéme dans l'histoire de l'origine & de l'authorité des Parlemens. Ces

Q

Cours

Cours Souveraines qu'on appelle aujourd'huy Parlements étoient inconnuës dans les commencemens de la Monarchie, on n'en voit point de traces ni dans la premiere ni dans la seconde Race de nos Rois. C'est une invention des Rois Capevingiens, qu'ils ont heureusement avancée pour l'établissement de la tyrannie, & pour la ruïne de la Liberté des Peuples. Cette troisiéme Race de nos Rois s'est peu à peu renduë Souveraine par une politique tout à fait fine, & qui paroît fort au dessus des lumieres des siecles dans lesquels les premiers Princes de cette Race ont vêcu. Dans ce temps-là les Italiens se croyoient seuls Sçavans en Politique. Nos Ancêtres ne sçavoient pas l'art de tromper. Cependant la Cour de France a bâti sa Puissance Despotique dans les mêmes siécles de la simplicité des François, & l'a élevée avec un grand artifice. Nous avons déja vû comment *Capet* & ses Décendans par une conduite prudente & sage selon les principes des Usurpateurs trouverent moyen de rendre la Couronne Successive, d'Elective qu'elle avoit été auparavant. Nous allons voir comment ils ont peu à peu aboli les Assemblées Generales de la Nation, où residoit le Souverain Pouvoir, & leur ont substitué ces Cours qu'on appelle Souveraines; auxquelles ils transporterent non seulement l'ancien nom des Assemblées libres de la Nation, qui est celuy de *Parlement*; mais aussi quelques-uns de ses Privileges : ou plûtôt une image & une ombre de ces Privileges; ombres qui pourtant faisoient peur, & qu'à cause de cela on a presque entierement éfacées dans ce dernier Regne. Quoy que les Parlements ayent été établis pour ruiner peu à peu la Liberté des François, il est pourtant certain que nous trouverons dans leur origine & dans leur Histoire une preuve incontestable que la Puissance Arbitraire est absolument opposée aux Loix de la Monarchie.

Aujourd'hui les Parlemens sont des Cours fixes, où l'on juge les Procés Civils & Criminels, & où l'on termine les differens qui divisent les Familles & les Particuliers. Mais au commencement ces Cours fixes étoient inconnuës. Ces mêmes Assemblées que nous avons appellées, *Etats, Placita, Curia,* & *Parlements* jugeoient des affaires des Particuliers aussi bien que des affaires generales. C'étoient des Cours de Justice, aussi bien que des Conseils d'Etat & de Politique. Les Rois y étoient eux-mêmes assis & jugeoient en personne. Ces Etats étoient destinez principalement à recevoir les hommages des Sujets, à écouter les Ambassadeurs des Etrangers, & à rendre justice à tous ceux qui se plaignoient, ou du Gouvernement, ou des Ministres du Roy, ou des léfions qu'ils croyoient avoir reçûës de leurs Concitoyens. C'étoit comme un espece de Grands jours où ressortoient tous les Tribunaux roulants du Royaume. On les tenoit sous la premiere Race une fois tous les ans au mois de May. Dans la suitte ils s'assembloient deux fois par an & duroient jusqu'à ce que toutes

tes les affaires fuſſent vuidées. *Charles Martel* qui ſe fit élire Prince des
François, & qui regna ſous ce nom ſous le Regne des derniers Rois de
la premiere Race, reçût ſa dignité de l'une de ces Aſſemblées, & fut
fort exact à ne rien faire ſans le conſeil des Etats du Royaume qui l'a-
voyent éleve à cette grandeur ? *Pepin* ſon Fils qui regna ſous le nom de
Roy & qui fit jetter *Chilperic* dans un Monaſtere, continua de ménager
les eſprits de la Nation en lui conſervant tous ſes Privileges. *Charlemagne*
Fils de *Pepin* quelque puiſſant qu'il ſe trouvât, ne fit jamais rien contre les
Droits du Peuple & n'entreprit jamais rien de grand ſans le conſulter. *Loüis*
le Debonnaire Fils de *Charlemagne* au lieu de diminuer les privileges de
ces Aſſemblées du Royaume, les augmenta, & voulut qu'elles ſe tinſſent
deux fois par an. *Charles le Chauve* ſon Succeſſeur n'en uſa pas tout à fait
de même, il fut moins exact à conſerver le Peuple dans ſes Priviléges, il
aſſembloit plus rarement le Parlement General de la Nation, & les choſes n'en allerent pas mieux ſous ſon Regne. Aprés luy les Parlements reprirent leur train ordinaire, & continuerent ainſi juſqu'à ce que peu à
peu ces Parlements Generaux devinrent plus rares, on établit ſous la troiſiéme Race de nos Rois ces Cours Souveraines qu'on appelle aujourd'hui de
ce nom; ni le lieu ni le tems de la durée de ces Aſſemblées Générales n'étoient
fixes. A la fin de chaque Parlement l'Aſſemblée convenoit du lieu où elle
devoit ſe retrouver & du tems auquel on devoit faire l'ouverture d'une Aſſemblée à l'autre : ou les cauſes demeuroient en ſuſpens, ou les Rois les jugeoient
par des Commiſſaires qu'ils députoient, & quelquefois ils jugeoient eux-mêmes. *Eginart* dans la vie de *Charlemagne* nous dit, que ce grand Prince qui
ne laiſſoit perdre aucun moment de ſa vie, jugeoit des Procés tout en s'habil-
lant *Pendant qu'on le chauſſoit & qu'on l'habilloit,* dit cet Auteur, *non*
ſeulement il recevoit ſes amis, mais ſi le Comte du Palais luy faiſoit ſçavoir
qu'il y avoit quelque Procés qui ne pût être terminé ſans ſon authorité, il or-
donnoit ſur le champ qu'on fit entrer l[es] Parties, il s'aſſeoit ſur le Tribunal,
il écoutoit, il jugeoit & rendoit des [jug]ès. On trouve encore cette Ordonnance dans ſes Capitulaires; *que n[ous en]voyez façent ſçavoir aux Comtes &*
au Peuple, que nous voulons empl[oyer] un jour de la Semaine à écouter les
cauſes & à les juger. Cette cou[r ....] n'étoit pas abolië du tems de *S. Loüis*
le neufviéme du nom qui regn[oit ver]s le milieu du treiſiéme Siecle. * *Join-*
pille qui a écrit ſa vie, nous di[t que] le Roy avoit accoûtumé de commander
au Seigneur de N[e]illes, au Sei[gneu]r de Soiſſons & à luy, de vaquer à connoître des Cauſes qui par App[el] noient à ſa Cour. Il envoyoit querir ces
Seigneurs & s'enqueroit d'eu[x ....]le étoit la nature de ces Procés & l'éta[t]
des Affaires. Et il arrivoit [ſouv]ent que s'étant fait inſtruire des Procés, il
faiſoit entrer les Parties, & leur rendoit juſtice. Souvent en ſe promena[nt]
dans le Bois de Vincennes, dit l'Autheur, il s'aſſeoit ſur un gazon au pi[ed]

d'un Chêne, il faisoit asseoir autour de luy ses Conseillers. Et si quelqu'un avoit quelque affaire il le faisoit appeller. Et même il crioit à haute voix que si quelqu'un vouloit avoir justice il s'approchât & exposât son Droit. Si quelqu'un se presentoit, le Roy l'écoûtoit patiemment & attentivement, & prononçoit l'Arrêt selon l'équité. *Joinville* adjoûte qu'il avoit souvent vû ce bon Roi vêtu d'une simple veste entrer dans son jardin du Fauxbourg, faire mettre une table & un tapis dessus, & commander aux Plaideurs de s'approcher pour être oüis & jugez. Ces maniéres populaires sont à la vérité bien éloignées du faste & de la pompe qui se voit aujourd'huy dans les actions & dans la conduite de nos Rois. Mais sous de tels Princes & avec de telles coûtumes les Peuples vivoient bien plus heureux ; la Justice étoit bien mieux administrée ; & les Sujets n'étoient pas consumez par cette épouvantable multitude de Juges, de Procureurs, d'Avocats, de Solliciteurs, qui raffinent aujourd'huy en chicanes, pour multiplier les Procés, pour les faire durer éternellement & pour s'attirer toute la substance des Familles.

Cette maniere de juger & de terminer les différens se continua fort avant sous la Race des Capevingiens, comme il paroît par cette Histoire de *Saint Loüis*, qui étoit le neuviéme de cette troisiéme Race de nos Rois. *Hugues Capet* fut autant exact qu'aucun de ses Prédécesseurs à tenir ces Assemblées Générales qui jugeoient généralement dé tout, & des démêlez entre le Roi & le Peuple, & des différens des principaux Sujets entre eux, & de toutes les affaires de Paix & de Guerre, parce qu'il vouloit se conserver l'amitié des François dont il avoit affaire étant le premier Roi de sa Maison. Les premiers Successeurs de *Hugues* eurent le même soin de convoquer fréquemment ces Assemblées qui étoient les Dépositaires de la Justice & de la Puissance Souveráine. Mais parce que ces Assemblées Générales ne se pouvoient tenir toûjours, on en tira des Membres qui composoient un Conseil comme perpétuel : au moins étoit-il réglé & revenoit dans certains tems. Ce que nous verrons dans la suite. On composa donc un grand Conseil du Royaume tiré du Corps des Etats Généraux. Ce Senat se convoquoit tous les ans, & dans le tems qu'il se tenoit, il marchoit toûjours à la suite du Roi. Et par ce moyen, c'étoit un frein perpétuel qui empêchoit l'Autorité Royale de s'écarter. Car les Rois n'entreprenoient rien d'important sans l'avis & le consentement de ces Assemblées racourcies qui connoissoient des affaires d'Etat, aussi-bien que de celles de Justice. Si cette institution d'un Conseil toûjours roulant avec le Roi, étoit utile pour conserver la Liberté du Peuple, elle étoit d'autre part onereuse aux Parties qui plaidoient devant ce Conseil. Il faloit que les Plaideurs se transportassent tantôt en un lieu, tantôt dans un autre, parce que ce Senat étoit ambulant & suivoit toûjours la Cour. De plus les causes & les procés des Particuliers venant à se multiplier, ce

Par-

Parlement ambulant se trouva accablé d'affaires, & presque hors d'état de
penser aux affaires d'Etat qui étoient les plus importantes. Mais si dans
la forme de ce Gouvernement & cette maniere de rendre la Justice il y a-
voit quelque chose d'incommode pour le Peuple, il l'étoit beaucoup davantage pour le Roy, dont l'authorité étoit diminuée par ce Conseil du
Royaume perpetuellement assistant. Les Rois avoient interêt de faire
quatre choses : la premiere d'occuper ce Senat par des affaires particulieres,
afin qu'il eût moins de loisir de s'occuper aux affaires generales, & qu'on
en remit tout le soin au Roy & à ses Officiers : la seconde de le composer de gens qui fussent à sa nomination, qui tinssent leurs places & leurs
dignitez du Roi, afin qu'il fût toûjours maître de leurs avis : la troisiéme de les
fixer dans un seul lieu afin qu'ils ne fussent pas perpétuellement auprés
du Roy pour l'éclairer : la quatriéme de diminuer leur nombre, afin
qu'on eût moins de peine à les gagner, & plus de facilité à les intimider.
Les Successeurs de *S. Louis* entreprirent de se mettre au large & de faire ces
quatre choses. Ils en vinrent à bout : & se servirent pour cela de beaux prétextes qui paroissoient n'être autre chose que l'interêt du Peuple. C'é-
toit une chose trop incommode aux Parties de suivre la Cour : donc il faloit fixer les assemblées de Justice en un certain lieu. Il étoit onéreux
pour l'Etat, d'entretenir un si grand nombre de Députez à la suitte du
Roy, & fâcheux aux Parties d'avoir affaire à tant de Juges. Donc il
faloit réduire les Parlements à certain nombre de Présidents & de Conseillers. Il étoit incommode pour ceux qui ont des procés d'avoir un Souverain Tribunal de Justice qui ne duroit que quelques mois de l'année, &
dont le temps des séances étoit incertain ; Il faloit donc faire un Parlement toûjours séant. Enfin il étoit impossible qu'une compagnie chargée
de toutes les affaires de l'Etat pût vaquer à vuider les procés des Particuliers qui sont sans nombre : donc il faloit la décharger du soin du Gouvernement. Sous ces beaux prétextes, d'abord on commença à regler le
nombre de ceux qui devoient composer le Parlement racourci. On le reduisit peu à peu à douze Juges, six Pairs Ecclesiastiques, & six Laïques, qui
jugeoient comme Commissaires du Parlement General, & revêtus de son
authorité. Ce nombre alla quelque fois jusqu'à 24. ou 26. douze Laïques & douze Ecclesiastiques. Et il est à remarquer que dans cette premiere institution des personnes qui composoient ce Parlement & qui proprement étoient les Etats du Royaume representatifs, se prenoient des
premiers du Royaume. On trouve dans un vieux registre des Chartres
du Roy, une Ordonnance où sont nommez pour composer le Parlement,
le Connestable, l'Archevêque de Narbonne, l'Evêque de Rennes, le
Comte de Dreux, le Comte de Bologne, *Guillaume Nogaret* qui portoit
le grand Sçeau & plusieurs autres, tous gens de la même volée. Ce qui fait

 voir

voir que les Parlemens devenus Tribunaux de Justice, n'étoient composez que des principaux Membres de l'Assemblée des Etats Généraux du Royaume, & jugeoient par conséquent, non seulement en l'autorité du Roi, mais comme autorisez par les Etats du Royaume. Cette vieille Ordonnance est de *Philippe le Bel* qui régnoit environ l'an 1300. & c'est le plus ancien titre que les Parlemens puissent produire de leur établissement en l'état où ils sont aujourd'hui. Car ce fut ce *Philippe le Bel* qui établit le Parlement dans Paris, & qui d'ambulatoire qu'il étoit auparavant le rendit fixe. Mais il ne le rendit pas perpétuel. Car il ordonna qu'il se tiendroit deux Parlemens par an, l'un à Pâques & l'autre à la Toussaint, & que chacun tiendroit deux mois. A chaque ouverture de ces Parlemens, le Roi décernoit de nouvelles Lettres Patentes en forme de Commission; & nommoit de nouveaux Juges. Car ceux qui avoient été Membres du Parlement précedent n'étoient point Membres de celui qui suivoit, à moins qu'ils ne fussent nommez dans la nouvelle Commission. Ce qui fait voir encore, que ces Tribunaux conservoient la forme générale des Etats du Royaume, & n'en étoient proprement que l'abbrégé. Car les Députez aux Etats Généraux ne sont pas toûjours les mêmes: aussi ceux qui composoient l'Abbrégé des Etats changeoient souvent. Mais les Rois dans cette nouvelle institution se donnérent un grand avantage: c'est qu'au lieu que les Députez qui composent l'Assemblée Générale des Etats, y ont séance, ou par leur Naissance, ou par Députation; les Rois s'arrogérent le pouvoir de nommer ceux qu'ils vouloient pour composer ces Etats raccourcis. Ce qui les rendoit Maîtres de ces Assemblées, n'y mettant jamais que des personnes qui étoient dans leurs intérêts & à leur dévotion. Le même Roi *Philippe le Bel* établit aussi une Chambre des Enquêtes, qui n'avoit pouvoir que d'instruire les Procés, & ne jugeoit de rien qui fût important sans l'avis du Parlement qui s'appelle aujourd'hui la *Grand'Chambre.* Ces Tribunaux devenus fixes sous *Philippe le Bel*, devinrent perpétuels sous *Charles VI.* Les Successeurs de *Philippe le Bel* y apportérent divers changemens & augmentations. *Philippe le Long* environ l'an 1319. ordonna que les Prélats seroient exclus du Parlement: les paroles de l'Ordonnance sont. *Il n'aura nuls Prélats en Parlement; car le Roi fait conscience de eux empescher au Gouvernement de leurs Spiritualitez.* Le même Roi fit 2. Chambres des Enquêtes; au lieu que *Philippe le Bel* n'en avoit fait qu'une. Et même le nombre des Membres de ce Parlement se multiplia à tel point que *Philippe de Valois* environ l'an 1344. fut obligé d'en fixer le nombre. Car tous les Seigneurs du Royaume se servoient de leur crédit pour se faire immatriculer entre les Conseillers. Ce qui est une nouvelle preuve que les Parlemens en ce tems-là n'étoient point ce qu'ils sont aujourd'hui: & qu'ils étoient, comme je l'ai dit, le raccourci des Etats du Royaume. Autrement les Grands de l'Etat n'auroient pas regardé comme un si grand avantage d'y estre Conseillers:

Philippe de Vallois ordonna qu'on ne donneroit des gages qu'à ceux qui seroient nommez sur la Commission Royale ; sçavoir trois Présidents &
trente Conseillers, quinze du Clergé & quinze des Laïques, & que
pour les autres qui estoient en grand nombre ; ils auroient seulement
séance & entrée sans gages & sans voix. Sous le Regne de *Charles VI.*
qui fut plein de confusion à cause de la folie où tomba ce Prince ; on ou-
blia la coutume de renouveller les membres du Parlement par des Commissions qui se donnoient à chaque ouverture de ces Assemblées, de sorte
que les Conseillers qui avoient été auparavant, furent obligez de continuer, afin que le cours de la Justice ne fut pas interrompu. De là vint
que les places de Juges devinrent des Charges à vie, & cesserent d'estre
des Commissions à temps. Ce qui fut cause que les Seigneurs du Royaume, Gens d'épée, abandonnerent le Parlement. Car comme leur métier é-
toit la Guerre & le Gouvernement des Provinces ; ils ne pouvoient pas
s'attacher toute leur vie à juger les Procés. Ainsi ce Tribunal fut abandonné aux Gens de Robe. Ce changement qui arriva environ l'an 1380.
ou 1390. diminua extrémement l'éclat de cette Compagnie. Le temps
& la corruption y apportérent encore des changemens qui diminuerent
son crédit. Les Charges devenuës à vie, devinrent ensuite venales, &
la Noblesse d'épée regarda ces emplois comme indignes d'elle. De là vient
qu'encore aujourd'huy on met une si grande différence entre la Noblesse
d'épée & celle de Robe. Au lieu qu'autrefois les Nobles d'épée composoient
le Parlement & y estoient presque les seuls, ou du moins les principaux. Il
n'est pas necessaire pour nostre but, d'entrer dans un plus grand détail de l'Histoire des changemens qui sont arrivez dans l'établissement de ces Cours
Souveraines. L'avarice des Rois en a multiplié les Charges, comme
on le voit aujourd'huy, car chaque Roy en a creé de nouvelles pour les
vendre. Nostre affaire est de faire sur l'Histoire abbregée des Parlements,
que nous venons de voir, des observations qui prouvent la Puissance du
Peuple & des Grands dans le Gouvernement contre la prétention de la Puissance Despotique.

Premierement il faut observer que ces Tribunaux qu'on nomme aujour-
d'huy Parlemens, ne sont point anciens ; ils ne sont point de l'âge de la
Monarchie, & n'ont pas leur institution dans ses Loix Fondamentales.
Tellement que quand on trouveroit dans l'Histoire de ces Parlements &
dans la conduite que les Rois ont tenu avec eux quelque chose, d'opposé
aux Droits du Peuple & qui sentit un peu la Puissance Despotique, cela
ne feroit aucun préjudice à nos prétentions ; puis qu'il le faudroit considerer comme une usurpation & comme un abus de la Puissance Royale,
laquelle a établi ces Compagnies pour en estre la maitresse, & pour se
défaire du joug des anciens Parlements Generaux, qui estoient leurs Sou-

ve-

verains. Le Parlement de Paris ne sçauroit trouver son origine plus haut
dans nostre Histoire que sous *Philippe le Bel*, qui regnoit il y a environ
400. ans. Ce fut *Louis X.* surnommé *Hutin*, Fils de *Philippe le Bel*, qui
commença le superbe bâtiment qu'on appelle à Paris le Palais de Justice,
où les Cours Souveraines tiennent leurs Seances. La forme que le Parlement a aujourd'huy & les diverses Chambres qui le composent sont encore beaucoup plus nouvelles. Et pour les autres Parlements, comme sont
ceux de Dijon, de Tholouse, & les autres, ils ont des dattes beaucoup
plus recentes. Ce fut *Charles VII.* qui établit un Parlement à Thoulouse.
Louis XI. son Fils établit celui de Grenoble. *Louis XII.* en crea un dans la
Ville de Bourdeaux, un autre dans la Ville d'Aix en Provence, & un à
Rouen pour la Province de Normandie. Le changement qui arriva dans
ces Sièges de Justice, fut qu'au lieu d'*Eschiquiers* ou *Grands Jours* qu'ils s'appelloient, ils prirent le nom de Parlements; & de Tribunaux Subalternes
qu'ils estoient, ils devinrent Cours Souveraines. L'origine des Parlements
estant donc si nouvelle, il ne les faut point du tout considerer comme les
Dépositaires de la Liberté des Peuples François, ni croire que la Nation
n'ait jamais eu d'autres Privileges que ceux qui sont attachez à ces Cours.
La Liberté du Peuple commençoit déja beaucoup à diminuer quand ces Parlements ont esté établis; & ils ont beaucoup servi à augmenter l'Esclavage,
tant parce qu'ils ont fait oublier les Assemblées des Etats, dans lesquels
seuls reside la Puissance Souveraine de la Nation sur elle-même, que parce
qu'ils ont eu la foiblesse de ceder aux flateries ou aux menaces de la Cour
pour luy abandonner les Privileges de la Nation. Les Rois se sont attri-
buez un Souverain Pouvoir sur ces Compagnies, ils cassent leurs Arrêts.
Ils font verifier tous leurs Edits par une pure violence. Mais au commencement il n'en étoit pas ainsi.

La seconde observation que nous devons faire sur cette Histoire des Parlemens, c'est qu'ils ont été institüez pour être les Etats representatifs, &
pour maintenir les Droits du Peuple contre les Usurpations des Rois,
d'une Assemblée d'Etats à l'autre. Les Grands & le Peuple jugerent que
ces fréquentes Assemblées Generales des Deputez de tout le Royaume,
étoient onereuses à l'Etat, quand elles étoient fréquentes. C'est pourquoy ils se laisserent persuader de tirer de leurs Corps certain nombre de
Membres qui tinssent leurs Séances regulierement; & les firent Dépositaires d'une partie de leur authorité jusqu'à leur premiere Assemblée.
Dans les Etats Generaux on jugeoit, comme nous avons vû, de toutes les affaires importantes des Particuliers & de leurs Procès; il eut été
trop embarassant de faire juger ces affaires particulieres par toute l'Assemblée Generale. On choisissoit donc du Corps de l'Assemblée 12 Membres
des Principaux, 6 Conseillers Clercs & 6 Laïques qui jugeoient les Procès.

Ces

Ces Membres Députez faifoient un Parlement racourci & ambulatoire. Et le grand Parlement en fe feparant leur commettoit la protection des Droits du Peuple ; jugeant que ceux qui terminoient les differents & confervoient la tranquillité dans le Peuple, étoient auffi les plus propres à maintenir fes Droits & fes Privileges. Que le Parlement qui fut long-temps ambulatoire & enfin fixé à Paris par *Philippe le Bel*, fut le raccourci des Etats ou anciens Parlements. Il paroît premierement parce qu'au commencement ce Parlement étoit unique. Il n'y en avoit qu'un feul dans tout le Royaume. Cela, dis-je, fait voir que ce Parlement raccourci étoit deftiné à reprefenter le Parlement General. C'eft pourquoy comme le Parlement General étoit unique, auffi ce Parlement raccourci devoit être unique. Si ce Tribunal n'eut point eu d'autre ufage que celuy de terminer les Procés des Particuliers, fans doute on n'en auroit pas créé pour un. Et il y a long-temps qu'on fe feroit avifé de les multiplier, comme on a fait du depuis, lors que tout le pouvoir de la Cour du Parlement de Paris s'eft trouvé à peu prés réduit à juger des differents qui arrivent dans les Familles. Le Parlement de Paris a encore retenu ce Privilege d'être le Parlement General du Royaume. Il s'appelle *la Cour des Pairs* : les Grands du Royaume y ont leurs caufes liées. Le Procureur General du Roy y réfide & y fait fes fonctions, & tous les autres Procureurs Generaux des autres Parlements ne font proprement que fes Subftituts. C'eft enfin ce Parlement qui verifie les Édits & les Déclarations des Rois & leur donne force de Loy. Cela même, fçavoir que le Parlement eft les Etats réprefentatifs, fe prouve par diverfes obfervations que nous venons de toucher en paffant, & dont il eft neceffaire de faire reffouvenir le Lecteur. Par exemple nous avons vû que ces Parlements raccourcis fe compofoient des plus Grands du Royaume, du Connêtable, des premiers Officiers de la Couronne, & des plus illuftres Prélats d'entre le Clergé. Ce qui fait voir que ce Parlement étoit un raccourci du grand Parlement, & que les Membres de celuy-là étoient des Membres de celui-ci députez & commis par l'Affemblée Generale. Nous avons auffi obfervé que les Confeillers de ce Parlement changeoient à toutes les Affemblées & n'étoient pas fixes. Ce qui fait auffi voir que le Parlement raccourci étoit une image & pour ainfi dire une émanation du grand Parlement General ; dont les Membres & les Députez changeoient & pouvoient changer à toutes les Affemblées. Mais fur tout nous aurons une preuve de cette verité dans l'obfervation fuivante.

C'eft que quand on inftitua ce Parlement raccourci qui fut au commencement ambulatoire & enfuite fixé à Paris, on luy tranfporta partie des Droits qui appartenoient aux grands Parlements qui font aujourd'hui appellez Etats. Sçavoir celui de pouvoir juger les Pairs & les Grands du Royaume. Car auparavant les Seigneurs & Barons du Royaume ne vuidoient leurs differents que devant l'Affemblée Generale de leurs Pairs. Le fecond Droit qui

R

fut

fut transporté au Parlement raccourci & réprésentatif, c'est celuy de recevoir le serment de tous les grands Officiers du Royaume & de la Couronne, avant qu'ils entrassent en possession de leurs Charges.   Et enfin le troisiéme Droit du Parlement General, transporté à ce Parlement particulier. C'est celuy de verifier & emologuer les Edits du Roy : sans quoi ils ne pourroient avoir force de Loy, ni être executez dans le Royaume.

Il est clair que ce sont là trois Fleurons de la Couronne & trois caracteres de Souveraineté.   Les Souverains seuls sont en Droit de juger leurs Pairs & les Grands du Royaume qui sont indépendants les uns des autres. Le serment se prête au Maître & non aux Sujets, & par consequent ce que les Officiers de la Couronne prêtoient leur serment à la Cour de Parlement, montre que cette Cour devoit être Souveraine, & que c'estoit originellement le Conseil Souverain de l'Etat distingué du Conseil du Roy. Enfin le Privilege de verifier les Edits des Rois & leur donner force de Loy, est un partage évident de la Souveraineté : or selon les Loix Fondamentales de la Monarchie, il n'y a jamais eu qu'une Assemblée dans l'Etat qui exerçât des Actes de Souveraineté, & qui la partageât avec le Roy, c'est l'Assemblée du Parlement General ou des Etats Generaux. Et par consequent toute Cour qui exerce quelqu'un des Actes de la Souveraineté, ne peut l'avoir reçuë que de l'Assemblée Generale. Ce qui fait voir que le Parlement raccourci étoit député par l'autre, & empruntoit de luy son authorité.

Le premier de ces articles regardant la Souveraineté qu'on avoit transporté au Parlement raccourci, sçavoir le Droit de juger les Pairs & les Grands Seigneurs du Royaume n'a pas besoin de preuves. Car on en demeure d'accord ; ce Privilege subsiste même encore en partie : avec cette difference que les Grands du Royaume ne pouvoient autrefois être jugez dans les accusations criminelles, & en tout grand demêlé, que dans cette Cour : au lieu qu'aujourd'hui les Rois les font juger comme il leur plaît, leur donnent des Commissaires, les font condamner à mort & executer par des Juges déleguez qui n'ont aucun caractere ni pouvoir de ce faire que celuy que le Roy leur donne par une Commission particuliere & qui n'est que pour l'action presente.

Le second article, qui est celuy des Serments qu'on prêtoit dans cette Cour pour toutes les grandes Charges de la Couronne, n'est pas moins certain entre ceux qui sçavent nostre Histoire. Dans les anciens Registres de la Cour on trouve le Serment prêté le neufiéme de Septembre mil quatre cens sept par *Jehan* Duc de Bourgogne, en qualité de Pair de France. Ce *Jehan* étoit Prince du Sang de France & Souverain d'un grand Etat Ces grands titres ne le dispensoient pas des hommages & de la sujettion qu'il devoit au Parlement. Jamais un Prince aussi fier & d'un aussi grand caractere n'eut rendu cette soumission à ce Siége, s'il n'y eut consideré l'authorité du Parlement General ou des Etats Generaux, dont ils faloit
bien

bien qu'il fe reconnût Sujet. Le feptiéme de Novembre mil quatre cens
dix, un grand Parmetier prêta Serment. Le fixiéme de Juin 1417. un
Maréchal de France & un Amiral prêterent ferment de fidelité entre les
mains du Parlement ; & le feiziéme jour fuivant du même mois, un Grand
Veneur fit la même chofe. Le 16 de Janvier 1439. *Courtenay* eft reçû A-
miral par le Parlement. Le feiziéme d'Avril 1425. un Threforier & General Adminiftrateur des Finances prêta ferment pour fa Charge. Cette
coûtume s'eft peu à peu comme abolie, le Parlement s'eft laiffé ravir ce
Privilege avec plufieurs autres. Nous en avons feulement un exemple
dans le Siécle paffé, dans la reception de *Gafpard de Coligny* Seigneur de Cha-
ftillon, dans la Charge de Grand Amiral de France fous *Henri II.* Tous les
Juges exerceants Juftice dans tous les Tribunaux du Royaume étoient
auffi obligez à prêter Serment dans cette Cour ; & cela fans doute étoit
une preuve qu'elle reprefentoit cette Affemblée Generale en qui refidoit la
Souveraineté. Car les Juges ne doivent leur Serment qu'à celuy, qui les
établir. On ne doit pas oppofer à cela que ces Serments qui fe prêtoient
dans les Parlements, fe prêtoient au Roy & non au Parlement. Car cela
ne fait aucun prejudice à nôtre thefe. Les Parlemens d'Angleterre qui
partagent l'authorité & la Souveraineté avec le Roy, font tous leurs
Actes au nom du Roy. On prête des Serments par ordre du Parlement &
dans le Parlement, mais on les prête au Roy feul. Ainfi quoy que l'on
prêtât autrefois Serment dans nos Parlements au Roy, il n'en faut pas
conclure que le Roy fût tout & le Peuple rien. Mais feulement qu'il eft
le Chef du Royaume & non le Maître abfolu. Et le Parlement exige le
Serment pour la fidelité à l'Etat fous le nom du Roy, parce qu'il eft le Chef
de l'Etat & le réprefente ; & que le Parlement réprefente ces Etats Souverains qui avoient donné au Roy fa Puiffance.

Le troifiéme & le plus noble caractere de Souveraineté que les anciens
Parlements Generaux avoient tranfporté au Parlement raccourci, c'eft le
Droit de verifier les Edits des Rois & le pouvoir de les empêcher d'avoir
force de Loy en en refufant la verification. C'eft celuy qui s'eft confervé
le plus longtemps, fans doute, parce que c'eft celuy dont cette Compagnie Souveraine étoit la plus jaloufe. Aujourd'huy la Cour de France a
prefque entierement aboli ce beau Privilege. Car le Roy ne fait verifier
fes Edits à la Cour que par forme : & fans verification ils ne laiffent pas
d'être executez. Les verifications ne font plus aujourd huy que de pures
notifications. On enregiftre les Déclarations & Edits dans les Parlemens
comme on les enregiftre dans les Greffes des Bailliages, pour notifier aux
Sujets qu'elle eft la volonté du Prince. Enfin il n'y a plus aucune Liberté dans ces verifications, le Roy fur le refus envoye des commandemens
reïterez & il faut que le Parlement obeïffe. Il y a déja du temps que cette
violence a commencé, & que les Parlements n'ont plus d'autre Liberté

que

que de faire des remontrances : encore ce petit reste de Liberté leur a-t-il été
ôté dans ce dernier Régne. Car il n'y a pas de Compagnie dans le Royaume,
quelque Augufte qu'elle foit, qui ofât laiffer aller un mot contraire aux volontez du Roi.　Mais il eft certain, autant qu'une chofe le peut être, que les
Parlemens dans leur premier établiffement avoient une entiére liberté de recevoir & de vérifier les Déclarations des Rois, ou de ne le faire pas.　Ils é-
toient établis pour veiller fur les intérêts du Peuple, & par conféquent ils é-
toient en pouvoir de refufer au nom du Peuple, tout ce qui étoit injufte & o-
néreux à la Nation.

Quand nous n'aurions pas de preuve de cette vérité dans l'Hiftoire, le
bon fens nous en inftruiroit. Car pourquoy faire dépendre de la verification
d'un Parlement, la force des Edits du Roy, fi ce Parlement n'a ni Droit, ni
Authorité de s'y oppofer. Si le Parlement n'avoit autre voye que celle des
Remontrances, fon refus de verification ne devoit faire aucun prejudice à la
Loy du Prince. Il n'y a point de petit Siége, ni de Corporation dans le Royaume qui n'ait le droit de la Remontrance, & qui ne puiffe fe pourvoir par-
devant le Roy pour les torts & les griefs que luy font fes Declarations. Mais
ces Remontrances des Cours Subalternes jointes avec un refus d'approbation
ou d'enregiftrement, n'ont point la force d'ôter aux Edits des Rois la vertu
de Loy. Ainfi il faut reconnoître ou que les Parlemens ont toute liberté de
s'oppofer aux volontez du Prince, ou dire qu'ils n'ont pas d'autre Droit en
cela que tous les Tribunaux Inferieurs du Royaume : ce qui eft abfurde. Qui
ne voit que ce Droit a été attaché au Parlement pour être un frein à la Puiffance Royale, & un rempart aux Libertez du Peuple ? Mais fi ce Droit ne con-
fifte que dans le pouvoir de faire des Remontrances au Roy, quelle efpece de
frein eft-ce là ? Quel rempart ? Les Rois naturellement fiers de leur grandeur
& de leur authorité, efclaves de leurs Favoris, & encore plus efclaves de leurs
Paffions, fe moquent toûjours des Remontrances qui leur font faites, & fe
roidiffent contre les oppofitions. Cette précaution de nos Ancêtres auroit
donc été abfolument vaine : car on n'en auroit eu que faire contre les bons
qui fe rendent aux Remontrances de leurs Sujets, quoy que faites par des gens
fans autorité. Et pour les mauvais Princes, on fait bien que de quelque caractere que foyent ceux qui remontrent, les Remontrances font toûjours inutiles,
quand elles font deftituées du pouvoir de refufer l'execution & l'obeiffance.
Pourquoy les Rois depuis même qu'ils ont opprimé la Liberté de la Cour des
Pairs, preffent-ils avec tant d'inftance & tant de violence, la verification de
leurs Edits dans cette Cour, fi cette verification ne donne pas de force à leur
Loy ? Ils commandent & ordonnent la verification. Il faut donc qu'ils
reconnoiffent que le Peuple n'eft point obligé de reconnoître pour Loy u-
ne Déclaration qui n'eft point verifiée, & à laquelle il n'a pas donné fon
confentement par la bouche du Parlement qui reprefente le Peuple. Et en
effet cela eft ainfi : le Peuple ne reçoit Loy que de luy même & de fon

pro-

propre confentement aux volontez du Roy , par la bouche de ceux qui le re-
prefentent. Enfin qui ne voit que ceux qui ont établi ces Parlements raccourcis, les ont revêtus au moins d'une partie de leurs Droits; Or certainement
c'étoit là le Droit des Anciens Parlements qui étoient nos Etats Generaux, de
pouvoir refifter à la volonté du Prince quand elle étoit injufte. *Pafquier*, quoi
que d'ailleurs très-jaloux de l'independance de nos Rois, le reconnoit ainfi. *a*
De toute ancienneté, dit-il , *en forme d'Ariftocratie mêlée à la Monarchie,*
furent introduits les douze Pairs, fur lefquels nos Rois ne s'etans refervé que
la Souveraineté & l'hommage, femble que par leur Confeil comme d'un ancien
Senat fe menaffent les affaires. Ces douze Pairs qui étoient fix Laïques,
Ducs, Comtes ou Barons, & fix Prélats, étoient proprement l'extrait du
grand Parlement. Ils fuivoient le Roy par tout, le Roy ne s'étoit refervé
fur eux que la Souveraineté & l'hommage; rien ne fe faifoit fans leur Confeil,
& ils avoient une entiere liberté de refufer leur approbation à ce qui leur paroiffoit injufte. *Pafquier* remarque dans le même lieu, *que ces Pairs repan-*
dus dan le Royaume ne fe pouvant trouver en ce commun Parlement d'af-
faires , laifferent à leurs Confeillers la fur intendance de la Juftice, C'eft-à-
dire que tout ainfi qu'auparavant aux Affemblées les Rois par maniere de di-
re fe rendoient volontairement Sujets à ce qui étoit entre iceux Pairs avifé,
auffi que de là en avant ce qui feroit par les Confeillers arrêté pafferoit en
forme de Loy; tellement que toutes les Lettres Patentes du Roy & fpeciale-
ment concernant le fait public pafferoient par leurs avis. C'eft là naïvement
la verité. Ces douze Pairs, Ducs, Comtes, & Prélats cefferent de fe trouver
eux-mefmes dans le Parlement raccourci. *Philippe le Long* en exclut mefme
formellement les Prélats comme nous l'avons vû. Les Gens de Robe de-
meurerent feuls dans le Parlement , & ce fut alors que l'oppreffion de cet augufte Senat commença. Pendant que les Pairs y étoient eux-mêmes en perfonne , les Rois n'euffent ofé leur envoyer des juffions réiterées & des commandemens abfolus d'enregiftrer & de verifier des Edits. Mais quand ils
n'eurent plus affaire qu'à des Confeillers Gens de Robe, il les violenterent
fans craindre les fuites. Le premier exemple de ces violences fut fait par
Jehan Duc de Bourgogne; qui pour faire fa Cour au Pape voulut faire fup-
primer les Ordonnances qui avoient été faites quelque temps auparavant
contre les abus de la Cour de Rome. Il envoya pour cet effet au Parlement un Edit au nom du Roy, révocatoire de toutes ces Ordonnances : la
Cour refufa de le verifier. Le Chancelier Creature du Duc vint au Parlement
avec le Comte de S. Pol. Gouverneur de Paris, & firent publier cet Edit
fans ouïr le Procureur General & en fon abfence. On y mit pourtant la clau-
fe *Lecta & publicata &c.* Mais plufieurs Confeillers de la Cour vinrent au
Greffier pour empêcher qu'on ne mit *leües & publiées &c.* & le lendemain
la grand' Chambre prononça que non obftant cette Publication la Cour ne

R 3

pré-

____

a Pafquier pour-parler du Prince.

prétendoit approuver cette révocation. C'est pourquoy on mit dans l'Enregiſtrement que c'étoit par le commandement du Chancellier. Cela arriva ſous *Charles VI.* & durant les deſordres de ſon eſprit : exemple digne d'un Regne auſſi triſte, ſous lequel le Royaume fut déchiré par d'horribles Guerres Civiles, & livré à la domination de l'Anglois; & digne d'un Auteur auſſi malheureux que ce *Jehan* Duc de Bourgogne qui fut ſi longtemps le Fleau de la France. Depuis ce temps là ſeulement on trouve pluſieurs Edits de nos Rois enregiſtrez avec cette clauſe, *de expreſſo & expreſſiſſimo mandato Regis pluribus vicibus reiterato.* Mais avant ce malheureux temps on ne voit pas d'exemple d'Edits enregiſtrez contre la volonté de la Cour. Et même il eſt à remarquer que par cette clauſe, *par exprés & trés-exprés commandement du Roy pluſieurs fois réiteré*, la Cour prétendoit faire une proteſtation contre l'Edit, où cette clauſe étoit miſe, & que cette proteſtation étoit à l'Edit la force de Loy dans l'eſprit du Peuple. De ſorte qu'abſolument parlant, les Parlements ne pouvoient alors être forcez à donner à un Edit injuſte la vertu de Loy contre leur volonté. Depuis que cette oppreſſion de la Liberté du Parlement ſe fut établie, on ne laiſſa pas de voir de temps en temps de beaux exemples de vigueur qui font voir ces deux choſes; la premiére que la volonté du Roy ne paſſe point en Loy ſans le conſentement du Parlement, la ſeconde que le Parlement ne peut eſtre forcé à l'Enregiſtrement contre ſa volonté. Nous en avons entre les autres un notable ſous le Regne de *Louis XI.* & qui eſt d'autant plus notable que ce *Louis XI.* avoit tous les caractéres d'un Tyran, & qu'en effet il a plus ruiné la Liberté du Peuple & du Parlement, que n'avoient fait tous ſes Prédeceſſeurs enſemble. Ce Roy entreprit un jour de faire verifier à la Cour de Parlement un Edit trés injuſte : ce que le Parlement refuſa conſtamment de faire. Il y eut ordre ſur ordre, mais cela n'y fit rien. *Louis* qui étoit violent & cruel jura par ſon Dieu que s'ils n'obeïſſoient, il les feroit tous mourir. Cela fut rapporté à *la Vacquerie* qui étoit alors premier Preſident. Ce Chef de Juſtice en advertit tous les Conſeillers & les ayant aſſemblez il les mena tous en Robe Rouge au Palais du Roi & ſe preſenta en cet équipage dévant luy. Le Roy ſurpris de ce ſpectacle, s'informa d'eux ce qu'ils demandoient. La mort, Sire, répondit *la Vacquerie* pour tous les autres, à laquelle il vous a plû de nous condamner : parce que tout autant que nous ſommes ici préſens aimons mieux mourir que de verifier vôtre Edit. Ce Prince ſuperbe & fier au poſſible ſe trouva pourtant humilié & couvert de confuſion par cette action. Au lieu de leur donner la mort qu'ils demandoient, il leur donna de bonnes paroles en les renvoyant, & leur promit de ne leur demander jamais la verification d'aucun Edit qui ne fût plein de Juſtice. Il n'y a point eu de Roy qui ait plus fait de violences & d'injuſtices, mais ne trouvant pas dans le Parlement la complaiſance qu'il demandoit pour ſes volontez injuſtes, il fit tout de hauteur. Contre la violence les plus foibles ne peuvent rien, mais auſſi cela ne fait aucun préjudice à leurs Droits.   Ma

Ma derniere obſervation ſur l'Hiſtoire de l'origine des Parlements, & par
où je veux conclure : c'eſt que quand le Parlement General que nous appellons aujourd'huy l'Aſſemblée des trois Etats, prit la reſolution de tirer de
ſon Corps un nombre des Pairs & de Conſeillers qui le repreſentaſſent, & qui
même fuſſent revêtus d'une partie de ſes Doits, ce ne fut nullement à inten-
tion d'abolir l'uſage des Etats Generaux. Mais ſeulement pour n'être pas
obligé de s'aſſembler ſi ſouvent avec tant de peine & tant de frais de tous les
coins du Royaume. Auſſi ne tranſporta-t-il pas à ce Parlement raccourci
generalement tout le pouvoir du Parlement General. Car nous avons vû
comme le Parlement General ou aſſemblée Generale du Royaume avoit
Droit d'élire & de dépoſer les Rois, avoit pouvoir de changer la forme du
Gouvernement, de faire de nouvelles Loix, de confirmer le partage entre
les Enfants des Rois, de tranſporter la Couronne de l'un à l'autre. De créer
des Tuteurs aux Rois. De nommer des Régents & des Adminiſtrateurs au
Royaume durant la Minorité des Rois, leur abſence ou leurs maladies. De
condamner à la mort des Têtes Couronnées, de châtier les plus grands Seigneurs du Royaume par la privation de leurs Biens, de leur Liberté, & même par la perte de la vie. De tous ces grands Droits qui emportoient plein
partage de la Souveraineté avec le Roy, on n'en tranſporta qu'une tres-pe-
tite partie à ce Parlement raccourci. Et c'eſt pourquoy depuis l'établiſſement des Parlements, on n'a pas laiſſé de tenir des Aſſemblées d'Etats
Generaux qui en ont uſé avec la même authorité qu'auparavant. Et durant
la tenuë de ces Etats Generaux du Royaume, toute la Puiſſance du Parlement en ce qui regarde les affaires d'Etat étoit éclipſée. Ce Senat n'avoit
été revêtu d'authorité que pour empêcher les Rois de s'echaper d'une Aſſemblée Generale à l'autre. Mais les Rois qui travailloient à l'augmentation de leur authorité avec plus de ſoin que les Peuples, ne veilloient à la conſervation de leur Liberté, trouverent moyen de faire ſervir à l'oppreſſion
ce Parlement raccourci. Au commencement les Rois ſe faiſoient un plaiſir
d'étendre ſes Privileges, pour diminuër la neceſſité d'aſſembler les Etats
Generaux, qui ont toûjours été la Croix des Princes entreprenants. Ils ne
faiſoient rien ſans conſulter le Parlement & avoient toûjours égard à ſes op-
poſitions. Ce qui ſembloit rendre inutile l'Aſſemblée des Etats. Car ſi
l'on trouvoit dans le Parlement un rempart ſuffiſant pour la conſervation des
Loix & de la Liberté, à quoy bon fatiguer un Royaume par des Aſſemblées Generales? Mais les Rois enſuite, après avoir fait perdre la coûtume
de tenir frequemment des Aſſemblées Generales d'Etats, ſe rendirent maîtres de leur Parlement. Ce qui ne leur fut pas difficile ; puis que d'abord
ils en donnerent les Charges, & enſuite les rendirent venales ; & cela mit
cette Cour Souveraine dans la dépendance des Rois.

Je

Je laisse presentement au Lecteur la liberté de tirer sa conclusion de tout ce qu'il vient de voir, & de juger si la Puissance absoluë & arbitraire de la Cour de France peut s'accorder avec cette Histoire de l'origine des Parlements. On y voit un Senat qui se compose des Députez de l'Assemblée du Royaume, dans lequel entrent au commencement les premiers Seigneurs de l'Etat & les premiers Prélats de l'Eglise : on les voit revêtus de l'authorité des Etats Generaux, pour juger de tous les differens entre les Grands ; & même entre le Roy & ses Sujets ; pour recevoir le Serment de tous les grands Officiers de la Couronne & de la Justice ; & pour s'opposer à tous les Edits contraires à la Liberté du Peuple, que le Roy auroit voulu faire sans consulter les Etats Generaux. C'est assez pour faire voir que même dans le déclin de nôtre Liberté, les Rois n'étoient pas absolus, & ne faisoient pas tout ce qui leur sembloit bon. Déja nous avons dans ces trois derniers Chapitres une juste idée du vray Gouvernement de nôtre Monarchie fort opposé au Gouvernement Despotique, sous lequel nous gemissons aujourd'huy. Mais la suite vous en apprendra encore d'avantage.

Fin du Huitiéme Memoire.

A AMSTERDAM,
le 1. Mars 1690.

LES SOUPIRS

DE LA

FRANCE ESCLAVE

Qui afpire aprés la Liberté.

IX. MEMOIRE,
Du 15. de Mars 1690.

Nouvelles preuves contre la Puiffance Arbitraire de la Cour
de France, tirées de l'Hiftoire des grandes Dignités du Royaume. Du Grand
Confeil, des Maires du Palais, des Conneftables, des Pairs de France. Forme
ancienne de nos Tribunaux de Juftice avant l'établiffement des Préfidiaux.

IL FAUT toûjours fe fouvenir que nous cherchons l'ancien Gouvernement de nôtre Monarchie Françoife, pour en faire une oppofition à la forme du prefent Gouvernement. Et par confequent nous ne fçaurions être trop exacts pour nôtre but. Il vaudroit mieux même dire quelque chofe de moins neceffaire que d'oublier quelque chofe d'effentiel. Pourfuivons donc l'Hiftoire de ce Gouvernement ancien & le reprenons où nous l'avons laiffé. Nous avons vû l'origine des Parlements Judiciaires, & comment on les forma des Membres tirés du Parlement General. Nous avons obfervé qu'on occupa ce Parlement raccourci des affaires des Grands & des particuliers pour luy ôter la connoiffance des affaires d'Etat, & qu'on luy laiffa feulement le Droit de juger les Grands du Royaume, dont le jugement appartenoit autrefois au Roy & aux Etats Generaux, le Droit de recevoir le ferment des Officiers de la Couronne, & le Droit de verifier & d'approuver les Edits du Roy avec la liberté de ne les approuver pas. Mais on

S

ne les consulta plus sur les affaires de Paix & de Guerre, & sur le Gouvernement. Dans le même temps que les Parlements raccourcis cessérent d'être le Conseil du Gouvernement, on institua un nouveau Conseil qui s'appelle aujourd'huy *le Grand Conseil*. Mais qui n'est plus ce qu'il étoit dans sa premiere institution. Car il fut établi pour être le Conseil du Prince & de l'Etat, pour aviser à la conduite du Royaume. Il étoit composé de ce qu'il y avoit de plus grand & de plus distingué en France. On l'appelloit *Grand Conseil*, & *Conseil Privé*, ou, *Conseil étroit*. C'est ainsi que l'appelle *Charles VI.* dans une Ordonnance du 28. Avril 1407. par laquelle il compose son Grand Conseil des Princes de son sang, des Officiers de la Couronne, & de vint-sept autres personnes de marque. Ce Grand Conseil fut aussi un raccourci des Etats Generaux destiné à même usage ; c'est à deliberer de toutes les grandes affaires du Royaume, de Paix, de Guerre, d'Alliance, de Subsides & autres choses semblables. De sorte qu'on partagea entre le Parlement Judiciaire & le Grand Conseil les affaires qui se traitoient autrefois dans les Assemblées Generales, qu'on appelloit Grands Parlements du Royaume. On laissa au Parlement Judiciaire la Charge de rendre la Justice ; & on attribua à ce Grand Conseil tout ce qui regardoit le Gouvernement. Ce n'étoit donc point alors un Tribunal fixe & pour le temps & pour le lieu. On tenoit ces Grands Conseils selon les occurrences & les necessités, tantôt dans un lieu, tantôt dans un autre : tout de même que l'on tenoit les Assemblées Generales de l'Etat. Et aussi disoit-on *tenir le Grand Conseil*, comme on disoit, *tenir le Parlement*, ou, *tenir les Etats*. *Alain* Chartier dans la vie de *Charles VII.* dit *que ce Roy tint son Grand Conseil à Vendôme qu'il avoit auparavant ordonné, être à Montargis, où il ne vint point à l'occasion de la grande mortalité qui étoit en la Cité d'Orleans, audit Montargis & es Pays d'environ*. Ainsi ce Grand Conseil s'assignoit à certains temps & à certains lieux, comme on faisoit auparavant les Parlements Generaux. Les Rois gagnoient toûjours de l'authorité par ces changemens. Ils avoient beaucoup avancé par l'établissement des Parlements fixes, auxquels ils avoient attribué les affaires de Justice en leur ôtant les affaires du Gouvernement. Car par-là ils se delivroient de la necessité d'assembler souvent le Grand Parlement ou les Etats Generaux ; dont la tenüe faisoit éclipser pour un temps une partie de l'authorité Souveraine. Ils gagnerent encore par l'établissement de ce Grand Conseil Privé. Ce Conseil connoissoit à la verité de toutes les affaires d'Etat. Mais il étoit composé de personnes que le Roy pouvoit plus aisement corrompre par promesses ou par menaces. Et aprés tout le Prince Souvefain demeuroit toûjours Maître des refolutions. Cette inftitution n'eft pas plus vieille que cellé des Parlements , & on n'en fçauroit trouver de trace au deffus de trois ou quatre cens ans. Quoy que ce nouveau Confeil du Roy fut moins à charge aux Rois que les Etats Generaux , cependant cela ne laiffoit pas de les incommoder. Car les Princes du fang & les Grands Officiers de la Couronne êtant Membres nés de ce Grand Confeil , leur naiffance & leurs emplois leur donnoient l'authorité de s'oppofer aux volontés des Rois quand elles étoient contraires aux interêts de l'Etat. C'eft pourquoy la Cour peu à peu fe défit de ce joug comme elle avoit fait des autres. Les Rois attribuërent à ce Grand Confeil la connoiffance de certains procés , en partie pour être maître de toutes les affaires , parce que les Rois difpofoient de tout dans ce Confeil avec plus d'authorité que dans le Parlement : en partie pour ôter au Parlement une partie des caufes dont la connoiffance luy appartenoit & diminuer par là fa jurifdiction & fon authorité. Enfin on en a fait une Cour ordinaire de Juftice , & ce fut *Charles VIII. & Loüis XII.* qui acheverent cet ouvrage que leurs Ancêtres depuis *Charles VI.* avoient commencé. L'on attribua à ce Confeil le Droit des évocations , la connoiffance des Indults , & de toutes les matieres Beneficiales , avec le pouvoir de juger de la competence des Jugés quand il y a conflict de jurifdiction. Quand la forme de ce Confeil d'Etat a commencé à fe reduire là , les Princes du fang & les Grands Officiers de la Couronne excepté le Chancelier l'ont abandonné ; & l'on y a mis des gens de Robe pour Prefidents & pour Confeillers. Depuis les Rois fe firent une autre Confeil pour les affaires d'Etat qui fut appellé *Confeil Privé.* Celuycy comme les autres eft auffi degeneré en un Tribunal de chicane & de procés. Car on y plaide comme dans les autres Cours de Juftice fur les caufes qu'il plaît au Roy d'y évoquer. Pour ce qui eft du Gouvernement il eft entre les mains d'un petit nombre de perfonnes telles que le Roy les veut choifir. C'eft ainfi qu'infenfiblement les Rois de France ont fecoüé tout joug , & fe font mis en poffeffion de regler eux feuls toutes les affaires du Gouvernement fans en donner connoiffance ni aux Etats , ni aux Parlements , ni au Confeil , ni aux Grands du Royaume.

Aprés avoir veu quelle eftoit l'ancienne forme de la Monarchie Françoife par rapport aux Etats, Parlements & Confeils , il faut prefentement voir quelles étoient les principales Dignités du Royaume, les Charges , les Caracteres differens , & les Droits qui leur convenoient. Nous verrons fi tout cela s'accordera avec cette Puiffance abfoluë que les Rois de France exercent fur toute forte de Perfonnes indifferemment.

En étudiant l'Histoire des Charges, de Maire du Palais, de Connestables, de Grands Chambellans, de Chanceliers & de Grands Pannetiers, qui étoient autrefois les premieres Dignités du Royaume. j'y trouve assés peu de chose qui face à nostre but, & qui donne beaucoup de lumieres aux Droits & Libertés des Peuples de la Monarchie Françoise. C'est pourquoy il n'est pas necessaire que nous nous y arrêtions long-temps. Il faut seulement sçavoir que la Charge de Maire du Palais étoit la premiere du Royaume sous les deux premieres races de nos Rois. Comme celle de Connestable l'est devenuë dans la suitte sous la troisiéme race. Mais ni l'une ni l'autre n'étoit originellement ce qu'elles sont devenuës dans la suitte. *Maire du Palais*, c'est à dire *Maistre du Palais* ; & leur Charge n'étoit au commencement que celle que nous appellons aujourd'huy *Grand Maistre de la Maison du Roy.* Son authorité s'étendoit sur tous ceux qui composoient le Domestique de la Maison Royale, & ne sortoit point hors de là. Ce fut *Clothaire Second* qui commença à donner au Grand Maître de la Maison un degré de Dignité sur tous les Gouverneurs des Provinces. Et ce nom devint un nom de Gouvernement. Il y eut sous ce Regne un Maître du Palais du Royaume d'Austrasie, & un Maire du Palais de Bourgogne, qui furent comme les Vicerois de ces Provinces. Cette Dignité s'augmenta encore beaucoup sous les Rois suivants, qui furent ou imbecilles ou faineants. Et châcun sçait que les Maires du Palais devinrent premiers Ministres d'Etat & Rois sous un autre nom. Les Rois ne servant que d'ombre à l'usurpation ; on les montroit à certains jours, & toutes les affaires se faisoient sans leur participation. Il n'estoit pas mal-aisé à des Officiers de la Couronne si Maîtres des affaires de se mettre en possession de la Couronne même, lors que leur ambition les y portoit. Aussi a-t-on vû que ce sont eux qui ont fait par deux fois changer la Couronne de Maison. *Charles Martel* Maire du Palais se fit faire Prince des François, & *Pepin* son fils se fit élire Roy en rejettant la famille des Merovingiens. *Eudes* Maire du Palais Comte de Paris sous la decadence de la Maison de *Charlemagne* prit la Couronne, & enfin la fit passer à *Hugues Capet* au prejudice de la Famille des Carlovingiens. Cette grande Charge fut sagement supprimée par *Hugues Capet* & ses descendants. Dans toute cette grande authorité que les Maires du Palais s'étoient arrogée il n'y avoit pourtant rien qui fît prejudice aux Droits des Peuples. Les usurpations des Maires du Palais n'empietoient que sur l'authorité des Rois, & nullement sur les Privileges des Peuples. Car sous les Maires, comme sous les Rois on assembloit tous les ans les Etats Geheraux du Royaume : les Rois y eſtoient conduits à la maniere accoûtumée, & y paroiſſoient comme des ſtatuës de cire qui faiſoient bonne mine & ne faiſoient rien, les Maires faiſant tout : c'eſt à dire tout ce que les Rois euſſent dû faire. Car du reſte rien ne ſe faiſoit que de l'avis de l'aſſemblée des François. Et les Maires bien loin de rogner les Privileges du Peuple, ce qui l'eût irrité, le flattoient au contraire, afin d'être maintenus dans leur Authorité. Car en ce temps-là il n'y avoit point d'armée toûjours ſur pied ſous le titre de Gardes du Corps, de Regiment des Gardes, de Maiſon du Roy, dont on ſe pût ſervir pour violenter les inclinations des Peuples. Le Roy & leurs Miniſtres n'avoient point d'autre ſeureté que l'amour de la Nation.

Le nom de Conneſtable eſt auſſi ancien que celuy de Maire, & la Charge a duré beaucoup plus long-temps. Mais ce nom a fort changé de ſignification, & cette Charge eſt fort enflée de Dignité : les Conneſtables dans la ſuitte ſont devenus à peu prés ce qu'eſtoient autrefois les Maires du Palais, c'eſt à dire, premiers Officiers de la Couronne. Mais au commencement ce n'eſtoit autre choſe que ce qui s'appelle aujourd'huy Grand Eſcuyer, Conneſtable ou Comte de l'Eſtable, *Comes Stabuli*; Maiſtre des Chevaux & de ceux qui les ſervoient. C'eſt ainſi qu'*Aymoinus* definit *Lendegiſile* Conneſtable ſous *Gontran* Roy d'Orleans frere de *Chilperic*. *Lendegiſilus Regalium Præpoſitus Equorum, quem vulgò Conſtabulent vocant*. On ne voit pas bien dans l'Hiſtoire par quels degrés les Conneſtables ſe ſont élevés depuis à la Dignité de Chefs de toutes les Armées du Royaume : Mais il eſt certain que cela ne commença que fort tard. *Matthieu de Montmorency* qui fut fait Conneſtable ſous *Saint Loüis* eſt l'un des plus anciens dont noſtre Hiſtoire nous parle, ſous le titre de Generaliſſime des Armées du Royaume.

La Charge de Chancelier eſt auſſi ancienne que la Monarchie, car c'eſt un Officier dont un Etat ne ſe peut paſſer. Il faut neceſſairement qu'il y ait quelqu'un pour appoſer les Sceaux de la Monarchie & du Roy. Au commencement cet Officier s'appelloit *Referendaire*, & nous ne voyons pas que ſes fonctions ayent fort changé. Excepté que quand on a bâti les Parlements des ruines de l'Aſſemblée des Etats Generaux les Chanceliers y ont extremement gagné; car ils ſont devenus Chefs de toute la Juſtice de France, comme les Conneſtables ſont devenus Chefs de toute la Milice. Ainſi la grandeur de ces deux Charges eſt à peu prés de même âge. Si nous voulions examiner l'Hiſtoire de la Chancelerie & des Chanceliers on y trouveroit aſſés de preuves de ce que nous voulons établir. C'eſt

que Gouvernement de la Monarchie n'a point roulé sur le pied d'une
Puissance Despotique & Arbitraire. On y trouveroit aussi sans doute des
choses qui paroîtroient prejudicier à nostre cause : car c'est dans leur
Chancelerie que les Rois ont fait principalement les Maîtres. Mais les
Etats du Royaume en qui residoit la Souveraine Puissance ne dependoient pas de là. C'est une discussion dans laquelle nous n'entrerons point,
parce que cela nous meneroit trop loin. La Charge de Grand Chambellan & celle de Grand Eschanson n'ont pas eu le même sort que les deux
precedentes ; c'est à dire , qu'elles ne se sont point élevées à une grandeur
extraordinaire. Cependant elles avoient le privilege qu'on n'expedioit
aucunes lettres sans la connoissance de ceux qui soustenoient ces caractéres.
Sous les Successeurs les plus prochains de *Hugues Capet* comme *Robert, Henri , Philippe , Loüis le Gros , Loüis le Jeune* & *Philippe Auguste* , &c. les Lettres Royaux se donnoient par le Chancelier souscrites de luy ; & confir-
mées par la presence du Connestable , du Grand Chambellan & du Grand
Eschanson. Mais comme en tout cela l'on ne trouve rien qui nous instrui-
se beaucoup de la forme du Gouvernement ancien de nostre Monarchie ,
nous ne nous y arrêterons pas davantage.

Il sera plus important de chercher & de trouver l'origine des Païrs
de France. Il n'y a point d'endroit où nos écrivains d'antiquités paroissent
avoir moins de penetration. Il est arrivé à quelques-uns de mettre la
main sur la verité sans la sentir. Je ne m'amuserai point à refuter l'opinion de ceux qui font cette institution aussi vieille que la Monarchie , ni
ceux qui l'attribüent à *Charlemagne*. L'opinion de ces derniers seroit fort
favorable à nôtre but. Car ils disent que *Charlemagne* créa douze Pairs, six
Clercs & six Ecclesiastiques. Avec lesquels il partagea son Authorité ne
voulant rien faire sans eux , & ne conservant au dessus d'eux que l'hommage. C'est pourquoi ils furent appellés *Pairs* , égaux , ou comme égaux
au Roy. Cela seroit fort propre à prouver que les Rois de France ne
s'attribuoient pas une Puissance Absolüe & Arbitraire ; puis qu'ils s'é-
toient fait un Senat tiré du corps des François pour le representer , par les
avis duquel ils prétendoient se gouverner. Mais nous avons assés de preuves dans la verité pour détruire la prétention de la Cour de France pour
la Puissance Arbitraire , sans en aller chercher dans les fables de nos Anciens Historiens. Tous ceux qui ont étudié nôtre Histoire avec quelque
soin sont bien persuadés que la Dignité & le nom de Pair du Royaume
étoient entierement inconnus sous les deux premieres Races de nos Rois.
Ce nom & cette distinction des Pairs d'avec les autres Membres de l'Etat

ne se trouve que dans la troisiéme Race, & même assés avant. Il est
vrai qu'on trouve le nom de *Pares* dans l'Histoire, en des endroits qui sont
plus anciens que *Hugues Capet. Fredegare* dans sa Chronique sur l'an 762,
dit. *Factum est ut Australdus Comes & Galemanius itemque Comes cum Pari-
bus eorum ad propria reverterentur. Les Comtes Australdus & Galemanius re-
tournerent chés eux avec leurs Pairs.* Ces Pairs sont leurs égaux gens de
même qualité qu'eux. Ce nom dans cet endroit & en plusieurs autres
semblables ne signifie aucune dignité particuliere. Le plus ancien monument où l'on trouve le nom de *Pairs*, *Pares*, dans la signification où il
se prend depuis quelques Siecles, c'est peut-être celuy qui se trouve en
datte de l'an 1216. sous *Loüis le Gros* dans un Arrêt rendu pour le Comte
de Champagne au sujet du serment de fidelité que luy devoient rendre ses
Vassaux : qui commence ainsi. *Il a été jugé par les Pairs de nôtre Royaume sçavoir, l'Archevêque de Rheims, l'Evêque de Langres, Guillaume Evêque
de Chaalons, Philippe de Beauvais, Etienne de Noyon, &c.* Sur l'an 1224.
dans l'Histoire de France de *Belle-Forêt* on trouve un Arrêt rendu par le
Roy sur un demêlé que les Pairs de France eurent avec les Officiers de
la Maison du Roy. Les Pairs de France disoient que le Chancelier, le
Grand Eschanson, le Grand Chambellan, & le Connestable Officiers
de la Maison du Roy ne devoient pas assister avec eux au jugement des
Pairs de France. Les Officiers de la Maison du Roy soûtenoient le contraire. Et il fut jugé par la Cour du Roy que les susdits Officiers assiste-
roient au jugement des Pairs avec les Pairs de France. On trouve un
jugement des Pairs de France contre *Pierre Mauclere Duc de Bretagne* de
l'an 1230. Par lequel ledit *Pierre Mauclere* est condamné à perdre ses
Droits sur la Bretagne. *Nous Gaustier par la grace de Dieu Archevêque de
Sens, Gaustier Evêque de Chartres, Guillaume Evêque de Paris, le Comte
de Flandres, le Comte de Champagne, le Comte de Chartres, le Comte de Mont-
fort, le Comte de Vendôme, le Comte de Roucy, Matthieu de Montmorency,
Connestable de France, Jehan Evêque de Soissons, Etienne Comte de Sancerre,
le Comte de Beaumont, &c. Faisons sçavoir qu'en presence de nôtre tres-cher
Seigneur Loüis Roy de France, nous avons unanimement jugé que Pierre cy-devant Comte de Bretagne pour avoir fourfait contre le Seigneur Roy cy-mention-
né a perdu son Droit de Bailli de Bretagne, & que les Barons de Bretagne &
autres qui luy ont prêté serment de fidelité & hommage à raison de sa qualité de
Balli en sont absous & sont quittes de cette fidelité & hommage.* Bien que le
nom de Pairs ne soit point employé dans cet acte. Il est pourtant certain
que ce jugement fut rendu par les Seigneurs du Royaume sous le nom de
Pairs qui délors étoit en usage.

Pour fçavoir ce que c'étoient que ces Pairs de France il faut obferver qu'on appelloit *Pairs*, les Vaffaux Sujets d'un même Seigneur dans la même Comté ou Baronnie. Ces Vaffaux relevants d'un même Seigneur, mais en diverfes Comtés, Seigneuries & Bailliages, n'étoient pas eftimés *Pairs*, par rapport les uns aux autres. On les appelloit *Pairs*, c'eft à dire égaux les uns aux autres jouiffants des mêmes Droits & des mêmes Privileges fous un feul Seigneur. Leur privilege étoit de ne pouvoir être jugés que par leurs Pairs, c'eft à dire par les Habitans & Gens tenant des Fiefs dans le reffort du Bailliage & de la Comté. Le Seigneur, Duc, Comte ou Baron tenoit donc les affifes à certain temps, & tous les Pairs de la Comté, Duché ou Baronnie étoient obligés de s'y trouver & d'être Affeffeurs avec leur Seigneur pour juger de tous les demêlés & procés qui étoient entre les Habitans du même reffort. Et il fera bon de s'arrêter un peu dans cet endroit; nous y apprendrons l'ancienne maniere de rendre la Juftice en France, tout à fait oppofée à cette maniere Defpotique & Tyranique de decider de la fortune & de la vie des Particuliers qui a été introduite du depuis.

Il faut donc fçavoir que les Tribunaux qui occupent aujourd'huy la France, Prefidiaux, Bailliages, &c. où il y a des Prefidents & des Confeillers reglés & certains Juges fixes, ne font pas plus anciens que les Parlemens en qualité de Tribunaux fixes & arrêtés. Autrefois toute la Juftice étoit entre les mains du Roy & du Peuple. La Nation s'affembloit en certains temps & en certains lieux, convôquée par le Roy, & compofoit ces Affemblées qu'on appelloit alors *Parlemens Generaux, Plaits*, ou *placita*: qui font proprement nos trois Etats d'aujourd'huy. Là on rendoit juftice à tout le monde & principalement aux Grands du Royaume. Nous avons vû comment & par quels progrés ces Affemblées fe font changées en Parlemens. Dans les Provinces on rendoit Juftice dans la même forme, c'eft à dire que fans avoir aucuns Tribunaux fixes, on affembloit les Nobles & les Notables de la Comté. Le Comte luy même y prefidant ou fon Bailly en cas d'abfence du Comte; precifement felon ce qui fe fait encore aujourd'huy en Angleterre, où il y a peu de Tribunaux fixes compofés des Prefidents & des Confeillers pour vuider les procés. Mais tous les ans deux fois on tient les Affifes de la Province compofées des notables, fur qui prefide celui qui en a le droit. Car plus nous avancerons & plus nous reconnoiftrons que le Gouvernement de France & celuy d'Angleterre eftoient abfolument femblables. La difference eft que les Anglois font demeurés dans leurs anciennes

Loix

Loix & Privileges. Et nous avons miserablement laiſſé perdre les no-
ſtres. Autrefois, c'eſt à dire ſous la premiere race, toute Juſtice s'admi-
niſtroit en France au nom du Roy comme en Angleterre, & le Roy
envoyoit dans les Provinces des Ducs & des Comtés qui preſidoient
aux Jugements, où en cas d'abſence du Comte ou du Duc le Bailly de
la Comté preſidoit. Mais ſous la troiſiéme race de nos Rois, & ſur la
fin de la ſeconde les Duchés & Comtés eſtant devenuës hereditaires, les
Ducs, Comtes & Barons eurent eux-mêmes des Baillifs ou Senechaux.
On les appelloit plûtôt Senechaux que Baillifs, parce que le terme de *Baillifs* ſe reſervoit pour les terres & Provinces du Domaine du Roy où il
eſtoit Seigneur immediat, & les Princes, Ducs & Comtes qui tenoient
les Provinces en foy & hommage de nos Rois appelloient leurs Juges
Senechaux. Cependant ces deux noms de Grands *Senechaux* & de Grands
Baillifs ſe confondent tres-ſouvent, & dans le fonds ne ſignifient aujour-
d'huy que la même choſe. Ce ſont ceux que nous appellons Baillifs de
Robe-courte, qui ſont les Chefs de la Nobleſſe d'un certain reſſort : c'é-
toient eux autrefois & les Nobles à la tête deſquels ils étoient qui rendoient la Juſtice ; en tenant leurs Aſſiſes en certains temps de l'année.
Aujourd'huy ce ne ſont que des noms, & il ne leur eſt reſté que l'avantage de commander la Nobleſſe de leur Province quand on convoque
l'Arriereban.

C'étoit donc dans ces Aſſemblées que preſidoient ou le Comte ou ſon
Baillif, & les Nobles qui compoſoient l'Aſſemblée s'appelloient *Pairs*.
Sur ces Tribunaux de Juſtice nous ferons ſeulement quelques obſervations ſelon qu'elles tomberont ſous noſtre plume. Car noſtre deſſein ni
noſtre affaire n'eſt pas d'en faire un Traité exact.

Premierement à ces Aſſiſes avoient droit de ſe trouver tous Gens tenants Fiefs, dans la Duché, Comté ou Baronie, & ils eſtoient tous appellés Pairs, mais tous n'y pouvant aſſiſter, au moins il falloit que deux
y fuſſent ſans conter le Seigneur, ſelon *Philippes de Beaumanoir* Grand
Baillif de Beauvoiſin, qui a écrit la Coûtume de Beauvaiſis environ l'an
1282. ou ſelon d'autres il y en devoit avoir au moins quatre, c'eſt le
ſentiment de *Pierre de Fontaines* vieil Hiſtorien, qui écrivoit du temps de
Saint Loüis environ l'an 1270. & qui a laiſſé un Ouvrage manuſcrit de
Juſtice & de Politique ſous le tître de *Li Livres la Reigne*. Il dit dans la
langue de ſon temps. *Tu me demandes kans hommes il convient as jugement
rendre : certes quatre ils ſont ſuffiſants. Si encore convient-il à jugement faire
quatre hommes à tout le mains, nekedent il convient à deux hommes ſuffiſants à*

T

faire la femence, & deux hommes à recort faire, contre recort ne peut-on rien faire. Il ne pouvoit donc y avoir moins de quatre Pairs Affeffeurs du Comte dans fes jugemens. Au commencement le nombre de ceux qui pouvoient affifter aux jugements des Comtes n'étoit point limité : tous les Convaffaux avoient le droit & eftoient appellés Pairs de la Comté, mais parce que tous ne s'y pouvoient pas trouver ou à caufe de leurs affaires & autres emplois qui les menoient ailleurs : & auffi parce que dans les grandes Provinces le grand nombre de ceux qui avoient droit de feance en qualité de Pairs eût caufé de là confufion, les Comtes avoient accoûtumé dans les grandes Provinces de nommer un certain nombre de Gentilshommes leurs Vaffaux, auxquels ils affectoient particulierement le titre & la qualité de *Pairs*, avec le pouvoir de juger leurs Convaffaux: ce nombre eftoit ordinairement de douze, principalement en France; dans le Comté de Flandres, dans les Comtés de Hainaut & de Cambray, & en plufieurs autres lieux remarqués par les Hiftoriens. Et ces hommes s'appelloient auffi *Jurati, Jurés, Pairs Jurés*. C'eft de là fans doute qu'eft venuë la coûtume d'Angleterre, où nul n'eft condamné que par douze *Jurés*, lefquels ont Droit de juger du fait avant que les Juges jugent du Droit. Et ces douze *Jurés* doivent être les *Pairs* de l'accufé, c'eft à dire fes égaux. C'eft pourquoy les Ducs, Comtes & Barons ne peuvent être condamnés que par leurs Pairs de même qualité qu'eux. Les fimples Gentilshommes doivent être jugés par des Gentilshommes, les Bourgeois par des Bourgeois. Même Loy s'obfervoit autrefois en France, chacun vouloit être jugé par fes *Pairs* & égaux; fondés fur cette regle du bon fens, que les Superieurs méprifent leurs Inferieurs, & ne fe font pas trop de confcience de leur faire des injuftices. Et les Inferieurs jaloux de leurs Superieurs ne les jugeroient peut-être pas trop bien. Au lieu que les *Pairs* ou égaux ont foin de la fortune & de la vie de ceux qui leur font égaux, n'ayant pour eux ni mépris ni jaloufie. Nous voyons encore icy que le Gouvernement de France étoit le même que celuy d'Angleterre. Auffi les Rois d'Angleterre faifoient alors de Loix qui s'obfervoient dans toutes les Provinces de France. Non feulement parce que les Anglois poffedoient plufieurs Provinces, mais auffi parce que l'on fe fervoit par tout à peu prés du même Droit. Telle eft la Loy d'*Edoüard I.* chap. 31. *Chacun doit être jugé par fes Pairs & d'une même Province, & Nous rejettons & défendons en toute maniere tous Jugemens étrangers.* Il eft certain que cela s'obfervoit dans tout le Royaume. *Fulbert de Chartres* Epift. 96. rapporte que le Comte de *Champagne* refufa d'être jugé autrement que par fes Pairs; & *Matthieu Pa-*

vù sur l'an 1226. dit , Ils ajoûtent que dans le Royaume des François nul ne peut être dépoüillé d'aucun Droit que par le jugement de ses Pairs.

Les Comtes étoient obligés de munir leur Cour de nombre suffisant de Pairs. Ce qui est encore le style des Praticiens ; tellement que si par maladie , absence ou autrement ceux qui devoient assister n'y assistoient pas , il étoit obligé d'en substituer d'autres. Aussi les Pairs convôqués auprés de leur Seigneur étoient obligés de s'y trouver , & l'on pouvoit les y contraindre par saisie de fief & par établissement de gardes. Comme le dit expressément *Philippe de Beaumanoir. Se ainsi n'étoit , dit-il , le Seigneur ne pourroit Cour tenir , tc le comme il doit , ne les Gens avoir leur raison , si le Seignor ne pouvoit les Hommes destraindre ; si comme il est cy-dessus dit , à faire les égards & connoissance qui sont sur eux à faire.*

Au reste dans ces Cours le Duc , le Comte , le Baron & même le Roy ou son Baillif n'étoit que le President & non le Souverain , le jugement dépendoit absolument de la voix de ces douze Jurés ou Pairs. Dans la vie de *S. Loüis , Naugius* rapporte que le Seigneur *de Coucy* ne voulut point répondre au Roy , & dit qu'il ne pouvoit être contraint à répondre , mais qu'il vouloit être jugé par ses Pairs selon la coûtume de la Baronie. Et même cela s'étendoit aux Personnes les plus basses. Car on lit dans la Charte* de *Theodoric* Abbé de S. Maximin de Tréves , touchant les Serviteurs , *qu'il ne doivent obéir ni à Patron ni à Maître* : c'est à dire qu'il ne doivent pas subir leur jugement , *mais seulement à nous , & ne doivent être sujets au jugement de personne que de leurs Pairs.*

Ces Pairs pouvoient juger de toutes les causes de leurs Pairs ou Convassaux : quand l'affaire étoit entre deux Pairs ou Convassaux : mais si un Pair avoit affaire contre son Seigneur les Pairs n'en pouvoient juger. Parce que ces Pairs Vassaux du Seigneur n'étoient pas ses Pairs. Et comme le dit un ancien acté contre *Robert* Comte d'Artois. *Ils ne sont mie appellés Pers parce qu'ils sont Pers à luy , mais Pers sont entr'eux ensemble.* Quand donc les Pairs avoient procés contre leur Seigneur le procés étoit jugé par le Baillif du Comté & de la Comté , & il y avoit Appel de ce Jugement à un Seigneur Superieur. C'est ce que nous apprend *Philippe de Beaumanoir. Li home ne doivent pas jugier leur Signor , mais ili doivent jugier l'un l'autre , & les querelles du commun Peuple. Et se cil qui a affere contre le Signor requiert que droit li soit fes , li Bailli par conseil de son Signor li doit faire ce qu'il cuide que soit resous , & s'il se deuil de ce que li Bailli li fes il doit montrer le grief au Comte.*

Au reste les Pairs non seulement jugeoient du fonds d'une affaire , mais

* *Apud Nicol. Zykesium.*

T 2

de toutes les inſtructions du procés ; de ſorte qu'aucun grief ni peine ne pouvoit être impoſée à aucun que par ſes Pairs. Un homme accuſé étoit cité par le Seigneur & adjourné à comparoître par deux Pairs. S'il étoit digne de priſon & qu'il fut neceſſaire de s'aſſurer de ſa perſonne il faloit qu'il fût arrêté par ſes Pairs. C'eſt pourquoy *Guillaume de Naugis* dans la vie de *S. Loüis* rapporte comme un grief du Seigneur *de Coucy*, *ce qu'il a-voit été arrêté non par ſes Pairs, non par des Gens d'armes, mais par des Gens de la Cour, & que le Roy l'avoit mis en garde dans ſon Palais du Loüvre.* Ainſi alors on ne pouvoit faire aucune injuſtice ni violence à perſonne contre la Loy. Je n'ajoûteray plus qu'un mot là-deſſus ; c'eſt que les Pairs d'une Province étoient Conſeillers du Seigneur, non ſeulement pour les affaires de Juſtice, mais auſſi dans les affaires du Gouvernement. *Galbert* dans la vie de *Charles* Comte de Flandres chap. 1. dit, que *le Comte Charles prit conſeil avec les Nobles & les Pairs de ſon Païs, ſur ce qu'il avoit à faire.*

Ce que nous venons de voir ſur la forme des Tribunaux qui rendoient la Juſtice avant l'erection des Parlements & des Preſidiaux, nous apprendra la veritable origine des *Pairs de France.* Nous avons trouvé que le mot de Pairs dans l'Ancien Droit des François depuis *Hugues Capet* eſtoient des Juges Provinciaux en châque Comté ou Gouvernement, & que ces Juges eſtoient des Gentilshommes de la Comté, Aſſeſſeurs & Conſeillers du Comte dans tous les Jugements ſur les Procés que les Vaſſaux de la Comté pouvoient avoir entr'eux. Il n'en eſt pas autrement des *Pairs de France* : c'eſtoient des Juges ordinaires qui decidoient des Procés qui leur venoient ou par appel ou par la qualité des Parties : Sçavoir quand les Parties eſtoient Ducs, Comtes ou Barons du Royaume. Les Pairs de châque Province ne s'appelloient point *Pairs de France,* ou *Pairs du Royaume,* ils s'appelloient ſeulement Pairs de telle Province. Pairs de Vermandois, Pairs de Champagne, Pairs de Flandres, Pairs de Bourgogne. Mais les Grands du Royaume s'appelloient Pairs de France, parce que leur juriſdiction s'étendoit ſur tout le Royaume, & particulierement ſur tous les Grands de l'Etat. Les Pairs des Provinces particulieres n'é-toient que ſimples Gentilshommes, ou Barons poſſedants des Fiefs dans la Comté ; mais les Pairs de France devoient être Ducs, Comtes & au moins Grands Barons ; les Pairs des Provinces avoient pour Chef & pour Preſident le Seigneur de la Comté ou ſon Baillif. Mais les Pairs de France n'avoient point d'autre Preſident que le Roy. Les ſimples Fiefs donnoient le Droit de Pairie dans les Provinces, mais il n'y avoit que les Grands Fiefs qui donnaſſent Droit de Pairie Generale ; & qui fiſſent porter le nom de Pairs de France. Ce n'étoient pas des Dignités que les Rois creaſſent & donnaſſent comme aujourd'huy, elles eſtoient attachées aux terres nobles, & à la naiſſance. En un mot les Pairs du Royaume n'étoient autre choſe que ceux qui ſous les deux premieres races de nos Rois ſont ſi ſouvent appellés *Proceres, Magnates Regni*, au nombre deſquels on fit entrer les Evêques & les Archevêques. Sous la troiſiéme race ils prirent le nom de *Pares* ou Pairs, non par rapport au Roy, comme s'ils luy euſſent eſté égaux, mais par rapport aux autres Seigneurs du Royaume avec leſquels ils partageoient l'Authorité dans les Aſſemblées. Et generalement tous les Grands prirent le nom de *Parés*. Il n'y avoit donc pas alors ſeulement douze Pairs en France, comme on le pretend, mais il y en avoit autant que de Ducs, Marquis, Comtes & Grands Barons qui avoient Droit de Seance dans les Aſſemblées generales abſolument comme en Angleterre, où tous les Lords & Grands de l'Eſtat ſont Pairs du Royaume. Car encore un coup il faut eſtre perſuadé que le Gouvernement de France & celuy d'Angleterre eſtoient les mêmes : ſoit que de tout temps ils ayent été ſemblables, ſoit que *Guillaume* Duc de Normandie qui ſe rendit Maître de l'Angleterre l'an 1066. y ait porté les Loix & le Gouvernement qu'il avoit laiſſé de deçà la Mer. Auſſi ne voit-on point dans les plus anciens Actes où il eſt parlé des Pairs de France & de leurs Jugements qu'ils fuſſent reduits au nombre de douze. Dans celuy de l'an 1216. que nous avons cy-deſſus cité, il y a dix-ſept Pairs tant Ducs que Comtes, qu'Evêques & Archevêques : il eſt vray que les Barons & quelques-uns des Evêques là nommés ſemblent être diſtingués des Pairs du Royaume. Car l'Acte porte : *Il a été jugé par les Pairs de noſtre Royaume, ſçavoir l'Archevêque de Rheims, l'Evêque de Langres, celuy de Chaalons, celuy de Beauvais, celuy de Noyon & Odon Duc de Bourgogne*, &c. Ce ne ſont que cinq Pairs & aprés eſt adjoûté, *& par pluſieurs autres de nos Evêques & Barons, ſçavoir les Evêques d'Auxerre, de Chartres, de Liſieux, &c. & les Comtes de Pontini, des Droques, de St. Paul, des Roches*. Et en effet il ſe peut bien faire qu'en ce temps-là ſous le Regne de *Loüis le Gros* Pere de *Saint Loüis* on ait commencé à diſtinguer les Pairs du Royaume des autres Grands Seigneurs. Mais auparavant ce nom de Pairs eſtoit commun à tous les Grands juſqu'aux principaux Barons. C'eſt pourquoy les Pairs de France s'appelloient auſſi Barons. On trouve un Arrêt rendu en 1267. contre l'Evêque de Chaalons, où il eſt dit, *l'autre partie propoſa que ledit Evêque étoit tenu de répondre en cette Cour ; parce qu'il eſt Baron & Pair de France homme lige du Seigneur le Roy. Baronia & Pai-*

rie en ce temps-là signifioient la même chose. On trouve un accord fait entre *Philippes* Roy de France & *Jehanne* fille du Roy *Louïs Hutin* en datte du 17. Mars 1317. où le Roy *Philippes* cede à cette *Jehanne* pour ses Droits Paternels des terres valant 15000. livres *de rente pour les tenir en Pairie & Baronnie, la Noblesse de Pairie & Baronie non mise à prix, & qu'avenant le decés du Roy sans enfans mâles les Comtez de Champagne & de Brie luy appartiendront : qu'elle tiendroit en Pairie & Baronie si noblement comme autrefois ont été tenuës.* Dans une lettre de *Philippes Auguste* au Pape *Honorius* III. en datte de l'an 1217. au mois d'Avril, le Roy rendant conte au Pape de l'affaire d'un *Manassé* Evêque d'Orleans, qui avoit été obligé de faire satisfaction pour des paroles malhonnêtes qu'il avoit dites contre le jugement des Pairs de France, le Roy se sert indifferemment du terme de *Barons* & de celuy de *Pers*, comme signifiant la même chose. Il a parlé, dit-il, *contre le jugement des Barons de France ausquels appartient de juger de telles affaires : de laquelle temerité en ayant esté convaincu en présence de vous & nos susdits Pairs il en a fait satisfaction.*

De tous ces passages ausquels on en peut adjoûter beaucoup d'autres il paroît que dans les premiers Siecles de la seconde Race de nos Rois, les Pairs étoient des Juges & des Juges ordinaires. Si on le vouloit prouver on le pourroit par les actes du procés fait à *Pierre Mauclere* Comte de Bretagne que nous avons rapporté dans ce Chapitre : & à quoy l'on pourroit adjoûter le jugement & les procedures contre *Robert* Comte d'Artois. On trouve encore dans les anciens registres du Parlement de Paris la forme de l'adjournement que le Roy *Philippes le Bel* fit à tous les Pairs de France pour se trouver à Paris. On trouve aussi un exemple de jugement rendu par les Pairs sous *Louïs Hutin* l'an 1315. Mais quels Juges étoient ces Pairs ? C'étoient precisement les Grands du Royaume assemblés en ce Parlement General, dont nous avons parlé dans le Chapitre 7 me. Les Parlements qui ont été depuis appellés Etats étoient principalement composés des Grands du Royaume ; qu'on appelloit alors *Magnates* & *Proceres*, & qui prirent le nom de *Pairs* aprés l'an 1110. Ces Assemblées jugeoient de toutes les affaires du Royaume tant de Justice, de Finance, de Police, que du Gouvernement, de la Paix, de la Guerre, des Alliances avec les Etrangers. Elles connoissoient aussi des demêlés que les Grands du Royaume avoient entr'eux & avec le Roy comme nous l'avons prouvé. Et les Grands voulurent être jugés dans ces Assemblées, parce qu'elles étoient composées de leurs *Pairs*, c'est à dire de personnes d'égale qualité avec eux, ayant le Roy à leur tête, ils dédaignerent d'être jugés par des perfonnes inferieures. Et de là vint le nom de Pairs, & ces Affemblées furent appellées *Cour des Pairs.* C'eſt à dire compofée de Pairs, & jugeant les Pairs.

Comment donc le nombre de ces Pairs s'eſt-il depuis trouvé reduit à douze ? Voicy comment : les Affemblées Generales occupées à de grandes affaires ne pouvoient pas commodement vaquer au jugement des procés des particuliers. Elles deputerent donc de leurs corps un nombre de perfonnes notables pour connoître de ces caufes & les juger. Les Deputés étoient tirés du nombre des *Pairs.* Ainfi tous les autres Grands qui compofoient l'Affemblée Generale étoient Pairs comme eux. Mais parce que ces Juges delegués furent revêtus du Pouvoir, de juger fouverainement même tous les Grands du Royaume, & que le nom de *Pairs* étoit déja comme confacré aux Juges des Provinces en chaque Comté, ils prirent le nom de *Pairs.* Et infenfiblement ce nom leur demeura exclufivement aux autres Grands du Royaume. D'abord le nombre de ces Juges Pairs, n'étoit pas determiné à celuy de douze, & l'on ne fçauroit marquer precifement quand il a été reduit là. Mais il y a apparence que cela commença avec le Parlement Ambulatoire dont nous avons parlé. Le Grand Parlement ou Affemblée Generale ne pouvant pas toûjours tenir, nomma 12. perfonnes, fix Archevêques & Evêques, & fix Ducs, Comtes & Barons pour affifter le Roy de leurs confeils, pour reprefenter l'Affemblée Generale & pour foûtenir fes Droits, & auffi pour décharger le Roy de la peine de juger les caufes des particuliers que les Rois vouloient bien fe donner en ce temps là. Ces douze perfonnes furent revêtués de l'authorité de tous les Barons, Comtes & Ducs, tous Pairs du Royaume, & à caufe de cela ils prirent le titre de *Pairs* par excellence ; & leur Cour fut appellée la *Cour de Pairs.* Il eſt clair par là que l'origine des Pairs & celle des Parlements eſt abfolument là mefme, & nous avons la vraye raifon pourquoy encore aujourd'huy on appelle les Parlements *la Cour de Pairs.* Ce n'eſt point comme on s'imagine, parce que les Pairs du Royaume y doivent être jugés : mais parce que le Parlement dans fon origine n'étoit compofé que des Pairs du Royaume, qui fuivoient le Roy par tout. Lors que *Philippes le Bel* eut rendu les Parlements fixes d'ambulatoires qu'ils eſtoient auparavant tout changea. Les Grands du Royaume ne voulurent plus s'affujettir à juger les procés des particuliers qui fe multiplierent à l'infini, ils fe difpenferent de ces emplois. Les Prelats en furent même exclus par l'Ordonnance de *Philippe le Long.* Dans la place des Prelats on mit les Confeillers Clercs pour les reprefenter, &

dans la place des Comtes , Barons & Pairs on établit des Conseillers Laïques Gens de Robe longue , mais qui representant les Pairs du Royaume retinrent le nom de *Cour de Pairs*. Toute personne équitable & attentive ne doutera point que ce ne soit là la veritable origine des Pairs de France. Si la chose étoit plus importante pour nostre sujet nous pourrions l'appuyer de plusieurs autres preuves. Mais ce que nous en avons dit suffit pour montrer la forme du Gouvernement de France , & combien il étoit éloigné de la Puissance Despotique & Arbitraire. De toute cette Histoire on doit recüillir.

Premierement que lors que nos Rois eurent rendu l'usage des Etats moins frequents , & que le Parlement étant devenu fixe & sedentaire ne pût plus servir de Conseil aux Rois , ils se formerent un autre Parlement ambulatoire & une Assemblée d'Etats raccourcis qui s'appella *le Grand Conseil* , & qui fut effectivement le Conseil du Royaume dans toutes les affaires importantes. Ce Conseil composé de la plûpart des Grands du Royaume & qui se convoquoit à certains lieux & à certains temps , n'étoit nullement necessaire si les Rois avoient une puissance Souveraine & sans bornes. Car ceux qui étoient toûjours auprés de leurs personnes composant le Conseil Privé , pouvoient suffire pour donner des avis.

Secondement on doit recüillir que quelque changement qui soit arrivé dans le Gouvernement à l'égard des noms & des fonctions des principaux Officiers , Maires du Palais , Connestables , Chanceliers , Grands Chambellans , &c. c'a toûjours été sans aucun prejudice des Droits du Peuple : les Officiers de la Cour & de la Couronne ont eu plus ou moins de pouvoir , mais c'est par rapport au Roy : les Droits de la Nation sont toûjours demeurés en leur entier.

En troisiéme lieu que la Justice ne s'administroit pas comme aujourd'huy à la Turque & d'une maniere absolument indépendante du Peuple. Chaque Province, Comté & grande Baronnie avoit ses Pairs , Et tout Sujet & Habitant de la Comté ne pouvoit être jugé que par ses Pairs ; non seulement pour le fonds du Procés , mais pour les instructions. Nul ne pouvoit être emprisonné & privé de sa liberté ou de ses Biens , non plus que de sa vie , que par l'authorité de ses Juges naturels.

En quatriéme lieu il paroît que les Grands du Royaume étoient principalement en possession de ce Privilege. Il n'y avoit point alors de Puissance Absoluë qui leur pût ôter leurs Charges , leurs Gouvernements & leurs Dignités , sans forme de Procés , & qui pût les jetter dans le fonds d'une Prison pour les y laisser pourrir ; sans rendre jugement contre eux & sans connoissance de cause. S'il est arrivé aux Rois d'attenter contre la liberté des Grands de leur pure authorité ; ce sont des griefs dont la Nation a bien sçû se plaindre.

Enfin quoi que le nom de Pairs de France qui appartenoit au commencement à tous les Grands du Royaume ne leur ait pas été donné precisément à cause qu'ils fussent égaux au Roy ; il paroît pourtant qu'ils étoient avec le Roy dans ce point d'égalité que s'ils ne pouvoient rien faire sans le Roy dans tout ce qui regardoit le Gouvernement , aussi le Roy ne pouvoit rien faire sans eux.

Fin du Neufiéme Memoire.

LES SOUPIRS
DE LA
FRANCE ESCLAVE
Qui aspire aprés la Liberté.

X. MEMOIRE,
Du 15. d'Avril 1690.

Nouvelles preuves contre la Puissance Absoluë tirées de l'histoire des Ducs, Comtes, Marquis, Barons & Gentilshommes. Les Grands du Royaume qui sont aujourd'huy Esclaves, étoient autrefois indépendants du Roy, & luy étoient égaux excepté l'Hommage.

Nous poursuivrons l'Histoire des principales dignités du Royaume dans l'esperance que nous y trouverons aussi l'Histoire de nôtre ancien Gouvernement, & des preuves contre l'usurpation de nôtre Cour qui exerce sur les Peuples une Puissance Despotique. L'Histoire des Etats, des Parlemens, du Conseil d'Etat, des Maires, Connestables, des Pairs & des Tribunaux de justice inferieurs au Parlement nous ont fourni des preuves de la verité que nous établissons. L'Histoire des Ducs, Comtes, Marquis, Barons, & Gentilshommes, que nous allons faire, nous en donnera d'autres. La qualité de Duc est aujourd'huy le premier caractere de l'Etat aprés les Princes, on les joint ordinairement avec celuy de Pairs, *Ducs & Pairs.* Autrefois les Ducs n'étoient pas les seuls Pairs du Royaume; les Comtes & même les Barons l'étoient aussi. Le nom de Duc dans son origine ne signifioit autre chose que Chef & Conducteur. Il est venu de la guerre, & c'est ainsi qu'on appelloit les Capitaines & les Hauts-Officiers de l'Armée ; même les Generaux s'appelloient ainsi quand ils eûrent quitté le nom d'*Empereur,*

V

que les Souverains de la Republique Romaine s'approprierent. Dans la
suitte on donna le nom de Ducs aux Gouverneurs des Provinces. C'est
dans cette signification que les Francs entrant dans la Gaule le trouverent,
& c'est dans ce sens qu'ils s'en servirent. Le titre & la dignité de Duc
sous la premiere Race de nos Rois & sous la seconde ne fut point hereditaire, comme il est aujourd'huy dans la plûpart des familles. Car il le fut
dans quelques-unes, & l'on trouve dés le temps de *Charles Martel* sur la
fin de la premiere Race des Ducs de Gascogne & d'Aquitaine qui avoient
rendu ces grands Gouvernements Hereditaires dans leurs maisons, & s'en
étoient rendus Souverains. Il est vray aussi que dés le commencement de
la seconde Race, on trouve des Duchés Hereditaires. Le Roy *Pepin*
donna à *Tassillon* la Duché de Baviere, en titre de patrimoine pour le tenir
de luy comme son Vassal aprés avoir prêté serment de fidelité ; on trouve
dans § *Aimoinus* un *Grimoald* sous *Loüïs le Debonnaire*, Duc de *Benevent* qui
possedoit en proprieté cette Duché, & en payoit sept mille écus de tribut.
Mais il semble que cela n'avoit lieu que dans les terres que nos Rois possedoient au-delà des Monts ou au-delà du Rhein, & que tous les Ducs
entre le Rhein & les Monts ne possedoient les Duchés qu'à vie comme
des Gouvernements. *Gregoire de Tours* dit.* qu'*Eoric Roy des Goths établit
Victorius Duc sur sept Cités. Et que Nicetius exclus du Comté d'Auvergne demanda à Childebert une Duché, & qu'il fut établi Duc d'Auvergne, &c.* ‡ Mais
en ce temps là le Pouvoir des Ducs s'étendoit beaucoup plus loin que
ne fait aujourd'huy celuy des Gouverneurs de Provinces, car ils étoient
comme des Vicerois. Cela se peut voir par les formules de *Marculphe*, où
nous avons la formule dont les Rois se servoient dans les commissions
qu'ils donnoient aux Ducs; la voici. § *La clemence Royale se fait remarquer
sur tout dans les soins qu'elle prend de conserver entre le Peuple la vertu & la
vigilance. C'est pourquoi il ne faut pas commettre la dignité de Juges à toute
personne, il faut auparavant avoir éprouvé sa fidelité & son courage. Nous donc
connoissant vôtre fidelité & capacité, vous commettons l'action de Comté, Duché
& Patritiat en tel lieu que vôtre Predecesseur a exercé, pour la faire & la regir,
à condition que vous gardiés une inviolable fidelité à nôtre Gouvernement, &
que vous conduisiés & gouverniés tous les Peuples là demeurants soit Francs,
Romains, Bourguignons, ou autres Nations de maniere qu'ils vivent selon la
Loy & coûtume. En sorte que vous paroissiés grand Protecteur des Vefves & des
Orfelins, & que vous punissiés severement les larrons & les mal-faiteurs, que
les Peuples puissent vivre seurement & avec tranquillité sous vôtre Gouvernement,
& que tout ce qui se tirera des domaines sera tous les ans apporté par vous à nôtre
thresor.* Il paroît par là que les Ducs avoient l'intendance de toutes les

§ *Lib.* 4.   * *lib.* 2 *C.* 20.   ‡ *lib.* 8 *C.* 18.   § *Marculphe lib.* 2. *C.* 8.

affaires non feulement de la guerre , & de la police , mais auffi de la Juftice & des Finances. Et c'eft ce qui leur facilita dans la fuitte les moyens
de fe rendre Souverains. Ce qui arriva dans la decadance de la feconde
Race de nos Rois. En forte que quand *Hugues Capet* donna commencement à la domination de la 3me. , Race il trouva toute la France partagée
en Duchés & Comtés , dont les poffeffeurs s'étoient rendus les maîtres ,
ne refervant que l'hommage au Roy & au Chef du Royaume. Mais cette troifiéme Race , a trouvé moyen de fe faifir de toutes ces Comtés &
Duchés & de les réünir à la Couronne. Tout de même qu'elle a abbaiffé
les Parlements ou les Etats Generaux en formant une nouvelle forme de
Parlement entierement inconnuë , ainfi a-t'elle abbaiffé tous les Grands
du Royaume en leur ôtant leurs Biens & leurs Souverainetés fous divers
pretextes , & par une longue fuitte de violences. La folie des Croifades
qui mena la plûpart de nos Grands Seigneurs dans l'Afie, fournit à nos
Rois un beau moyen de s'emparer des Domaines de leurs Vaffaux ; car ils
ne manquerent pas de profiter de leurs abfences. On a réüni quelques-
uns de ces grands Domaines à la Couronne par des alliances, d'autres fous
des pretextes de *forfaiture & de crimes de Léze-Majefté*. L'an 1361. le Roi
Jehan voulut réünir à la Couronne la Normandie , la Champagne , &
la Comté de Touloufe , que fes Predeceffeurs avoient ufurpés fur les
Comtes fous pretexte d'herefie du temps des Albigeois ; *Charles* fon Fils
réünit au Domaine la Ville & Territoire d'Auxerre, que *Philippe de Chaâ-
lons* luy vendit. *Charles VI.* l'an 1401. réünit au Domaine la Duché de
Guyenne laquelle il donna au Dauphin , à condition que le Dauphin venant à être Roy ou à mourir, la Province feroit réünie à perpetuité à la
Couronne Royale. La réünion de toutes les Provinces s'eft ainfi faite ,
les unes plûtôt, les autres plûtard. Et enfin la politique de nos Rois a fi bien
fait qu'aujourd'huy les Duchés ne font plus que des vains titres. On a ôté
aux vrais Ducs leurs Duchés , & l'on a érigé en Duchés des terres particulieres qui ne font fouvent de nulle confideration , & qui par confequent
ne font pas en état de donner de l'ombrage aux Souverains : outre que les
Ducs dans leurs Duchés , ne poffedent aucuns des privileges des anciens
Ducs.

L'Hiftoire des Comtes eft a peu prés femblable à celle des Ducs. Le
nom eft ancien : il eft entré dans le monde dans les fiecles de la decadence
de l'Empire Romain. Ce nom fignifie *Compagnon* , ou un homme qui en
accompagne un autre demeurant attaché à fa perfonne. Les grands Officiers des Empereurs Romains fe donnerent ce titre pour marquer l'honneur qu'ils avoient d'être toûjours auprés de l'Empereur. Je ne fçai fi on

Je trouve dans aucun Auteur plus ancien que *Spartien* qui dit dans la vie d'Adrien, *que quand cet Empereur jugeoit, il avoit avec luy non seulement ses amis & ses Comtes mais aussi des Jurisconsultes.* On trouve des inscriptions des siecles suivants où ce nom est employé. *Ami des Empereurs & leur Comte dans toutes leurs expeditions.* Une autre inscription porte ; *le Comte de l'Empereur Theodose dans toutes ses guerres & victoires.* Ce nom dans ces endroits semble ne signifier autre chose que le compagnon de l'Empereur dans toutes ses guerres. Mais il est certain qu'il devint incontinent un nom de dignité. Et vous trouverés dans le livre intitulé *Notitia Imperii. Comes Palatii, Comes Stabuli, Comes Largitionum. Le Comte du Palais, le Comte de l'Ecurie, le Comte des distributions.* C'étoient ceux qu'on appelle aujourd'huy *grand Maître de la Maison du Roy : grand Maître de l'écurie, & les Intendants des thresor.* Dans les écrits de *S. Augustin,* & des autres Autheurs de son siecle tant Ecclesiastiques qu'autres on y trouve souvent cette Dignité de Comté, *le Comte Boniface, le Comte Marcellin.* Et même il paroît que quelques-uns de ces Comtes occupoient les premieres Dignités de l'Empire. Témoin le Comte *Constance* qui épousa *Placidie* Sœur de l'Empereur *Honorius,* & gouverna l'Empire sous cet Empereur : Ils furent envoyés dans les Provinces pour les gouverner, & pour y exercer tous les droits de l'Empereur. Les Francs entrés en France y trouverent ces noms & ces dignités établies par les Romains. Ils les y laisserent, & c'est pourquoy sous les Rois de la premiere & de la seconde Race on trouve si frequemment dans l'Histoire ces noms de *Comtes du Palais, Comtes de l'Etable, &c.* Ce nom sortit de la Cour & passa dans les Provinces. Mais avec quelque diminution de cette grandeur qui luy avoit été attâchée sous les derniers Empereurs Romains. Les Comtes sous les Rois Francs ne furent pas Gouverneurs de Provinces, cette authorité fut reservée aux Ducs, & les Comtes au dessous d'eux furent établis pour Juges des Villes, & de leurs ressort. Ce qui forma ce qu'on appella des *Comtés,* ayant du rapport à ce qui s'appelle aujourd'huy les *Bailliages* & les *Seneschaussées. Gregoire de Tours* dans le septiéme Chap. du troisiéme livre de son Histoire dit qu'*Ennodius* Duc de Tours & de Poitiers fut depossedé de sa charge à la sollicitation des Comtes de ces deux Villes, c'est à dire des Juges & Presidents de la Justice. Les constitutions & les capitulaires de *Charlemagne* & de *Loüis le Debonnaire* sont pleines de loix qui prouvent évidemment que c'étoit l'Office des Comtes, de travailler à la conservation d'un certain détroit, d'y punir les méchants, d'y faire exercer bonne justice pour entretenir la paix & la tranquillité publique. On trouve l'étenduë de leur commission exprimée dans une Charte de *Charlemagne* qui parle en

Ces termes : *Nous avons établi Trutman homme illustre pour Comte dans cette partie de la Saxe, afin qu'il reside* , IN CURTE AD CAMPOS IN MALLO PUBLICO. C'est ainsi qu'ils appelloient les Assemblées ou les Etats & Assises de la Province, *pour entendre les causes de tout le monde & pour terminer les procés par des jugemens equitables, pour proteger les Prêtres qui sont dans toute la Saxe, pour avoir inspection sur les Vicaires & Eschevins qui sont au dessous de luy, afin qu'ils facent bien leur devoir. Enfin pour que ledit Comte execute de tout son pouvoir & de toutes ses forces ce que nous luy avons ordonné & prescrit.* Il est clair que ce sont là les fonctions d'un Chef de Justice. Dans le Chapitre precedent en parlant de l'origine des Pairs, nous avons vû comment châque Comte avoit ses Pairs dans son ressort & dans sa Comté, qu'il étoit obligé de fournir sa Cour de Pairs, que luy-même étoit President de cette Cour : qu'à son défaut il y faisoit presider son Baillif. Et tout cela fait voir que les Comtes originellement n'estoient que les Presidents de la Justice d'un ressort sous l'authorité du Roy. Mais quand le nom de *Pairs* commença à être connu dans nôtre Gouvernement, celuy de Comte avoit déja bien monté de dignité. Car alors les Comtes étoient devenus Seigneurs des lieux dont il estoient Comtes. Depuis *Charlemagne* la dignité d'Empereur & de Roy décheut dans ses Successeurs, & les dignités inferieures s'enflerent & s'enrichirent de cette décheance. En sorte que sur la fin de cette seconde race de nos Rois, il en étoit arrivé aux Comtes comme aux Ducs. Ni les Duchés, ni les Comtés n'étoient hereditaires dans les maisons ; c'étoient des commissions qui ne duroient qu'autant que le Prince le trouvoit bon. Sous *Charles le Chauve*, les Grands du Roiaume augmentant leur authorité il ne fut pas aysé d'ôter de leurs maisons les Comtés ; elles y demeuroient, & le fils les heritoit de son pere. Mais pourtant sous le bon plaisir du Prince. Ce qui paroit par les Capitulaires de ce Roy : où il est ordonné *que quand un Comte vient à mourir le fils dudit Comte estant à la Cour du Roy & à sa suitte, l'Evêque du Diocese où se trouvera le Comté avec les Officiers & Vassaux du Comte mort, s'assembleront pour donner ordre aux affaires en attendant que le Roy ait conferé au fils les dignités du pere.* Dans la suitte le Gouvernement s'affoiblissant tous les jours, & les Grands s'arrogeant de plus en plus l'authorité, il ne fut plus besoin que les Rois donnassent au fils le Comté du pere, mais les heritiers s'en conserverent la possession independamment du Souverain, auquel ils ne reserverent que l'hommage : d'abord châque Comte se rendit simplement Seigneur du Fief de sa Comté. Mais peu à peu ils s'en rendirent Souverains ; reconnoissant pourtant le Roy comme un Prince auquel ils vouloient bien rendre hommage. Alors les noms de Duc & de Comte se confondirent ; on n'y mit plus la même difference. Les Comtes se trouverent souvent plus grands Seigneurs que les Ducs. Et même les Seigneurs sont tantôt appellés Comtes & tantôt Ducs d'un même Pays. Ainsi les Ducs de Bourgogne sont souvent appellés Comtes dans l'Histoire. Les Princes de Bretagne s'appelloient indifferemment Comtes & Ducs. Et quoy que les Souverains de Normandie portent presque toûjours la qualité de Ducs dans l'histoire , ils sont pourtant quelquefois appellés Comtes. Le commun dire veut que pour être Duc on ait quatre Comtes au moins au dessous de soy ; pour estre Comte au moins quatre Barons, &c. Selon cela le Duc ne pourroit avoir des Ducs pour inferieurs , ni un Comte des Comtes. Cependant nous trouvons dans nôtre Histoire des Comtes assés grands Seigneurs pour avoir sous eux plusieurs Comtes. Le Comte de Champagne avoit sept Comtes vassaux , les Comtes de Joigny , de Retel , de Chasteau-Portien , de Brienne , de Bresne , de Grand-Pré , de Roucy , lesquels étoient obligés de se trouver à Troyes quand le Comte y tenoit ses assises ou ses grands jours. On sçait combien les Comtes de Flandres ont été considerables. C'est l'état où étoit le Royaume & la Monarchie sur le declin de la seconde race de nos Rois. Alors la Monarchie changea en quelque sorte de forme : le Royaume fut divisé en un grand nombre de Gouvernements qui furent autant de Souverainetés independantes les unes des autres ; la France revint à peu prés dans l'état où elle étoit quand les Romains y entrerent. Avant les Romains elle étoit divisée en plusieurs Souverainetés qui avoient leur Conseil commun , qui étoit le lieu de leur union , & comme l'Assemblée de leurs Estats Generaux. Sous la fin de la race de *Charlemagne* il y eut aussi un partage du Royaume en plusieurs Souverainetés , mais dont le centre étoit dans le Roy , duquel ils vouloient bien se reconnoître Vassaux & non Sujets. Et c'est ce qui apporta en France tant de troubles depuis la mort de *Loüis le Begue* qui mourut en 878. jusqu'au couronnement de *Hugues Capet* qui se fit l'an 987. Le Gouvernement étant devenu trop foible entre les mains des derniers Rois de la seconde race , les Grands du Royaume qui se trouverent presque aussi independants de la Cour qu'ils étoient les uns des autres, disputerent long-temps à qui occuperoit le trône. *Eudes* Comte d'Angers , *Robert* Comte & Gouverneur de Paris, *Hugues le Grand* fils de *Robert* , *Thibaut* Comte de Blois & de Chartres, *Raoul de Bourgogne*, les Comtes de Flandres, & les Ducs de Normandie , *Hugues Capet* fils de *Hugues le Grand*, & tous les autres grands Seigneurs de France , remuërent l'Etat , & le firent si bien changer de forme que quelques-uns se mirent sur le trône. Les autres s'affermirent dans la Souveraineté des Duchés & des Comtés dont auparavant ils n'étoient qu'Administrateurs à vie & Gouverneurs pour le Roy. Et enfin *Hugues Capet* fut assés heureux pour se faire élire Roy d'un commun consentement des Prelats & des Grands de France. Mais en sorte pourtant qu'il laissa tous ces grands Seigneurs par lesquels il avoit esté élu dans tous les droits, privileges & Souverainetés dont ils étoient en possession. Les Rois de France n'avoient pour domaine que la ville de Paris & les Pays voisins, la Picardie, la Beausse, la Sologne, & une partie de la Bourgogne; toutes les Provinces, la Champagne, la Bretagne, la Normandie, la Guyenne, le Languedoc, le Berry, &c. avoient leurs Ducs & leurs Comtes qui en estoient Souverains, avec une egalité presque entiere avec le Roy. Nous reviendrons à cette égalité & aux conclusions qu'on en doit tirer quand nous aurons achevé de parler des autres dignités de France.

Aprés les Ducs & les Comtes viennent les Barons. C'est un nom d'une origine moins noble que ceux de Ducs & de Comtes; ceux-cy ont tiré leur origine de la langue Latine; & l'on croit que celuy-cy nous est resté de l'ancienne langue Gauloise. D'autres le derivent d'un mot Grec qui signifie poids & fardeau. Quoy qu'il en soit, dans son premier & plus ancien usage il ne signifioit qu'un Goujat d'armée, qui est la plus basse de toutes les conditions. Et de là est venu que les Latins l'ont employé pour signifier bête & stupide, parce que c'est assés là le caractere des gens de cette condition. On le lit en ce sens dans la cinquiéme Satyre de Perse.

> *Eheu*
> *Baró, regustatum digito terebrare salinum*
> *Contentus perages, si vivere cùm Jove tendis.*

C'est l'avarice qui parle & qui dit, *sot & stupide si tu veux être honnête homme & suivre les commandements de Jupiter tu viveras comme un miserable, & seras obligé de percer la saliere, pour regratter quelques restes.* Ce mot demeura dans la bassesse jusqu'au delà du sixiéme siecle : on voit dans Isidore au livre 9. de ses Origines chap. 4. que de son temps on appelloit ainsi tous les Mercenaires : *Mercenarii*, dit-il, *sunt qui serviunt acceptâ mercede, iidem & Barones Græco nomine, quod sint fortes in laboribus.* Mais peu de temps après ce nom commença à monter de grade, & dans les sermons *ad Fratres in Eremo* qui se trouvent entre les œuvres de S. Augustin, mais qui ne sont pas de luy, on y trouve ce mot pour les serviteurs des Rois, Princes & grands Seigneurs. * *Ubinam est corpus Cæsaris præcla*

* *Serm.* 48.

rum, &c. ubi caterva Baronum, ubi acies militum? Et de là est venu enfin
que tous les vassaux d'un Roy, Prince, Duc & Comte furent appellés
les *Barons*; parce qu'ils tenoient de luy leurs Fiefs à condition de leur
rendre hommage & service sur tout dans le fait des armes, toutes les
fois qu'ils en seroient requis & que cela seroit necessaire. Et même ce nom
fut donné particulierement à ceux qui tenoient leurs terres & fiefs immediatement du Roy ou du Souverain sans relever d'aucun autre, &
qui étoient obligés de l'accompagner à la guerre, & de luy faire autres
services semblables à cause de leurs fiefs; on lit dans la Charte de *Guillaume* Duc d'Aquitaine, *Alors mes Barons, qui me devoient aider, renonceant
à la fidelité qu'ils me devoient commencerent à me nuire.* Dans les Statuts &
Histoires d'Angleterre & d'Ecosse ce nom se trouve tres-souvent pour les
grands Seigneurs, qui depuis furent appellés *Pairs du Royaume.* Et même dés
le temps de *Charlemagne* on s'en servoit pour signifier les Grands. Car dans
le Titre 15. de ses Capitulaires ils sont appellés *illustres & sapientes Barones*, & il paroît qu'ils faisoient des loix & des reglements. *Hincmar*
dit : * *Nam si illi boni Barones post mortem Pipini cum duobus Fratribus sic
sano consilio egerunt, ut pax inter Fratres Regis & inter Regni Primores ac
populum esset.* Ces Barons qui avoient accordé les deux Freres enfants de
Pepin entre eux & avec le peuple, ce sont ceux-là même qui sont appellés *Primores & Proceres*, qu'on a du depuis appellé les *Pairs.* Enfin
dans les anciennes Histoires d'Angleterre & de France les Pairs & les
Barons du Royaume c'est la même chose. Nôtre vieux François les appelloit *Bers*, & ceux d'entr'eux qui étoient distingués pour la naissance,
pour les biens & le nombre des Vassaux s'appelloient *Hautbers* ou *Haut-
barons.* Et c'est de là, selon toute apparence qu'est venu le *Fief de Hautbert* en Normandie, plûtôt que du mot de *Hautbert* qui signifie une cui-
rasse. La plus ordinaire signification du nom de Baron & qui enfin est
devenuë comme generale en France sous la troisiéme race, est celle qui
designe les Assistants des Ducs, & des Comtes dans leurs Provinces.
Nous avons vû comme châque Comte ou Duc étoit luy-même President de la Justice dans son détroit, & devoit juger avec ses Barons, c'est
à dire les Nobles & les Gens tenants Fiefs de luy dans l'étenduë de sa
Province. Ils étoient aussi appellés *Pairs* comme nous avons vû, de là
vient qu'on disoit, *la Cour des Pairs ou des Barons d'une telle Province, les
Pairs ou les Barons de Flandres, la Cour des Pairs ou des Barons de Vermandois, de Bourgogne, &c.* & ainsi des autres. Ces Barons étoient obligés
d'assister leur Seigneur non seulement dans les Tribunaux pour rendre Justice, mais aussi à la guerre. Mais comme il est arrivé que les Comtes
                                                                              de

* *Epist. 1. Cap. 6.*

de simples Juges ou Baillifs de robe courte des Provinces en font devenus
Seigneurs & Grands du Roiaume, ainsi est il arrivé que plusieurs Barons se sont si fort élevés ou par leurs services ou par leurs grands biens,
& le nombre de leurs Vassaux, qu'ils ont à peu prés égalé les Pairs de
France, les Ducs & les Comtes. Dans une ordonnance de *Philippe III.*
pere de *Philippes le Bel* de l'an 1275. aprés les Pairs de France & plusieurs Ducs & Comtes sont rangés comme dans la même classe les Barons de Narbonne, de Beaujeu, & de Coucy : Et peu de gens ignorent qu'il y avoit en France quatre Baronies principales, celles de Coucy, de Craon, de Sully & de Beaujeu, lesquelles avoient seance entre
les Grands du Royaume. La Maison de Montmorency tenoit à honneur
que ses Ancêtres eussent porté le nom de premiers Barons de France,
comme le prouve *Du Chesne* l'Historien de cette Maison.

Les Droits des Baronies & des Barons étoient * *d'avoir marché, Chastel-*
lenie, Peage, & lige estage. Comme il est porté dans les établissemens de
S. Loüis. Où l'on trouve aussi ‡ *que le Bers a toute justice en sa terre, ne li*
Roy ne peut mettre ban en la terre au Baron sans son assentement. Entre les cas
dont le jugement appartenoit aux Seigneurs de Haute Justice de Baronie
font contés § *traison, rat, arson, murtre, encis, & tous crimes où il a peril*
de perdre vie ou membre, là où l'en fesoit bataille. C'est à dire trahison, rapt,
incendie, meurtre, incision & tous crimes qui emporte mort ou mutila-
tion de membre, pour quoy l'on ordonnoit l'épreuve du duel. *Philippe de*
Beaumanoir dans la Coûtume de Beauvais chap. 58. conte entre les Privileges du Baron de pouvoir se servir en temps de Guerre des Châteaux &
forteresses de ses Vassaux pour sa propre défense. Et aussi de pouvoir obliger ses Vassaux de l'accommoder par vente ou échange, de toutes les terres & possessions joignant la Baronie qui sont à sa bienseance. Il y avoit
donc autrefois beaucoup d'honneur à être Baron, aujourd'huy personne
n'en veux plus même porter le nom.

Je n'ay point fait entrer l'Histoire de la dignité de Marquis dans son
ordre, selon lequel elle devoit être devant les Barons & peut-être devant les
Comtes ; j'ay fait cette omission pour deux raisons : la premiere que cette
dignité est tres-peu connuë & rare dans l'ancien Gouvernement de la Monarchie Françoise. La seconde que les Marquis ne doivent pas être distingués des Comtes ; Car les Comtes étoient, comme nous avons vû, Gouverneurs, Juges & Conservateurs des Provinces, & les Marquis étoient
cela même dans les Provinces frontieres. Ils ont tiré leur nom de *Marche*,
nom qui est demeuré à divers Païs ; on dit *la Marche de Brandebourg*, la

X

* *lib. 2. C. 36.* ‡ *lib. 1. C. 24.* § *Cap. 4.*

Marche d'Ancone. Dans la Charte de partage entre les Enfans de *Charlema-gne* on lit, *qu'aucun d'eux n'entreprenne d'envahir les limites du Royaume de son Frere ; ou d'entrer frauduleusement pour troubler son Etat*, VEL MARCAS MINUENDAS, *ou diminuer ses frontieres*. Dans le partage entre les Enfans du *Débonnaire* dans *Eghinart* on lit *Marca Hispanica*, *Marca Tholosana*. Ainsi étoient appellées les frontieres du mot *Mark* qui signifioit Cheval dans la Langue Gauloise ; parce qu'on entretenoit dans les Provinces frontieres de la Cavalerie pour s'opposer aux incursions des Barbares qui faisoient la Guerre à Cheval. Les Comtes & Gouverneurs de ces Places & Provinces frontieres furent appellés *Marchiones*, comme qui diroit Generaux de la Cavalerie pour la garde des frontieres. Et de la même source est venu sans doute nôtre *Marscal* ou *Maréchal* qui signifie un General d'Armée. Nom qui est commun à ces Grands Officiers, & à ceux qui ferrent les Chevaux & les gouvernent, parce que *Marscal* en vieux Gaulois signifie Valet de Chevaux. Ce nom de Marquis êtoit en usage dans cette signification dans le huitiéme siecle. *Aimoin* dans la vie de *Loüis le Débonnaire*, dit *que Loüis étant appellé par son Pere Charles il amena avec luy toute l'Armée, laissa la Guyenne ne laissant que les Marquis pour garder les frontieres* : * *relictis tantùm Marchionibus qui fines Regni tuentes, omnes si fortè ingruerent hostium arcerent incursus*. Avant que le mot barbare de *Marchio* fût en usage, les Romains appelloient cette dignité *Comes limitis*, Comte des frontieres ; *Comes limitis Orientis aut Occidentis*, Comte & Gardien des frontieres d'Orient ou d'Occident. Ces Comtes des frontieres ou Marquis n'ayant jamais eu d'autres droits dans nôtre ancien Gouvernement que les autres Comtes, ne doivent pas être mis dans un autre rang ni occuper un autre Chapitre.

Au dessous de ces Grands Seigneurs est la simple Noblesse sous le nom d'*Escuyers* & de *Gentilshommes*. Je ne doute pas qu'il ne faille chercher l'origine de ces deux noms dans la decadence de l'Empire Romain. On les trouve tres-souvent dans *Ammien Marcellin* sous le nom de *Gentiles* & de *Scutarii*, Gentils & Escuyers. En ce temps là ces deux noms signifioient deux especes de milice dans l'Armée Romaine, comme sont entre nous les Gendarmes, les Cuirassiers, &c. & entre les Turcs les Spahis & les Janissaires. C'êtoit en ces deux sortes de milice que consistoit la principale force de *Julien* dans la Gaule. *Ammien Marcellin* rapporte que ce Prince qui fut depuis Empereur & que nous appellons *l'Apostat*, ayant repris la Ville de Cologne, il mit ses Troupes en quartier d'hyver & s'en retourna à Sens. Les ennemis s'attrouperent pensant le surprendre au dépourvû. § *Ideò confidentes quod nec* SCUTARIOS *adesse prodentibus profugiis didicerant, nec* GEN-TILES, *per municipia distributos ut commodiùs versarentur*. Ils avoient appris

* *Aimoin lib. 5. C. 2.*   § *lib. 17.*

par des Deferteurs que les *Efcuyers* n'êtoient pas auprés de luy , & que les
Gentilshommes avoient êté diftribués dans les quartiers de rafraichiffement.
Il eft fouvent parlé & dans *Ammien Marcellin* & dans la Notice de l'Empire , de l'Ecole des Gentilshommes. En parlant de *Salvius* & de *Lupicin*
deux braves Soldats *Ammien* dit § *Scutarius unus , alter è fchola Gentilium.*
L'un êtoit Efcuyer & l'autre de l'Ecole des Gentilshommes. Et * dans un
autre lieu il dit qu'on fit un détachement des plus braves des Efcuyers &
des Gentilshommes , & qu'on en donna la conduite à *Scintula* Tribun de
l'Ecurie de l'Empereur. *De Scutariis & Gentilibus excerpere quemque promp-
tißimum.* Et dans le quatorfiéme livre *Scudilon* eft appellé , le General des
Ecuyers , *Scutariorum Rector.* Ces deux fortes de Milice êtoient affurement
diftinguées entre les autres, & il y a apparence qu'ils êtoient proches de la
Perfonne du General comme fes Gardes. Les Gentils ou Gentilshommes
êtoient des Gardes Eftrangeres , comme font en France les Gardes Ecof-
foifes & les Gardes Suiffes. On les appelloit *Gentils* du mot *Gens* , mot
dont les Romains exprimoient fouvent les Nations Barbares & les Chrêtiens , les Nations Payennes. Ces *Gentiles* & *Scutarii* font la fource de nos
Ecuyers & de nos Gentilshommes. Les Francs entrant en Gaule y trouverent ces deux noms , & les y laifferent dans le même degré d'honneur ,
où ils les avoient trouvés , & même les augmenterent. La Nobleffe vient
des Armes , on n'en doute point. Ces deux fortes de Milice êtant diftinguées entre les Soldats conferverent & augmenterent leurs diftinctions ,
& avec le temps porterent tître de *Nobles* , par oppofition à ceux du Pepple
qui s'employoient dans l'exercice des arts. Mais il eft à remarquer que cette Nobleffe n'êtoit point hereditaire , non plus que les Dignités de Ducs ,
de Comtes & de Marquis. Les Gens de Guerre êtoient reputés Nobles
pendant qu'ils fuivoient la vie de la Guerre , fans faire autre profeffion ; &
quoy que par vieilleffe ou par bleffure ils fuffent difpenfés du fervice , ils
êtoient reputés Nobles & joüiffoient du Privilege de la Nobleffe , moyennant qu'ils n'embraffaffent pas de profeffion oppofée à celle de la Guerre. Mais fi eux ou leurs Enfans venoient à prendre une autre vocation , ils
ceffoient d'être reputés Nobles ; & les Enfans ne naiffoient pas Nobles ,
mais le devenoient fi le Pere leur faifoit choifir le métier des Armes. Sinon
ils demeuroient dans l'ordre du fimple Peuple. Et de là eft venu que quand
les Rois ont rendu la Nobleffe hereditaire , on y a attaché la condition de
ne point exercer les arts mechaniques & la marchandife , ce qui s'appelle
déroger à la Nobleffe.

Afin que ces Perfonnes qui fe deftinoient à la Guerre & qui en en fuivoient la profession, eussent dequoy se soûtenir, outre les gages on leur distribuoit des fonds & des terres pour leur subsistence. On voit souvent dans l'Histoire Romaine qu'on partageoit certains Païs conquis aux Gens de Guerre, sur tout prés de frontieres de l'Empire. Et cela s'appelloit *Beneficium*, Benefice ; les terres que l'on distribuoit aux nouvelles Colonies Romaines portoient aussi ce nom. * *Si qua beneficia concessa aut assignata Coloniæ fuerint in libro Beneficiorum adscribentur*. Les Francs entrant dans la Gaule conserverent & la chose & le nom. Ceux qui servoient l'Etat par les Armes, s'appellerent *Scutarii* & *Gentiles*, Ecuyers & Gentilshommes, & les terres, qu'on leur donnoit s'appelloient *Beneficia*, benefice. Mais comme la Noblesse n'étoit point hereditaire, ces Benefices ne l'étoient pas non plus. Ces Biens étoient possedés absolument comme les Timariots de Turquie. Ils étoient à vie, & ne passoient pas aux Enfans encore qu'ils suivissent la profession des Armes, à moins que le Fils ne fit renouveller en sa faveur la donation du Prince pour le Fief. Il est arrivé deux changemens dans ces Biens. Premierement ils ont changé de nom, & c'est ce qu'on appelle aujourd'huy *Feoda*, Fiefs, Biens nobles, Biens affectés aux Personnes qui suivent la Guerre, opposés à *Alodia* qui signifie les Biens non nobles, & qui peuvent être possedés par toutes sortes de personnes. Au lieu que les Fiefs ne pouvoient pas être possedés par les Roturiers. Le nom de *Benefice* est demeuré à l'Eglise, & c'est ainsi qu'on appelle les fonds qui ont été annexés aux Evêchés, Abbayes & Prieurés qui se donnent à vie seulement. Le nom de *Fief* est demeuré propre à la Noblesse. Il est tiré de *foy* & de *fidelité* ; parce que les Fiefs sont des terres que le Prince ou Seigneur a données & distribuées sous promesse de foy, hommage, Vasselage, & sur tout à condition que le Vassal tenant Fief sera obligé de servir en Guerre son Seigneur, toutes les fois qu'il en sera requis. Toutes les Loix & Chartes anciennes sont pleines de ces mots, *Benefice*, *Fiefs*, *Alodia* ou *Aleuds* : particulierement depuis *Charlemagne*. Nous aurons occasion de revenir à cette matiere quand nous parlerons de la maniere dont la Guerre se faisoit, & d'où on tiroit les frais de la Guerre. Pour aujourd'huy & pour nôtre sujet, il faut seulement remarquer deux choses, la premiere que ce n'étoient pas seulement les Rois & les Souverains qui donnoient ainsi des terres à foy & hommage, à condition que les tenants ces Fiefs leur servissent à la guerre ; c'étoient generalement tous les Seigneurs, Grands Terriens qui distribuoient ainsi les terres dont ils étoient chargés, & se faisoient des Vassaux par ce moyen. C'est pourquoy aujourd'huy ce n'

---

* *Hyginus de limitibus agrorum.*

font pas feulement les Duchés , Comtés & grandes Baronnies qui ont
des Vaffaux ; mais des terres fans titre de dignité ont fouvent multitude
de Vaffaux. La feconde chofe à obferver c'eft que ces Vaffaux, Efcuyers
& Gentilshommes du temps que la France étoit partagée en plufieurs
Souverains Vaffaux de la Couronne , ne dependoient point du Roy :
chaque Prince Souverain , Duc & Comte en France avoit fes Barons , Efcuyers & Tenants Fiefs qui dependoient de luy , & qui
étoient obligés de le fervir contre le Roy même , quand le Roy le
vouloit injuftement opprimer. Ainfi les Ducs de Bretagne , de Normandie , d'Aquitaine , les Comtes de Champagne , de Tholoufe , de Poitou,
d'Anjou , avoient leurs Sujets Vaffaux & Gentilshommes , qui ne dependoient point du Roy , & n'étoient obligés à luy rendre fervice
qu'autant que leur Seigneur le vouloit & les y engageoit.

Aprés cette Hiftoire de la Nobleffe de France depuis les plus hautes dignités de Duc,
de Marquis & de Comte jufqu'aux fimples Gentilshommes , je reviens à cette egalité qui étoit entre les divers Souverains qui partageoient autrefois la France , egalité
qui regnoit non feulement entre eux , mais avec le Roy duquel tous les autres Princes relevoient fimplement comme Vaffaux. Article d'une fi grande importance , qu'il
eft feul capable de ruiner entierement les pretentions de cette Puiffance abfoluë que
la Cour exerce aujourd'huy. Il faut donc fçavoir que durant plufieurs fiecles le Gouvernement de la France étoit à cet égard abfolument femblable à celuy qui eft aujour-
d'huy en Allemagne. Le grand Pays au delà du Rhein eft divifé en plufieurs Princes,
Electeurs , Ducs & Comtes , qui fe difent Membres de l'Empire, qui veulent bien fe
dire Vaffaux de l'Empereur en tant que Chef de l'Empire , mais non fes Sujets.
Chaque Prince eft Souverain , chaque Etat, foit Electeur, foit Duc , foit Comte, foit
Ville libre eft Maître chez foy. L'Empereur n'a point droit d'y lever des Tributs , ni
de fe faifir des Domaines, ni de les engager dans aucune guerre fans leur confentement , ni d'exercer aucun acte de Juge , de Magiftrat & de Souverain , à moins qu'il
ne foit authorifé par les Diétes generales de l'Empire. Chaque Prince Membre de l'Empire peut fe faire faire droit par la voye des armes des autres Membres de l'Empire.
Ils peuvent avoir des guerres avec les Etrangers fans que l'Empereur y prene part.
Enfin ils ont droit de faire la guerre à l'Empereur luy-même quand il les veut opprimer
par la violence. Le Gouvernement de la Monarchie Françoife étoit abfolument femblable : les Ducs de Normandie , de Bretagne , de Guyenne , les Comtes de Champagne , de Poytou , d'Anjou , de Toulouze , de Provence , les Ducs de Berry , de
Bourgogne , le Comte de Flandres , & generalement tous les autres étoient Maîtres
chés eux , & ne dependoient en rien du Roy de France, excepté l'hommage , & les
devoirs des Vaffaux à leurs Seigneurs. Encore ces droits de Vaffelage étoient fort mal
exercés , & tout autant qu'il plaifoit à ces Seigneurs inferieurs au Roy. Ils levoient
fur leurs Sujets les impots qu'ils jugeoient eftre neceffaires pour la confervation de leur
Etat , en obtenant pourtant permiffion des Etats de la Province dont ils étoient Ducs
ou Comtes. Car le partage de la Monarchie ne fe fit pas au prejudice du Peuple qui
conferva toûjours fes droits. Ces Seigneurs ne fuivoient pas toûjours le Roy dans
fes guerres , & n'embraffoient pas toûjours fes interêts. Ils ne luy fourniffoient ni
hommes ni argent qu'autant que bon leur fembloit. Le Roy n'avoit aucun pouvoir

sur la Noblesse & sur les Gentilshommes du Duché & de la Comté qu'autant que le Prince , Duc ou Comte de la Province luy en donnoit. Enfin ce qui est une marque de pleine Souveraineté , les Princes se faisoient entr'eux la guerre & la faisoient au Roy même quand ils jugeoient que cela étoit de leur intérêt. Toute nôtre Histoire est pleine de preuves de ce fait. L'an mille trente-deux *Odon* Comte de Champagne & *Baudouin* Comte de Flandres firent la guerre à *Henry premier* petit fils de *Hugues Capet* , en faveur de son frere *Robert* , que le Pere & les Etats du Royaume avoient exclus de la Couronne, quoy qu'il fût l'Aîné. Sous le même Roy *Henry I.* il y eut guerre en Normandie entre les heritiers du Duc *Robert*. *Guillaume le Bastard* fils de *Robert* fut investi de la Duché par *Henry I.* les legitimes heritiers , quoy que dans un degré plus reculé , voulurent se faire raison par les armes. *Henry* soûtint l'affaire de *Guillaume*. Mais les autres quoy que Seigneurs particuliers , & même assés petits Seigneurs resisterent par armes au Roy luy-même , & ne cederent que parce qu'ils se trouverent les plus foibles. *Guillaume le Bastard* qui fut depuis Roy d'Angleterre , mais qui pour lors n'étoit que Duc de Normandie , Duché qu'il ne tenoit, pour ainsi dire , que de *Henry* , fit pourtant la guerre à son Seigneur , battit les François l'an 1040. le Roy luy-même y fut battu , & se vit obligé de faire la paix de pair à pair. Sous *Philippes I.* l'an 1063. *Godefroy Martel* Comte d'Anjou & de Touraine , comme Souverain & Maître de ses actions fit la guerre au Duc d'Aquitaine, le battit , le rendit tributaire , & le fit son Vassal : quoy que les Comtes d'Anjou & de Touraine eussent jusque-là relevé des Ducs de Guyenne. *Robert* Comte de Flandres l'an 1072. eut une grosse guerre contre le Roy de France son Seigneur de Fief, battit les François dans la fameuse bataille de Cassel , & donna la la paix au Roy plûtôt qu'il ne la reçût. Le même Roy *Philippe I.* dans sa vieillesse eut une guerre contre *Guy de Rochefort* , *Estienne* Comte de Champagne & le Seigneur de Gournay. *Loüis* Prince de France qui fut depuis Roy sous le nom de *Loüis le Gros* termina cette affaire par la voye des armes. Le même *Loüis le Gros* au commencement de son Regne vit une Ligue qui se forma contre luy de plusieurs Seigneurs , lesquels aprés la paix faite ne voulurent point être traittés & considerés comme rebelles. Sous ce même Regne il y eut guerre pour la succession de la Comté de Flandres aprés la mort de *Robert Frison* , entre *Guy de Bourgogne* & *Guillaume* fils du Duc *Robert*. Et les Princes ne reconnurent dans le Roy de France aucun caractere qui luy donnât pouvoir de terminer leurs differents avec authorité. Le même *Loüis le Gros* eut guerre contre le Comte d'Auvergne & le Duc de Guyenne ; cette guerre finit par la paix de 1132. Ce même Roy eut aussi guerre contre *Thibault* Comte de Champagne , la paix se fit en 1133. Il faudroit copier toute nôtre Histoire pour épuiser les exemples de cette nature. Cela donc fait voir evidemment la Souveraineté des Ducs & des Comtes d'alors.

C'est de cette Souveraineté sur les Provinces & du partage de la Monarchie entre plusieurs Souverains qu'est venuë l'alienation des Provinces & la domination des Etrangers dans le Royaume. Les grands Fiefs de la Couronne passoient dans d'autres Maisons par des filles & par des alliances , tant on connoissoit peu alors la Loy Salique , qui exclut les femmes de tout Fief noble en France. Et les grands domaines par des alliances ont passé dans les mains des Princes étrangers. L'an 1153. *Henry* Comte d'Anjou succeda à *Estienne* Roy d'Angleterre , & emporta avec luy les Comtés d'Anjou , de Touraine , le Duché de Guyenne joints au Duché de Normandie. C'est ce qui mit les Anglois en possession de presque la moitié du Royaume , & causa dans la suitte tant de guerres. Par toutes ces preuves il est constant que les Ducs & les Comtes dans ce temps-là étoient Souverains en France des Provinces qu'ils y poſſedoient, ne reſervant au Roy que l'hommage. Or preſentement comparé ces Gouvernement à celuy d'aujourd'huy. Il eſt tout auſſi different que le ſont à preſent celuy de l'Allemagne & celuy de France. Aujourd'huy les Ducs & les Comtes ſont devenus de vains tîtres: le Roy eſt Maître abſolu & Souverain par tout, les Gentilshommes & les Peuples de toutes les Provinces luy ſont ſoûmis. Il n'y a plus de forterefſe, plus de droit de faire guerre que dans ſes mains: Tout Prince qui oſe lever la tête & parler de prendre les armes contre le Roy quelque tyran qu'il ſoit eſt coupable de rebellion. Les Princes & les Ducs ſont auſſi ſoûmis & abbaiſſés ſous le Roy que les plus petits de tous les Su-jets. Le Roy s'eſt rendu Maître de tous les Etats de ces Souverains, & les a annexés à perpetuité à la Couronne. On ne peut pas voir un plus grand changement de Gouver-nement. Et ſi aujourd'huy l'Empereur s'étoit rendu Maître de tous les domaines des Princes & des Etats libres de l'Empire ne leur laiſſant que les vains noms de Ducs, des Comtes, & de Villes Imperiales, on ſe moqueroit de luy, & on auroit droit de le faire s'il ſoûtenoit qu'il exerce le pouvoir qu'il a herité de ſes Ancêtres, qu'il n'a point fondé ſa Monarchie ſur un nouveau Gouvernement, & qu'elle roule ſur l'an-cien pied. Et par conſequent lors que la Cour ſoûtient que le Roy exerce aujourd'huy ſur les Grands du Royaume le pouvoir, qu'il a toûjours eu, la pretention eſt evi-damment fauſſe.

Mais icy les flateurs de la Cour diront que nous voulons faire regarder dans l'Hi-ſtoire de nos Rois comme le foible ce qui en eſt veritablement le fort. Que c'eſt une obligation que nous avons à la troiſiéme Race des Rois de France d'avoir réüni les Provinces qui avoient été alienées, que ſous les Rois de la premiere & de la ſecon-de Race, les Ducs & les Comtes n'étoient que les Gouverneurs de leurs Provinces; que ces Gouvernements n'étoient pas mêmes hereditaires: que par la foibleſſe du Gouvernement les Ducs & les Comtes s'étoient faits Souverains, que les Rois ont été en droit de les faire retourner à leur ancienne origine: que cette multitude de pe-tits Souverains dans un grand Etat en eſt la ruine: que cela y entretient des guer-res, qu'un grand corps diviſé devient foible. Que la France durant ce Gouvernement a été la proye des étrangers, & qu'elle allumoit à tous coups le feu dans ſes propres entrailles; Enfin que c'eſt le plus grand coup de ſageſſe & de politique qui jamais ait été fait, que cette réünion des Provinces à la Couronne; que par là le Royau-me eſt devenu une eſpece d'Empire, & que c'eſt ce qui l'a rendu ſi redoutable aux étrangers. Voilà qui eſt bien ſpecieux. Mais pour faire tomber ce bel edifice, il n'y a qu'à ramener la comparaiſon de l'Allemagne & de la France. Il faut ſçavoir que du temps de *Charlemagne* le Gouvernement étoit le même en France & en Allema-gne ſous un ſeul Maiſtre. Les Gouvernements, les Duchés & les Comtés en Al-lemagne étoient à vie comme en France, il n'y avoit au delà & au deçà du Rhein qu'un ſeul Seigneur. Cela dura ſous les Succeſſeurs de *Charlemagne* qui eurent quel-que vigueur. Mais le Gouvernement au delà du Rhein s'affoiblit comme au deçà, même choſe arriva en Allemagne qu'en France: les Gouverneurs des Provinces s'en rendirent les Maîtres & les Souverains. Et de là ſont venus les Ducs & Comtes, Palatins, de Baviere, de Brunſwick, de Lunebourg, & generalement tous les au-tres: les Villes puiſſantes & riches que les petits Souverains ne purent domter ne de-meurerent pourtant pas ſujettes de l'Empereur, & ſans ſe détacher de l'Empire elles ſe mirent en liberté: voilà comme les choſes ſe ſont paſſées. S'enſuit-il de là qu'au-jourd'huy l'Empereur ſeroit bien fondé à réünir à ſa Couronne Imperiale tous les domaines de l'Empire? L'écouteroit-on quand il diroit, autrefois l'Empereur étoit

Maître par tout , dont il le doit être aujourd'huy ? Il est vray sous la premiere Race de nos Rois , & sous une bonne partie de la seconde les Comtes & les Ducs n'étoient pas Souverains & n'étoient qu'à vie. Mais ils avoient d'autres privileges, qui valoient bien autant ou plus pour la conservation de la liberté. Ils avoient le droit dans leur Parlement de faire tout ce que bon leur sembloit, même contre le Roy. Tout de même qu'aujourd'huy en Angleterre il n'y a qu'un seul Seigneur qui est le Roy , toutes les Duchés & les Comtés ne font que titulaires; ce fut *Henry VII.* qui abolit toutes ces Seigneuries particulieres. Mais châcun sçait que les Seigneurs & les peuples d'Angleterre n'en sont pas moins libres. Les troubles de l'Etat & les entreprises des Rois ayant rendu la tenüe des Parlements en France difficile & rare , les Seigneurs trouverent un moyen de se garantir de la tyrannie des Rois , c'est de se rendre Maîtres châcun dans leurs Gouvernements. De plus ce que disent ces Messieurs que toutes ces petites Souverainetés s'étoient formées par usurpation sur la fin de la seconde Race de nos Rois, n'est pas tout à fait vray. *Du Haillan* nous assure qu'il y avoit d'anciens Duchés & Comtés hereditaires. *Il y avoit , dit-il , des Seigneurs naturels qui de tout temps en avoient la joüissance sans que les Roys les eussent privés de la proprieté de leur heritage :. Car long-temps devant Hugues Capet* les Ducs de Normandie , de Bourgogne & d'Aquitaine tenoient paisibles leurs Duchés. Et les Comtes de Thoulouse , de Flandres , d'Auvergne , de Vermandois , d'Anjou & autres , qui étoient hereditaires en leurs Comtés les possedoient paisiblement.* Au moins est-il certain que cette possession des Provinces du Royaume en proprieté par les Seigneurs a commencé un siecle ou deux avant *Huguet Capet* , qu'elle a duré plus de deux ou trois cents ans aprés luy. Il me semble que cinq ou six cents ans suffisent pour une prescription. Il est vray qu'il y a des Droits qui ne se prescrivent jamais , & tel est le Droit des Peuples. Mais châcun sçait que de Seigneur à Seigneur prescription a toûjours eu lieu.

Quant à ce qu'on dit des maux qui venoient de la division & de la puissance de la Monarchie qui s'est augmentée par la réünion , j'y répons qu'en tout Gouvernement il y a du bien & du mal : il est vray qu'il y a de l'incommodité en plusieurs rencontres dans un Gouvernement , tel qu'étoit celuy de France autrefois , & tel qu'est celuy d'Allemagne aujourd'huy. Mais ces incommodités du Gouvernement ne donnent point droit à l'Empereur de se faire seul Seigneur. Ainsi ces incommodités n'ont point donné droit aux Rois de France de ravir par violence & par fraude les biens appartenants à leurs Vassaux. Il est vray un Roy est bien plus puissant quand il se rend Souverain de tout , & fait de ses Vassaux ses Sujets. Mais ce n'est pas la puissance du Monarque qui fait le bien de la Monarchie & des Peuples; au contraire c'est ce qui rend les peuples miserables : car plus un Prince est puissant plus les Sujets sont opprimés , plus il faut de choses pour soûtenir le luxe & la grandeur du Prince. La France a esté déchirée de plusieurs guerres quand elle étoit divisée en plusieurs Souverainetés ; il est vray. Mais elle ne l'a été gueres moins depuis les réünions. L'Allemagne toute divisée qu'elle est ne laisse pas de subsister avec gloire : la Monarchie Françoise se seroit aussi fort bien conservée sans que les Rois eussent opprimé sa liberté. Un peu davantage de reputation au dehors ne recompense gueres de la perte de la liberté & de tant de sang , de biens , de repos , de tranquillité, de paix que nous ravit la puissance d'un seul Monarque , qui a aneanti tous les Seigneurs pour être seul Souverain Seigneur.

* Dans la vie de Hugues Capet.*

Fin du dixiéme Memoire.

LES SOUPIRS
DE LA
FRANCE ESCLAVE
Qui aspire aprés la Liberté.

XI. MEMOIRE,
Du 15. de May 1690.

De l'ancien Gouvernement par rapport au Peuple : la France n'avoit pas de Troupes reglées : quand elles ont commencé. La Noblesse portoit le fardeau de la Guerre. Les Impôts étoient autrefois inconnus : quand ils ont commencé. Recapitulation & conclusion de tout le precedent.

NOUS avons consideré l'ancien Gouvernement de la Monarchie Françoise par rapport à toute la Nation en general, en faisant l'Histoire des Droits du Peuple sur l'élection & la déposition des Rois ; & en rapportant fidélement l'étenduë du Pouvoir des Etats du Royaume assemblés. Nous avons aussi vû la forme de l'ancien Gouvernement par rapport aux Parlements & aux autres Tribunaux de Justice, par rapport aux premieres Charges du Royaume, & enfin par rapport aux dignités & à la Noblesse. Il ne nous reste plus pour donner une parfaite idée de cet ancien Gouvernement que de le regarder par rapport au Peuple distingué des Grands & de la Noblesse. Il est certain que le Peuple est celuy qui porte les fardeaux, particulierement en France. Son joug est d'une pesanteur, & son esclavage d'une étenduë qui passe toute imagination ; on le peut voir dans les premiers Chapitres

Y

de cet Ouvrage. Il faut voir presentement si au commencement il en é-
toit ainsi. Les fardeaux des Peuples se reduisent à deux griefs ; c'est le faix
de la Guerre qu'on luy fait porter , & celuy des Tributs qu'on impose
sur luy. Nous allons voir comment autrefois il ne portoit ni l'un ni l'autre de ces fardeaux.

Premierement pour celuy de la Guerre , il faut sçavoir qui ni dans la
premiere , ni dans la seconde , ni même bien avant dans la troisiéme Race de nos Rois , on n'entretenoit point durant la Paix de Troupes reglées.
Troupes qui non seulement sont l'accablement des Peuples , puis qu'il
faut perpetuellement soûtenir des Armées comme en temps de Guerre ,
mais qui sont le plus funeste instrument de la Tyrannie , & le moyen le
plus efficace de l'oppression de la Liberté. Nos Rois étoient si fort éloignés
d'avoir toûjours , comme on a aujourd'huy , des Armées sur pied répanduës dans tout le Royaume , qu'ils n'avoient pas même de Troupes reglées pour leurs Gardes ; les Regiments des Gardes Suisses , Escossoises
étoient inconnus alors , aussi-bien que les Gardes Françoises , les Mous-
quetaires , Gendarmes , & autres Troupes reglées qu'on appelle *La Maison du Roy* , & qui font la terreur des Sujets. Entre tous les caracteres de
la Tyrannie , il n'y en a pas un qu'on ait plus remarqué que celuy-là.
C'est de se maintenir sur le Trône par des Armées. C'est une preuve
qu'on regne par violence , & qu'on n'a pas pour soy l'inclination des
Peuples auxquels on commande. Les Empereurs Romains qui usurperent
la Domination dans Rome , & opprimerent la Liberté de la Republique,
avoient toûjours prés d'eux les Cohortes Pretoriennes , c'est à dire une
Armée complete. Mais c'est parce qu'ils étoient Tyrans & Usurpateurs.
Ces Empereurs avoient des Legions répanduës dans toutes les Provinces ,
bien moins pour garder les Frontieres de l'Empire que pour retenir les
Peuples de leur Domination dans l'esclavage. Et le Grand Seigneur a
toûjours ses Janissaires qui font la force de son Empire , & qui luy sont
de necessité absoluë pour contenir ses Sujets ; parce qu'il ne regne que par
violence & par contrainte. Nos Rois n'étoient point ainsi autrefois , parce
qu'ils n'étoient pas Tyrans : ils n'avoient autre Garde que leurs Officiers
& leurs Domestiques , avec l'inclination & l'amour des Peuples. On n'a
qu'à lire nôtre Histoire pour voir si l'on y trouvera quelque trace de ce
grand appareil de Guerre , au milieu duquel vivent aujourd'huy nos Rois
dans le temps de la plus profonde Paix. On peut prouver ce que nous a-
vançons par diverses circonstances qui se trouvent dans l'Histoire.

! Par exemple * *Gregoire de Tours* , & § *Aimoin* difent que le Roy *Gontran* fut averti par un homme du Peuple de la Ville de Paris , de fe donner de garde des embûches que luy dreffoit *Faraulphe* ; il fe donna des Gardes armés qui l'accompagnoient par tout , même jufque dans les lieux facrés, difent ces Auteurs. Si alors les Rois euffent eu dés Gardes , comme ils en ont aujourd'huy , *Gontran* n'auroit pas eu befoin d'en lever & de s'en fortifier comme il fit. Alors il n'êtoit pas ordinaire aux Rois de marcher entre des gens armés ; aujourd'huy cela ne fe fait pas autrement. Nous avons encore là deffus un témoignage bien exprés de *Guillaume de Neubrige* dans l'Hiftoire d'Angleterre. ‡ *Philippe* Roy de France appellé *Augufte II.* du nom , êtoit en guerre avec *Richard* Roy d'Angleterre , & quoy que ce dernier fût dans la Paleftine à faire la guerre aux Sarrazins , *Philippes* feignit que *Richard* dreffoit des embûches à fa vie , par des affaffinateurs à fes gages. *C'eft pourquoy ,* dit cet Auteur, *il ne marchoit jamais qu'environné d'une groffe garde contre la coûtume de fes Predeceffeurs. Ce qui fit perir quelques perfonnes qui s'approcherent de luy un peu trop familierement. Plufieurs trouvent cette nouveauté étrange , il affembla les Prelats & les Grands du Royaume en Parlement à Paris pour les fatisfaire là-deffus , & pour les irriter contre le Roy d'Angleterre. Il avança contre ce Roy plufieurs chofes comme certaines , & entre les autres qu'il avoit fait perir malheureufement un grand Seigneur , il produifit des lettres qu'il difoit luy avoir été envoyées par quelques Grands qui l'avertiffoient qu'il eût à prendre garde à luy , & que Richard avoit envoyé d'Orient des affaßins pour le tuer. C'eft pourquoy, adjoûta-t'il, on ne doit pas s'étonner que contre la coûtume je me face garder par des hommes armés. Cependant fi ma garde vous paroit indecente ou fuperfluë, on la peut congedier.* Pourquoy tant de miftere ? & à quoy bon cette apologie, fi les Rois d'alors comme ceux d'aujourd'huy avoient toûjours eu des Armées autour d'eux. Auffi l'Auteur dit expreffement que *Philippe Augufte* fit en cela ce qui n'avoit jamais été pratiqué par fes Ancêtres. Il eft bien aifé à juger , que fi les Rois n'avoient pas d'Armées , & de gardes autour de leurs perfonnes , il n'y en avoit pas beaucoup dans le refte du Royaume. On ne veut pas nier abfolument que les Rois ne tinffent fur pied en tout temps quelque Infanterie & quelque Cavallerie pour la garde des Frontieres, mais c'étoit trés peu de chofe en temps de paix. Et ces Troupes pour être en trop petit nombre ne pouvoient fervir à opprimer la liberté du Royaume. *Charles VII.* fût le premier qui établit ces Troupes reglées durant

Y 2

---

* *Gregor. lib. 7. cap. 18.*   § *Aimoinus lib. 3. cap. 63.*   ‡ *lib. 4. c. 2.*

la paix. Les horribles guerres qu'il avoit euës, à soûtenir contre les Anglois, & le peril où il pouvoit tomber de se trouver dans des maux semblables à ceux dont il venoit de sortir, servirent de pretexte pour l'établissement de ces Troupes reglées. Il établit quinze cents Lances & quatre mille Archers, lesquels il distribua dans les Villes du Royaume, pour y être entrenus. C'étoit environ cinq ou six mille hommes dont le Peuple étoit chargé : qu'est-ce que cela pour un si grand Etat ? Cette précaution paroissoit juste & cet établissement necessaire. Cependant ç'a été là la premiere source de nos malheurs. Depuis ce temps les Rois ont entretenu des Troupes toûjours sur pied, & s'en sont servis pour opprimer leurs Peuples. *Loüis XI.* Fils de *Charles VII.* sçût bien profiter de cette nouvelle institution, & ceux qui ont lû l'Histoire sçavent comment il s'authorisa par ce moyen, & commença à jetter les fondemens de la Tyrannie, sous laquelle nous gemissons aujourd'huy. Il ne se contenta pas des Troupes Françoises, il eut des Gardes Suisses, & mit le Royaume entre les mains des Etrangers. Mais, dira-t'on, quand même il n'y auroit pas eu de Troupes reglées avant *Charles VII.* les Guerres étoient extremement frequentes ; il faloit que le Peuple en portât le fardeau. On répond que non, & voici comme la chose se faisoit.

Dans le temps de l'établissement de la Monarchie les biens, c'est à dire les fonds, furent divisés en biens *Feodaux* & biens *Allodiaux*, *Fiefs* & *Alleuds*. Les Fiefs au commencement s'appelloient Benefices, & furent ensuitte appellés *Feuda* du mot *Fides*, parce que ceux à qui on les donnoit devoient se reconnoître Vassaux de ceux de qui ils les recevoient, ils étoient obligés de leur prêter foy & hommage, & de les servir à la guerre. Les Benefices ou Fiefs furent au commencement à vie & non hereditaires. Ils le devinrent sous la seconde Race de nos Rois. Mais ils demeurerent chargés des mêmes devoirs que quand ils n'étoient possedés qu'à vie. Dans le temps que les Fiefs changeoient de Maître par la mort de celuy qui les possedoit, les possesseurs étoient chargés du devoir de se trouver à la guerre toutes les fois qu'ils en étoient requis par leur Seigneur de Fief, car c'étoit la condition sous laquelle ces Fiefs se donnoient. Lorsque les Fiefs devenoient hereditaires, ils demeurerent chargés de cette necessité. Le Roy avoit sous luy les Comtes & les Ducs qui relevoient immediatement de luy ; chaque Comte & Duc avoit sous luy ses Barons. Lorsque le Roy vouloit faire la guerre, il faisoit avertir les Ducs & Comtes de son Roiaume ; les Ducs & Comtes faiſoient aſſembler leurs Barons, chaque Baron avoit ſes Vaſſaux, & il étoit obligé de mener à la guerre tous ſes Vaſſaux tenant les Fiefs & Arrierefiefs. Si le Comte ou Duc avoit une guerre en particulier contre un autre Seigneur, il aſſembloit pareillement ſes Barons, & les Barons tous leurs Vaſſaux pour le ſervice de leur Seigneur. Ils y étoient obligés, & s'ils y manquoient ils perdoient leur Fief comme portent expreſſement les anciennes Loix. (* *Si quelqu'un a été convoqué par les Loix pour l'utilité du Rey ſoit contre l'ennemy ou pour quelque autre ſervice & n'aura point obéi qu'il ſoit privé de ſon Fief.* Ces Convocations s'appelloient *Bannus* & *Herebannus*, Ban & Arriereban, d'un mot de la baſſe Latinité alors en uſage; *Bannire*, pour publier, declarer, proclamer, convoquer à cry public. Cela s'appelloit auſſi, *hoſtem denuntiare*, *hoſtem indicere*, *populum in hoſtem convocare*. Et la Convocation s'appelloit *Hoſtile Bannum*. On dit dans les Capitulaires de *Charlemagne* de l'an 802. *ut hoſtile Bannum Domini Imperatoris nemo pratermittere praſumat*; *Que perſonne ne ſoit aſſes hardi quand il eſt convoqué contre l'ennemi de mépriſer le commandement de l'Empereur*) § C'eſt un fait conſtant & dont toutes les Loix & les Hiſtoires anciennes ſont remplies. Or il eſt clair ſelon cela que le fardeau de la guerre tomboit ſur les Nobles & non ſur le Peuple. C'eſt ce que reconnoît *Paſquier* dans le ſecond Livre de ſes Recherches de la France ‡. *Lors de la premiere diſtribution de ces terres Beneficiales & Allodiales il n'étoit point mention de Tailles, ains étoient les Nobles tenus de ſupporter à cauſe de leurs Seigneuries le faix des armes.* Il eſt vray que les biens *Allodiaux* furent chargés de Cens & Rentes à cette même fin, c'eſt à dire pour ſoûtenir le fardeau de la guerre; ces biens *Allodiaux* étoient les biens propres & patrimoniaux appartenants à chaque famille en proprieté, & qui paſſoient aux heritiers ſans aucune permiſſion du Prince. (Ces biens au commencement étoient francs de toutes charges tant militaires qu'autres. Mais parce que les Comtes, Barons & Gentilshommes qui à cauſe de leurs Fiefs étoient obligés de ſoûtenir la guerre, ſe trouvoient ſouvent trop chargés, ils impoſerent ſur les biens Allodiaux des Cens & Rentes pour contribuer à l'entretien des armes. Et de là eſt venu qu'aujourd'huy les *Alleuds* ſe trouvent chargés de Cens & Rentes, & que par là ils ſont diſtingués des biens nobles qu'on appelle *Fiefs*, à l'exception de certain fonds qu'on appelle *Francs Alleuds*, qui ont conſervé l'ancienne franchiſe de biens *Allodiaux*. Mais ces Cens & Ren-

---

* *Lex Riquar. Cap. 65.*   § *Cap. 7.*   ‡ *Cap. 13.*

tes dont ces biens furent chargés, n'étoient rien de confiderables, & ne chargeoient point le Peuple, tant parce que cela n'alloit pas loin, que parce que le fardeau tomboit fur toutes les terres *Allodiales* en quelque main qu'elles fuffent, foit des Nobles, foit de ceux qui ne l'étoient pas. Ainfi les Nobles portoient toûjours le grand fardeau comme les plus riches. Chaque Comte ou Duc étoit obligé par le Ban du Roy de luy mener tant de Barons, & chaque Baron menoit tant de Chevaliers, l'un cinq, l'autre quatre, un autre dix, plus ou moins felon la qualité & la force du Fief qu'il poffedoit. Entre ceux-là il y en avoit qu'on appelloit *Bannerets*, parce qu'ils avoient affés de Vaflaux pour en faire des Compagnies qui marchoient fous des Enfeignes & des Bannieres; c'eft pourquoy on les appelloit *Vexillarii* ou Bannerets. Il y en avoit qui menoient jufqu'à deux cents hommes à leur Seigneur pour faire la guerre. Et ces troupes de-voient être entretenuës au dépens des Seigneurs des Fiefs. Nous avons une preuve certaine de tout cela dans nôtre Ban & Arriereban que le Roy convoque quand il le juge à propos. Il eft arrivé deux grands chan-gements dans le Gouvernement à cét égard. Le premier c'eft que les Fiefs ou terres Nobles aprés être devenuës hereditaires font auffi par ven-te & par alienation paffées dans les mains des Roturiers. Lefquels n'é-tant pas de la profeffion des armes ne pouvoient être obligés à marcher à la guerre dans les Convocations des Nobles pour caufe de guerre. Au commencement on s'oppofa à cela, parce que cela diminuoit les gens de guerre fur lefquels le Prince pouvoit conter. Mais dans la fuite la coûtume s'en établit, & cela donna lieu aux *Francs Fiefs* : qui font des taxes que les Roturiers doivent au Roy à caufe de leurs Fiefs, & en con-fideration de ce qu'on leur permet de poffeder des biens nobles & pro-prement militaires, fans eftre obligés à marcher à la guerre. L'autre changement c'eft l'impofition des Impôts pour l'entretien des troupes reglées; les Princes ont trouvé ces troupes beaucoup plus commodes & plus utiles. Et depuis ce temps-là on a ceffé de convoquer la Nobleffe à la guerre excepté dans les occafions preffantes. Tellement que ce qu'on appelle *Ban & Arriereban*, qui fe convoquoit toutes les fois que le Prince alloit à la guerre, ne fe convoque aujourd'huy que tres-rarement. Ainfi la Nobleffe eft devenuë franche & le Peuple a été chargé : la No-bleffe poffede fes Fiefs fans aucune charge & impôt, & le Peuple a été chargé de Tributs & Impôts pour payer des gens à gage, afin de faire la guerre que les Nobles étoient autre fois obligés de faire à leurs dépens.

Et il est arrivé un troisiéme changement qui vient de l'oppression & de l'abbaissement que les Grands du Royaume ont souffert. C'est qu'autre-fois tous les Comtes & Ducs avoient pouvoir d'assembler l'Arriereban de leurs Provinces : *Heribannus* , Convocation du Seigneur , s'appel-loient ces assemblées , parce que tout Seigneur de Haut Fief le pouvoit faire. Mais aujourd'huy le Roy s'étant fait le seul Seigneur il a usurpé le droit de convoquer seul la Noblesse du Royaume. De cette differen-ce entre l'ancien droit & le nouveau il en naît une autre : c'est que le Roy , qui étoit le premier Seigneur du Royaume n'avoit pas le pou-voir immediat de convoquer tous les Gentilshommes du Royaume à l'Arriereban comme aujourd'huy. Chaque Comte devoit assembler ses Barons, & chaque Baron ses Vassaux. Dans toute cette histoire de la forme de nôtre ancienne milice, il n'y a rien qui soit contesté & qui le puisse être. Par là on voit que le Peuple ne portoit point le fardeau des guerres : & que les troupes reglées sont de nouvelle invention. Ce changement a rendu nôtre Noblesse faineante, en la déchargeant du far-deau de la guerre qui luy appartenoit proprement. Et cependant elle n'en est pas devenuë plus riche. Car elle a consumé en Chiens, en Chevaux pour la chasse, en repas & en vains ornements,ce qu'elle dépensoit autre-fois en chevaux de guerre & en armes pour le service de l'Estat. Et elle est devenuë si incapable de discipline militaire , & si peu propre à soû-tenir la fatigue de la guerre, que rien n'est plus miserable que ces trou-pes de Ban & d'Arriereban, Le Roy n'en devroit jamais venir là , car cela ne sert qu'à montrer le neant & la decadence de la Noblesse Fran-çoise autrefois d'une si grande reputation.

Le second fardeau qui accable les Peuples par la tyrannie , ce sont les Tailles , Impôts , Subsides , &c. Et sur cela il faut poser comme un fondement certain & indubitable qué sous la premiere & la seconde *, & bien avant sous la troisiéme Race de nos Rois, les Tailles , Subsides & Impôts étoient entierement inconnus. Les Princes soûtenoient la de-pense de la guerre par le moyen de leur Noblesse, comme nous le venons de voir, leurs domaines, quelques redevances, & tout au plus des don s gratuits survenoient au reste. Dans le Chapitre où nous avons parlé des Estats Generaux qui s'assembloient tous les ans une ou deux fois , nous avons trouvé qu'un des usages de ces Assemblées generales ,étoit de pré-senter aux Princes les hommages & les presents de la Nation. Il ne faut

* *Voy les Recherches de Paschier liv. 2. chap. 7.*

pas s'imaginer que les presents fussent des Impôts semblables, par exemple, à ceux que le Roy demande aux Etats de Languedoc & de Bretagne
qui montent à plusieurs millions, & qui accablent le Peuple tout de même que les Tailles personnelles. Ou c'étoient de petits presents qui ne
servoient qu'à témoigner la sujettion & à faire hommage au Prince : ou
c'étoient des dons purement gratuits qu'on n'exigeoit point, ausquels
on n'obligeoit personne, & pour lesquels on ne ch grinoit personne
quand ils ne le payoient pas. *Aimoin* nous dit §. que *Pepin contraignit les
Saxons à luy promettre obeïssance, & que tous les ans ils luy ameneroient dans le
temps du Parlement general trois cents chevaux en present, honoris causâ*, dit
l'Autheur, par hommage & non comme un Tribut. *Il les contraignit :* il est
vray, mais c'est parce que c'étoient des Peuples nouvellement conquis, qui
se rebelloient souvent & contre lesquels il falloit prendre toute sorte de seuretés. Voicy donc l'histoire véritable des Impôts, de leur origine, & de
la maniere dont on les levoit. Le plus ancien Impôt dont on trouve
qu'il soit fait mention dans nos histoires ; c'est celuy qui s'appelloit
droit de *Giste* & droit de *Chevauchée*. Quand les Rois visitoient leurs
Provinces, les Archevêchés, Evêchés & grandes Abbayes étoient obligés de les défrayer une nuit en passant ; les Beneficiés se déchargerent de
ce joug ; & se rachêterent par un tribut annuel, qui s'appelloit droit *de
Giste.* Les Villes & les Villages quand le Roy passoit étoient obligés de
fournir des chevaux & des charrois pour les équipages de la Cour : on
se rachêta de ce droit par un autre tribut, qui s'appella droit de *Chevauchée.* Mais ces tributs étoient moins que rien. Un peu de temps avant
St. Loüis, les Rois commencerent à exiger des tributs de leurs Peuples
sous le nom de Tailles, & en forme de Capitations. Mais ce n'étoit
qu'en des cas tres-extraordinaires, & pour être une fois payés. Cependant *St. Loüis* par son testament defendit à ses enfans de lever des Tailles sur son Peuple. Quoy que ce fût tres peu de chose & que cela ne
revint pas souvent, le Peuple ne laissa pas d'en murmurer. Ce qui obligea
les descendants de *St. Loüis*, pour obtenir des secours de leurs Peuples
plus considerables dans les besoins de les demander aux Etats Generaux.
Le Roy faisoit donc sçavoir à tous les Balliages & Seneschauffées du
Royaume qu'ils eussent à assembler le Clergé, la Noblesse & les tiers
Etats, pour adviser aux moyens de remedier aux desordres, & de fournir
à la depense des guerres, qu'on devoit avoir bientôt, ou qu'on avoit
déja,

§. *Lib.* 4. *cap.* 64.

déja. Ces Etats Provinciaux députoient de leurs Corps aux Etats Generaux que le Roy avoit convoqués en certain lieu. Et là le Roy par
la bouche de son Chancelier demandoit le secours dont il avoit besoin,
& prioit l'assemblée de remedier aux desordres de l'Etat, precisément comme cela se fait encore aujourd'huy en Angleterre. Le premier qui char-
gea d'Impôt le Peuple fut *Philippe le Bel.* Il exigea premierement le
centiéme & aprés le cinquantiéme denier de tous les revenus. Les Villes de Paris, de Roüen & d'Orleans se revolterent à cette occasion, &
firent mourir ceux qui avoient été commis à la levée de ces deniers. *Phi-*
lippe ne se ressentit pas de cette injure, parce qu'il sentoit bien qu'il avoit
tort; il voulut tenter de faire passer un autre Impôt, qui n'étoit que de
six deniers pour livre sur le debit des denrées. Mais personne ne voulut
obeïr. Il reconnut bien par ces deux tentatives que jamais il ne viendroit
à bout d'établir cette nouveauté, sans l'authorité des Etats en qui residoit
le pouvoir & les droits du Peuple. Il fit donc assembler les Etats à Paris, les harangua luy-même, leur representa les necessitez urgentes où il
se trouvoit, & en obtint ce qu'il voulut. Ce ne fut pourtant qu'une levée
extraordinaire; & ainsi ce n'étoit point ce que nous voyons aujourd'huy.
C'étoit une levée semblable à celles qui se font en Angleterre par ordre
du Parlement assemblé. On revint souvent à ces levées extraordinaires
sous les Successeurs de *Philippes le Bel, Loüis Hutin, Philippe le Long, Char-*
les le Bel; le Roy *Jehan* & *Charles Cinquiéme,* mais toûjours avec l'authorité & le consentement des Etats assemblés. Ces impositions s'appellerent au commencement *Aydes* & *Subsides,* mots honnêtes, qui signifient *Secours,* & qui expriment la raison de necessité, pourquoy on les
levoit. Cela ne duroit qu'un an, & si les necessitez continuoient, il faloit
faire de nouvelles demandes au Peuple & aux Etats. Ces Subsides qui
n'étoient au commencement que pour un an, s'accorderent pour deux
ans, puis pour trois, & ainsi de degré en degré on est venu à les rendre
perpetuels. Les marchandises étoient chargées de ces Subsides. Ainsi celuy qui achetoit le plus de choses en payoit le plus. Mais peu de temps
aprés on obtint des Etats une levée par tête & par feux, qui fut appellée
premierement *Foüage* & puis *Taille,* du même nom qu'on luy donne encore aujourd'huy. Ce n'étoit rien, car les sommes qu'on levoit sur chacun
étoient tres-petites, encore cela ne se payoit qu'une fois. Mais sous *Char-*
les VII. qui eut tant d'affaires avec les Anglois, cela fut rendu perpetuel.
Et c'est de ces petits germes que sont venus les effroyables fardeaux qui
accablent la France. L'an 1349. *Philippe de Valois* obtint de la ville de

Paris seule un impôt de six deniers pour livre , sur les denrées pour un an
seulement. Cet octroy ne fut point executé , parce que *Philippe de Valois*
mourut ; mais son fils *Jehan* en profita ; & dans les années 1352. & 1353.
le même Roy *Jehan* mit le même impôt sur les Seneschauſſées d'Anjou ,
du Mayne , & sur le Balliage de Senlis : mais avec permiſſion & consentement des Etats de ces Provinces. La Reine de Sicile , qui étoit alors
Comteſſe d'Anjou & du Mayne s'oppoſa à cela , soûtenant que le Roy
n'avoit pas droit de lever des tributs dans son Pays. Le Roy *Jehan* traitta
avec elle , & pour la faire taire luy en donna la moitié. Le Roy *Philippes
de Valois* l'an 1342. avoit par conſentement des Etats Generaux mis un
tres petit impôt sur le Sel. Les Etats du Royaume aſſemblés à Paris l'an
1354. accorderent au Roy *Jehan* augmentation de la gabelle du Sel , &
outre cela huit deniers pour livre de chaque marchandiſe qui seroit ven-
duë. Ce qui eut lieu dans tout le Royaume, Voilà comme inſenſible-
ment le mal croit. En 1355. & 1358. à l'occaſion de la priſon du Roy
Jehan priſonnier en Angleterre, il falut lever de grands subſides sur tout le
Royaume, pour la rançon de ce Roy & pour les frays de la guerre. Les
Etats furent pour cela tres-souvent & tres-long-temps aſſemblés , & enfin
on convint de donner au Regent , qui fut depuis Roy sous le nom de
Charles V. les secours qu'il demandoit & qui étoient neceſſaires. Ce *Charles V.* qui fut surnommé *le Sage* établit le droit de *Foüage* , ou tant par feu ,
d'où sont venuës nos Tailles leſquelles on impoſe par tête, c'eſt à dire
par famille , il n'eut pourtant pas le credit de rendre cet impôt perpetuel ;
il laiſſa cet ouvrage à faire à ses Succeſſeurs qui s'en acquiterent bien.

　　Durant les confuſions du regne de *Charles VI.* son fils & durant les horribles guerres civiles que cauſerent les deux factions des Bourguignons
& des Armagnacs , il eſt aiſé de juger que les affaires se firent avec un
tres-grand deſordre , & que chacun en ptit par où il pût. Cependant ce
ne fut pas encore sous ce regne que s'établit la taille perpetuelle, ce ne fut
que sous le suivant. L'an 1388. *Charles VI.* ordonna que quand on impoſe-
roit des tailles , tous contribueroient, excepté les Nobles qui porteroient
les armes, les Ecclesiaſtiques & les Mendiants. Alors les Nobles faineants
& qui vivoient hors du service n'étoient donc pas exempts. Voilà la source des impôts d'aujourd'huy. L'impôt sur les Marchandiſes commença
par *Philippe le Bel* environ l'an 1300. L'impôt sur le Sel fut commencé
par *Philippe de Valois* l'an 1342. & les tailles par tête commencerent
sous *Charles V.* l'an 1379. Ces trois sortes d'impôts furent accordés par
les trois Etats du Royaume , & devinrent perpetuels par leur conſente-

ment. Mais les Rois, qui ont regné depuis environ deux à trois cent s
ans, se sont donné la liberté de les augmenter selon leurs pretendus besoins :
Et enfin les choses en sont venuës aux extremités, où nous les voyons aujourd'huy. Ce n'est pas que les Etats en accordant les Impôts ne creussent
avoir bien pris leurs mesures pour arrêter la tyrannie, les excés & les
mauvais usages de ces Finances destinées uniquement pour le soûtien
de la Guerre : car dans les Etats de l'an 1355. il fut ordonné que nul
Thresorier ou Officier du Roy n'auroit la direction & le maniement de
ces deniers, mais que les trois Etats commettroient des gens d'une pro-
bité connuë, bons & solvables, qui en ordonneroient selon leurs instructions. Et que ces Commissaires generaux en nommeroient en chaque
Province neuf de particuliers ; trois de chaque Ordre, du Clergé, de la
Noblesse & du tiers Etat. Le Roy s'obligea par serment de ne faire employer ces deniers à autre usage que celuy de la Guerre. Et les Thresoriers Generaux jurerent aussi sur les Evangiles qu'ils ne permettroient pas
qu'on les employât à autre chose ; quelque mandement qu'ils pussent recevoir du Roy. Et en cas qu'on voulut les contraindre de détourner ces
deniers à un autre usage, il leur fut permis de s'y opposer par des voyes de
fait, c'est à dire par armes, jusqu'à demander du secours aux Villes voisines. Il fut deplus ordonné que le mois de May suivant les Etats se
rassembleroient à Paris pour voir & examiner le compte de ce qui auroit
été levé & employé. Cela n'a-t'il pas bien l'air d'une puissance absoluë
telle que celle dont on se sert aujourd'huy ? on défend aux Officiers du
Roy de toucher les deniers de l'Etat, on fait jurer au Roy de né les employer qu'à la défense de l'Etat, on donne pouvoir aux Receveurs & Intendants de ces Finances de repousser par armes la violence que le Roy
leur voudroit faire au sujet de ces deniers. Il n'est pas necessaire pour nôtre sujet de poursuivre l'histoire des Impôts plus loin. Dans la suitte, c'est
à dire depuis *Charles VII.* on ne voit qu'entreprises & attentats sur la liberté publique : peu à peu les Rois se sont attribués le pouvoir de regler
les Impositions. Ils les ont fait recevoir par leurs Creatures & par leurs
Officiers. Ils ont erigé des Tribunaux & des Cours de Justice, des Charges d'Intendants & Surintendants des Finances, des Thresoriers & Receveurs Generaux, absolument dans leur dépendance : Et enfin ils ont
fait passer comme une loy & un droit incontestable, cette enorme & detes-
table maxime que le Roy est Maître de tous nos biens, qu'il peut lever
sur nous tels Tributs qu'il luy semble bon, qu'il peut employer les Finances sorties des veines du Peuple, non seulement à la défense de l'Etat, mais

aussi à soûtenir les prodigieuses depenses de sa Cour, de son luxe, de ses bâtimens & de ses debauches. Cependant il est constant par ce que nous venons de voir. 1. premierement que le droit de lever des Impôts sans permission du Peuple n'est point attaché aux Rois de France. 2. Que cette coûtume est tres-nouvelle. 3. Que ce droit a toûjours dépendu des Peuples & des Etats. 4. Que les Rois n'ont pû & n'ont dû faire aucun changement dans la quantité de ces Impôts ou dans la maniere de les lever que par le consentement des trois Etats. 5. Qu'il n'étoit pas au pouvoir des Rois d'employer ces deniers selon leurs caprices, & qu'ils en étoient responsables aux Etats dans la personne des Officiers qui travailloient à ces levées & à l'employ de ces deniers. Avant *Charles VII.* ces prodiges d'opinions étoient inconnus, que le Roy peut lever des Impôts sans consentement des Peuples, & qu'il est en droit d'en faire ce qu'il veut. Mais *Loüis XI.* l'oppresseur de nos libertés, gagna par crainte ou par bien-faits des esclaves qui debiterent cette maxime, à laquelle on s'y oppola fortement. Il faut entendre là-dessus *Philippes de Comines* qui nous a donné la vie de *Loüis XI.* quoy que le passage soit un peu long. * *Donc pour continuer mon propos y a-t'il Roy ny Seigneur sur terre qui ait pouvoir outre son domaine, de mettre un denier sur ses Sujets sans octroy ni consentement de ceux qui le doivent payer sinon par tyrannie ou violence ? on pourroit répondre qu'il y a des saisons qu'il ne faut pas attendre l'assemblée, & que la chose seroit trop longue. A commencer la guerre & à l'entreprendre il ne se faut pas tant hâter & a-t'on assés de temps. Et si vous dis que les Rois & Princes en sont trop plus forts, quand ils l'entreprenent du consentement de leurs Sujets, & en sont plus craints de leurs ennemis. Et quand se vient à se défendre, on voit venir cette nuée de loin, & specialement quand c'est d'étrangers; & à cela ne doivent les bons Sujets rien plaindre ni refuser : & ne sçauroit arriver cas si soudain où l'on ne puisse bien appeller quelques personnages tels que l'on puisse dire, il n'est point fait sans cause & en cela n'user point de fiction, ny entretenir une guerre à la volunté & sans propos cause de lever argent, &c.*

Nostre Roy est le Seigneur du Monde, qui le moins a cause d'user de ce mot : J'ay privilege de lever sur mes Sujets ce qu'il me plaist. Car ne luy ni autre ne l'a : & ne luy font nul honneur ceux qui ainsi le dient, pour le faire estimer plus grand, mais le font haïr & craindre aux Voisins, qui pour rien ne voudroient être sous sa Seigneurie : & même aucuns du Royaume s'en passeroient bien qui en tiennent. Mais si nôtre Roy, ou ceux qui le veulent loüer & agrandir, disoient. J'ay les Sujets si bons & si loyaux, qu'il ne me refusent chose que je leur sçache demander, &c. Il me semble que cela luy seroit grand los (& en dis la verité)

* *Livre 5. chap. 18.*

& non pas dire. Je prens ce que je veux, & en ay privilege. Le Roy Charles le
Quint ne le disoit pas : aussi ne l'ay-je pas ouy dire aux Rois ; mais je l'ay bien
ouy dire à de leurs serviteurs, à qui il sembloit qu'il faisoient bien la besogne.
Mais selon mon avis, ils méprenoient envers leur Seigneur, & ne le disoient que
pour faire les bons valets, & aussi qu'il ne sçavoient ce qu'ils disoient. C'est
ainsi qu'on parloit sous le Regne de *Charles VIII.* C'est à dire il y a moins
de deux cens ans. Et il n'y a pas cent ans que la Liberté n'étoit pas encore tout à fait morte. Car *Paschier* Auteur de nôtre siecle, appelle ces maximes de la Puissance Absoluë, pour lever tels Tributs que l'on veut, *les*
maximes de certains esprits hagards. Philippe de Comines dans le même lieu dit
que *Charles VII.* ne leva jamais plus de dix-huit cent mille livres d'Impôts
par an ; & que *Loüis XI.* quand il mourut, les avoit fait monter jusques à
quatre millions sept cens mille livres ; ce qui luy paroît une somme prodigieuse. On peut voir par là combien la Tyrannie est accrûë, & le joug
appesanti : car qu'est-ce que quatre millions au prix de ce qui se leve aujourd'huy ? On dira que depuis ce temps-là l'argent est devenu beaucoup
plus commun & les dépenses fort augmentées. On faisoit alors pour un
ce qu'on fait aujourd'huy pour quatre : cela est vray. Mais de deux cens
millions à quatre ou cinq, il y a un peu plus loin, que de l'état où étoit
l'argent alors, & celuy où il est aujourd'huy. Ce qui passoit en ce tems-
là pour excés & pour Tyrannie, seroit à present consideré comme une
vraye franchise. C'est de la memoire de nos Peres ou du moins de nos A-
yeuls, qu'on a vû les Tailles si basses, qu'on se piquoit à qui en payeroit
le plus : on regardoit comme une offense d'être moins taxé que son Voisin ; car on a toûjours eu la folie de vouloir passer pour riche ; & pour
n'être pas moins opulent qu'un autre.

J E P E N S E avoir donné jusques icy une idée si complete de nôtre ancien Gouvernement & des fondemens sur lesquels la Monarchie étoit autrefois établië, que rien ne nous manque pour répondre à l'objection des
Flatteurs de la Cour, qui nous disoient que s'il y a quelque chôse d'in-
commodé pour le Peuple dans la Puissance Absoluë de nos Rois ; on le
doit pourtant souffrir, parce que c'est l'ancien usage & que la Monarchie
est bâtie sur ces fondements. On doit être à present parfaitement convaincu que rien n'est plus faux : Et que même le Gouvernement d'aujourd'huy est un renversement tout pur de nos anciennes loix : pour le
voir tout d'un clin d'œil nous n'avons qu'à faire un abbregé de tous les
Articles que nous avons prouvés touchant l'ancienne forme de la Monarchie, & de tous les Griefs presents de la Nation.

1. Autrefois les Rois étoient électifs ; & si bien électifs qu'un fils selon les loix des anciens Francs ne pouvoit être élu pour succeder à la place
de son Pere avant l'âge de vingt-quatre ans. C'est au moins ce que dit
Hunibald tres-ancien Autheur rapporté par *Tritheme. Le Roy Clodion*, dit-
il*, combattant avec trop peu de précaution fut tué par les Romains. Il laissa
deux fils dont l'aîné Helenus n'avoit que vingt ans, & Richimer le Cadet n'en
avoit que dix-huit. Et par la loy des Francs il étoit défendu que personne ne fut
avancé au throne avant l'âge de vingt-quatre ans. Et c'est ce qui fut cause
que ni l'un ni l'autre des fils de Clodion ne pût parvenir au Royaume, mais
en donna la Couronne à Edomer leur Oncle.* Il est vray qu'on voit dans ces
siecles là quelques Princes mineurs élevés au throne, mais cela se faisoit
par dispense de la Loy. Aujourd'huy comme de plein droit on nous
donne pour Rois des enfants au berceau, sous les longues minorités
desquels il faut que la Cour & le Royaume se voyent divisés par mille
factions, & opprimés par autant de Tyrans.

2. Autrefois quand un Roy de France abusoit de son authorité on le
pouvoit déposer, & on le deposoit en effet. Aujourd'huy quelque las-
cif, cruel, avare & perfide que soit un Roy, on nous dit qu'il faut le
souffrir, le respecter comme le bras de Dieu, & ne se pourvoir contre
luy que par des tres-humbles prieres au Ciel.

3. Autrefois le Nation avoit ses Etats & ses Parlements libres qui partageoient la Souveraineté avec les Rois, & qui servoient de frein à la tyrannie. Aujourd'huy on n'entend plus parler ni d'Etats, ni de Parlements.
Et il ne reste plus aucun vestige de la liberté des Peuples.

4. Aujourd'huy les Rois ordonnent les verifications de leurs Edits avec
une pleine & souveraine authorité quelques injustes, cruelles & sanguinai-
res qu'ils puissent être, & les Parlements sont forcés d'y obeïr. Mais autrefois les Parlements étoient, en attendant la tenuë des Etats Generaux, les
dépositaires des droits du Peuple, & ne pouvoient être contraints à verifier des Edits injustes.

5. Autrefois les Rois ne disposoient de rien sans l'avis, le conseil & le
consentement des Grands du Royaume. Aujourd'huy les Rois ne composent leur Conseil Souverain que de quatre ou cinq esclaves de leurs
passions, qui suivent aveuglement les desordres du Prince, & qui n'ont
aucun droit de s'y opposer quand ils les condamneroient.

6. Aujourd'huy les Grands sont dans une extrême oppression ; toutes
leurs Dignités sont éclipsées & tous leurs Privileges abolis. Les titres de
Pairs, de Ducs, de Comtes & de Barons, sont des vains noms & des

Fantômes creux qui ne signifient rien, que ce qu'il plaît à un Maître impérieux. Mais autrefois ces Dignités étoient ou Souveraines, ou dans une dépendance bornée par les Loix & munie de Privileges inviolables.

7. Aujourd'huy le Roy est Maître Absolu des biens, de la vie & de la liberté de tous ses Sujets, de quelque qualité & condition qu'ils soyent. Mais nous avons prouvé qu'autrefois personne ne pouvoit perdre ses avantages, qu'il n'eût été convaincu dans les formes d'avoir violé les Loix. Des Esclaves de la Cour, qu'on appelle des Intendants, mettront la tête sur l'échaffaut du plus distingué Seigneur d'une Province ; mais autrefois un Paysan ne pouvoit être jugé & condamné que par le Com. & les Barons de la Province ; & pour les Gentilshommes & Barons ils ne pouvoient être jugés que par leurs Pairs, non plus que les Comtes & les Ducs.

8. Autrefois les Rois sans leur Parlement ne pouvoient, ni faire des nouvelles Loix, ni alterer & casser les anciennes, & eux-mêmes se croyoient soûmis aux Loix. Aujourd'huy les Rois de France se disent au dessus de toutes les Loix. Ils les font, ils les changent & les cassent seuls, avec une Puissance Absoluë.

9. Aujourd'huy la Noblesse prétend à la verité avoir de certains privileges & exemptions qu'elle n'avoit pas autrefois ; mais dans le fonds son Esclavage est beaucoup plus grand, car on ne met plus de distinction entre le Noble & celuy qui ne l'est pas ; & l'on trouve moyen d'accabler tout le monde également ; les Privileges qu'on luy avoit accordés sont évanoüis, & on les élude par des restrictions de mauvaise foy.

10. Autrefois les Villes étoient Maîtresses de leur Domaine : on pouvoit traiter avec elles avec seureté & leur confier de l'argent. Aujourd'huy le Roy s'est rendu Maître de tous les deniers publics, & il en frustre les particuliers quand il veut avec la derniere injustice.

11. Chacun étoit libre autrefois & possedoit son bien indépendamment des Rois en observant les Loix. Aujourd'huy toute possession est si incertaine, qu'elle semble être dépendante de la volonté du Prince. Et toutes les fois qu'il plaît au Roy d'expulser un homme de son bien, sous quelque pretexte quelque faux qu'il soit, il n'y a aucun moyen de se pourvoir. Mais autrefois on pouvoit se pourvoir contre le Roy luy-même, & l'Assemblée des Etats ou Parlement étoit Juge entre le Roy & les Sujets.

12. Autrefois les Prêts, qui étoient faits au Roy, étoient aussi seurs que ceux qui se faisoient aux particuliers. Aujourd'huy le payement de ce que le Roy doit à ses Sujets, dépend de sa volonté ; en sorte qu'il cesse de payer tout aussi-tôt qu'il le trouve bon, sans être obligé d'en rendre conte à personne.

13. Autrefois les Rois de France ne pouvoient faire la Guerre sans assembler leurs Comtes & leurs Barons, & sans avoir leur consentement. Aujourd'huy les Rois, uniquement pour satisfaire leurs passions & servir à leur ambition, engagent leurs Sujets dans des Guerres qui ruinent l'Etat & qui ont de funestes suites; sans consulter personne & avec une Puissance Absoluë.

14. La France avoit autrefois divers Souverains tous Vassaux à la verité du Roy, mais avec le Privilege de se pouvoir garantir de l'oppression par les armes. Mais aujourd'huy tout Seigneur souffrant la derniere oppression, qui seroit trouvé remüant pour s'en garantir par les armes, seroit traité de Rebelle & perdroit la vie. Il n'y a plus qu'un seul Seigneur qui a dépoüillé tous les autres.

15. Les Peuples étoient si libres, qu'on ne pouvoit tirer aucun Tribut d'eux que de leur consentement. Le Roy n'avoit aucun Droit de faire des Impôts de sa seule authorité; aujourd'huy le Roy croit être en droit d'imposer tout ce que bon luy semble.

16. Autrefois l'argent provenu des Impôts ne pouvoit être employé qu'à la défense du Royaume: aujourd'huy on l'employe à satisfaire toutes les folles passions du Prince.

17. Autrefois les Impôts étoient levés & l'argent administré par des Officiers nommés par les Etats, & ils étoient obligés d'en rendre conte aux Etats mêmes: Aujourd'huy les Rois établissent des gens absolument dépendans de la Cour pour lever les Tributs & administrer les Finances. On met les Tributs en parti, on les loüe, on les afferme à des Harpies, qui font du pis qu'ils peuvent, c'est à dire qu'on vend le sang, la liberté & la vie du Peuple.

18. Enfin les Rois n'avoient point de troupes reglées autrefois, même point des Gardes. Ils ne levoient des soldats qu'en temps de guerre. Aujourd'huy la terre & la mer, les frontieres & le cœur du Royaume sont couverts de troupes au milieu de la Paix, pour opprimer les Sujets & établir la Puissance absoluë.

On pourroit trouver encore beaucoup plus d'Articles de differences & d'oppositions entre l'ancien Gouvernement & celuy d'à present. Mais c'en est assés pour faire voir qu'autrefois nous étions Peuples libres sous nos Rois, & qu'aujourd'huy nous sommes le Peuple le plus esclave de l'Europe.

Fin du Onziéme Memoire.

LES SOUPIRS
DE LA
FRANCE ESCLAVE
Qui afpire aprés la Liberté.

XII. MEMOIRE,
Du 15. de Juin 1690.

Premiere raifon pourquoy les François doivent penfer à ra-
mener la Monarchie à fa forme ancienne : C'eft qu'elle court rifque d'être
ruinée fi elle n'eft reformée. Digreßion fur la conduite des Cours de France
& de Rome à l'egard l'une de l'autre.

D ANS le commencement de cet Ouvrage nous nous fommes
propofé de faire quatre chofes, la premiere de voir jufqu'où
va la Tyrannie de la Cour de France, & jufqu'où elle pouffe
l'exercice de fa Puiffance Defpotique. La feconde de montrer
les moyens par lefquels elle exerce cette Puiffance & la conferve. La
troifiéme de prouver que la Monarchie Françoife n'a point été fondée fur
le pied de cette Puiffance Arbitraire. Et cela pour répondre aux Flatteurs
de la Cour qui difent que nôtre Monarchie a de tout temps reconnu une
Puiffance fans bornes dans fes Monarques : pour refuter cela nous avons
en fix grands Chapitres donné l'idée des Droits du Peuple & du Monarque, & une defcription exacte de l'ancien Gouvernement de la Monarchie. Nous avons fait ces trois chofes, il en refte une quatriéme que
nous avons auffi promife. C'eft de voir s'il y auroit des moyens poffibles
& legitimes de ramener la Monarchie à fon ancienne forme, pour contenir les Rois dans les juftes bornes de leur Puiffance. Ce que nous avons

A a

à dire là-deſſus ſe reduit à ces trois articles. I. Que cela eſt neceſſaire,
II. Que cela eſt juſte. III. Et enfin que cela n'eſt pas impoſſible.

Pour ce qui eſt de la neceſſité , il ne paroît pas qu'il ſoit fort neceſſaire
de nous y étendre , car elle eſt ſenſible, Il ne faut que repaſſer la vüë ſur
les premiers Chapitres de cet Ouvrage pour la comprendre. On y verra
un portrait des miſeres où eſt reduit le Royaume par cette eſpece de Gouvernement. Mais il eſt encore plus ſeur de jetter les yeux ſur le Royaume
même pour voir par ſoy-même l'état où il eſt reduit : les Provinces ſont
épuiſées de longue main par des Impôts prodigieux. Le Peuple y eſt reduit à ce qu'on appelle les dernieres extremités ; ſans bien , ſans argent,
ſans vêtemens , ſans vivres ; denué de tout ce qui eſt neceſſaire pour la
ſubſiſtence : ceux qui ont du bien , ſe trouvent chargés de ce que leurs
fonds leur rapportent ; les uns bleds & les autres vins. Mais avec une ſi
étrange diſette d'argent , que ceux qui ont du vin n'ont pas dequoy achêter du bled , & ceux qui ont du bled n'ont pas dequoy achêter du vin.
Parce que la ſource du ſimple Peuple eſt épuiſée , on eſt allé ouvrir la
bourſe & les Cabinets de ceux qui pouvoient avoir quelque argent en re-
ſerve. On a tiré cet argent des lieux où il étoit par diverſes machines. Partie
par ruſe & partie par violence. Par violence on a impoſé des taxes ſur tout
ce qu'il y a de Charges dans le Royaume , grandes & petites. Il y a tel
petit Officier dans les Elections de France qui a été obligé de vendre ſes
meubles & d'engager ſes fonds pour payer les taxes qui luy ont été impo-
ſées. On impoſe aux Convents des taxes qui vont bien loin au delà de
leurs revenus : on a proprement pillé l'argent des Egliſes & leurs tréſors.
Ces Biens ont toûjours été reputés ſacrés , & au moins on n'a jamais entrepris d'y toucher qu'avec la permiſſion du Chef de l'Egliſe qui eſt aſſis
ſur le Saint Siege. Mais la Cour qui fait toute choſe de hauteur , & qui
ſuit ſes maximes , n'a conſulté là-deſſus ni l'Egliſe Romaine , ni l'Egliſe
Gallicane. Conduite qui a quelque choſe de ſurprenant dans les circonſtances preſentes. Puis que l'Imprimeur a trouvé bon de partager & de
couper en piece cet Ouvrage qui étoit deſtiné à paroître entier , il nous
fournit les moyens de faire entrer deformais quelques reflexions ſur les é-
venemens arrivés depuis que les premieres feüilles paroiſſent. C'eſt ce que
nous ferons quand les occaſions s'en rencontreront. Et trouvant dans nôtre chemin la conduite de la Cour de France à l'égard de l'Egliſe & celle
de la Cour de Rome à l'égard de la France , nous nous y arrêterons un
peu avant que de retourner à nôtre principal but. Nous diſions donc que
le Roy s'eſt bien oublié dans le deſſein qu'il a d'appaiſer le Pape , &
que ce n'eſt pas le temps de faire de nouvelles entrepriſes contre ſon au-

thorité. Car depuis quelque temps on voit le Roy s'humilier jusqu'à la baffeffe devant le Saint Siege. Et aprés avoir fait paroître tant de fierté, ou comme on l'appelloit, tant de fermeté fur les affaires des Franchifes, de la Regale & des autres démêlés fous le Pontificat d'*Innocent XI.* on abandonne tout quafi fans façon au Pape *Alexandre VIII.* On le prie à genoux d'être content; on luy demande feulement qu'il donne, ou qu'il laiffe donner des couleurs, afin que la retrogradation ne foit pas fi honteufe. On eft prêt à luy abandonner les Libertés de l'Eglife Gallicane, dont on a fait tant de bruit dans les fiecles paffés. C'eft dommage qu'il n'y ait encore aujourd'huy une Pragmatique Sanction, comme du temps de *Loüis XI.* dont on luy pût faire un facrifice comme on fit alors. Si les chofes vont en empirant pour la Cour de France, il n'y a pas lieu de douter que le Saint Siege obtiendra une retraction formelle des Decrets de l'Affemblée du Clergé de 1682. On avoüera que le Pape eft infaillible, qu'il eft au deffus du Concile, qu'il peut excommunier les Rois & difpenfer les Sujets du Serment de fidelité. Il vaudroit mieux ne fe pas tant hâter de faire les chofes, que d'être obligé enfuite à fe dédire d'une maniere fi peu honnête. C'eft une obligation, quoy qu'on dife, que le Saint Siege a aux Calviniftes. Car fi les Anglois & les Hollandois n'avoient caufé la revolution que nous voyons, l'Empereur feroit encore feul à foûtenir le fardeau de la guerre contre la France & contre le Turc, & les droits du Pape feroient combattus en France avec autant de violence, que jamais. D'où vient ce changement de conduitte qui nous fait fi peu d'honneur? Comment la Cour France eft elle devenuë fi devote, ne voulant plus avoir de demêlés avec le Pere commun des Chrêtiens? elle qui a fait de fi grands outrages au precedent Pape reconnu par tout pour être le meilleur Pontife qui ait occupé le Saint Siege depuis plufieurs fiecles? On voit clairement que la Religion de la Cour de France eft un pur interêt: quand elle s'étoit renduë la terreur de fes voifins, elle ne menageoit perfonne, le Roy ne faifoit rien que pour ce qu'il appelloit fa gloire & fa grandeur: Catholiques & Heretiques, Saint Pontife, Eglife, & tout ce qu'il vous plaira, étoit immolé à fon grand orgueil. Il faloit que tout fût reduit en poudre fous fes pieds. On alloit le grand chemin de mettre en France les Droits facrés du Saint Siege au même état que les Privileges accordés aux Calviniftes. Mais depuis que les affaires de l'Europe ont changé de face, la pieté du Roy l'a emporté fur tout; il ne peut plus fe refoudre de vivre en divifion avec la Cour Sainte: on luy accorde tout; on luy rend Avignon & tout ce qu'on luy avoit enlevé; on luy veut rendre tous les hommages qu'on luy refufoit autrefois; on renonce abfolument aux

Franchiſes. Pour la Regale , on s'en tiendra aux Deciſions du Concile de Lion : enfin on fera ſi ſage deſormais que jamais le Pape n'aura ſujet de ſe plaindre du Roy. C'eſt quelque choſe que de profiter du châtiment: Mais je voudrois bien que le Pape & les Princes de l'Europe fiſſent ſur ce changement de conduite quelques reflexions.

Premierement je croy que la Cour de Rome ne ſe doit pas extreme-ment feliciter de la repentance du Roy & de ſon changement. Car ce ne ſont pas ſes verges ſpirituelles qui l'ont operé; s'il n'y avoit point eu d'autres armes dans l'Europe que celles du Vatican , on ne s'en ſeroit pas fort allarmé en France. On alloit pouſſer les affaires bien loin ſur le mé-pris des foudres ſpirituelles & des excommunications. Pour avoir excom-munié *Lavardin* Ambaſſadeur de France à Rome déja on avoit fait revolter l'Egliſe Gallicane en corps & même les Communautés Religieuſes qui ſont plus ſoûmiſes au Pape que les autres Corps de l'Egliſe. Et qu'eſt-ce que le Saint Siege doit conclure de là ? C'eſt que tout auſſi-tôt que le Roy ſe verra la verge levée de deſſus le dos , tout auſſi-tôt qu'il ſe ſera fait procurer la paix par l'entremiſe du Pape , il retournera à ſa premiere fierté , il réveillera toutes ſes pretentions & revoltera contre luy l'Egliſe Gallicane comme il a fait. Car là cauſe ceſſant les effets ceſſent : la rai-ſon du Roy & ſon humiliation ne viennent que des grandes affaires qu'il ſe voit ſur les bras. Quand cela ceſſera on verra ceſſer auſſi toute ſa com-plaiſance. Et même de la maniere que le cœur du Roy eſt tourné on peut être aſſuré qu'il reviendra à la charge contre le Saint Siege plus violem-ment que jamais. Car il voudra ſe vanger de la violence qu'il ſe fait au-jourd'huy. Il ſçait bien que toute l'Europe regarde avec étonnement ſa conduite avec la Cour de Rome , & admire comment d'un ton ſi fier on puiſſe deſcendre à tant de baſſeſſe. Cette reflexion le fait ſouffrir , & il ne manquera pas de ſe vanger auſſi-tôt qu'il pourra contre une autho-rité ſous laquelle il s'humilie aujourd'huy au dépends de ſon honneur & de ſa reputation. De plus il voit par experience combien l'authorité du Saint Siege eſt un grand poids dans la balance , & combien celle d'*In-nocent XI.* a eu de force ſur les Princes Catholiques pour les obliger à rompre avec la France. Pour n'être plus expoſé , s'il luy eſt poſſible , à ce malheur il ne manquera pas d'abaiſſer & de ruiner, s'il peut, le Saint Siege , & ſon authorité , pour l'empécher de luy faire du mal une autre fois. Ces conſiderations me font dire que comme *Innocent XI.* étoit en-tré dans ſes veritables interéts , & les avoit bien connus quand il avoit travaillé à liguer les Princes Chrétiens contre la France , *Alexandre VIII.* eſt entierement ſorti de ſon veritable interét en rentrant en alliance avec

ſe Roy. S'il n'eſt pas encore tout à fait engagé il ne ſçauroit prendre un
meilleur conſeil que celuy de ne paſſer pas plus avant. La Cour de France
eſt l'ennemie naturelle du Saint Siege & de ſes droits, & une ennemie irré-
conciliable aprés tout. Car les principes de la Theologie de l'Egliſe Gallicane, qui vont ſi droit à la ruine de l'Egliſe Romaine & de ſes droits,
peuvent bien dormir pour quelque temps, mais ils ne peuvent jamais
mourir. Et la Politique des Rois de France. les reveillera toûjours quand
elle en aura beſoin. Si le Saint Siege pouvoit perir il periroit par là. Car la
Theologie de l'Egliſe Gallicane ne vaut pas mieux à cet égard que celle de
Calvin, puis qu'elle ne donne Pape qu'une primauté d'ordre de droit Divin ſur les autres Evêques : elle dit aujourd'huy que de droit il n'eſt
Evêque que de la Ville de Rome, & des Villes qu'on appelloit autrefois
Suburbicaires ; c'eſt à dire du Pays qui eſt depuis le Royaume de Naples
juſqu'au Duché de Milan : elle pretend que toutes ſes preéminences, ſa
juriſdiction ſur l'Egliſe univerſelle, ſon droit de juger des Appellations,
celuy de conferer les Benefices, ou d'en confirmer la collation par ſes Bulles, ſa preſidence ſur les Conciles, & autres ſemblables ne ſont que des
conceſſions des Conciles, & ne ſont fondées par conſéquent que ſur un
droit humain poſitif. Droit humain poſitif qui n'ayant autre fondement
que la volonté des diverſes Egliſes, dont l'Egliſe univerſelle eſt compoſée,
peut auſſi être revoqué & aneantie auſſi-tôt qu'il plaira aux diverſes
Egliſes qui ſont ſoûmiſes à l'Egliſe Romaine. Principe abſolument rui-
neux à l'authorité du Saint Siege. Et pour ce qui eſt du droit d'excommunier & de depoſer les Souverains, d'aſſembler des Conciles generaux
de plein droit comme leur Superieur, de reformer ce qui a été fait dans
les Conciles, de pouvoir diſpenſer des Canons ; de pouvoir mettre en
interdit les Royaumes, & de pouvoir juger infailliblement les Contro-
verſes, l'Egliſe Gallicane les refuſe abſolument à l'Egliſe Romaine. Or
ce ſont pourtant là les plus beaux de ſes privileges. C'eſt ce qui l'a élevée
au point de grandeur où elle eſt, car ſi elle n'eût jamais exercé aucun
pouvoir ſur le temporel des Rois, elle ne les auroit jamais tenus dans la
legitime obeïſſance qu'ils luy doivent. Je ſuis bien de ceux qui croyent
que la juriſdiction temporelle eſt naturellement bien diſtinguée de la juriſdiction ſpirituelle, & peut-être qu'à l'égard des veritables libertés de
l'Egliſe je ſuis auſſi bon François qu'un autre. Mais je comprens pourtant bien, qu'il eſt neceſſaire pour la conſervation de l'Egliſe que l'authorité du Saint Siege demeure en ſon entier comme elle eſt. Le Pape
n'eſt pas de droit Divin Superieur des Rois pour le temporel, je l'avoüe ;
mais ſa poſſeſſion là-deſſus eſt ancienne ; il eſt perilleux de remuër les

bornes de nos Ancêtres. Et il y a beaucoup plus de danger pour l'Eglise
de diminuer l'authorité de son Chef que de l'augmenter. A quoy j'adjoûte
que les mouvemens de nos François là-dessus n'ont point du tout pour
principe l'amour de la verité, mais la politique & l'esprit de sedition. Car
l'Eglise Gallicane s'éleve là-dessus, & s'appaise uniquement selon les inspirations de la Cour, & pour servir à ses desseins ambitieux & à ses passions. Et quoy qu'elle face, il est certain qu'elle a conservé toûjours
un cœur ennemi de la legitime authorité des Papes. Ainsi la Cour de
Rome doit penser que n'ayant pas de plus grand ennemi que la France : elle est aussi de toutes les Puissances de la Chrétienté, celle qui
est le plus interessée à l'abaisser. Car pour les autres Puissances quand
la France ne descendroit pas bien bas dans les affaires presentes, au
moins on la mettra en état de ne pouvoir rien entreprendre, & on
l'obligera bien de renoncer à ses pretentions. Mais pour le Saint Siege, s'il ne se prevaut de cette occasion pour étouffer entierement les
semences de la rebellion qui sont dans le cœur des Theologiens François
& de la Cour de France, il n'y reviendra jamais. Et comme il est desar-
mé & incapable de se soûtenir contre les efforts d'une si grande Puissance,
dans une paix qui se feroit à present il ne pourroit prendre de suffisantes
precautions pour l'avenir. Ainsi le veritable interest du Saint Siege c'est
de laisser subsister la ligue, & de la fortifier jusqu'à ce que la France soit
reduite, à renoncer dans toutes les formes, & par un Concile general de
la Nation à cette Theologie si fatale à la legitime authorité des Saints Pontifes ; Theologie de rebellion, qui a pris son origine dans les Conciles de
Constance & de Bâle, & dont on s'est servi pour combattre les Papes depuis le regne de *Charles VII.* Roy de France. Aprés avoir obtenu de l'E-
glise Gallicane cette revocation, avant que de quitter les armes il faudroit
faire confirmer dans un Concile general la renonciation de l'Eglise Gallicane à ses pretendus privileges. Afin que cette revolte qui a pris naissance à l'occasion du Concile general de Constance fût aussi aneantie dans
un Concile general. C'est là, dis-je, le veritable & l'unique interét de
la Cour de Rome. Au lieu de cela nous voyons qu'elle se laisse flatter
par nos humiliations, elle fait des faveurs à nos Ambassadeurs, elle
nous accorde des Chapeaux, elle promet son entremise pour nous procurer la paix. Elle nous accorde même des preferences. En verité on peut
dire qu'elle s'aveugle & ne sçait ce qu'elle fait. Elle verra comment il
luy en prendra ; les exemples des siecles passés la devroient rendre sage.
Et sans aller bien loin parce que les Jesuites François il y a trente ou quarante ans avoient besoin de la faveur du St. Siege pour condamner les Dis-

ciples de Janfenius & de St. Auguftin, quelle baffeffe ne fit-on pas à la Cour & dans la Sorbonne ? & ne renoncea-t'on pas prefque formellement aux dogmes qui mettent le Pape au deffous des Conciles, qui le foûmettent aux Canons, & qui luy ôtent fon infaillibilité ? On bannit plufieurs Docteurs de Sorbonne qui s'obftinerent à maintenir les anciennes maximes de la Faculté. Que ne fit point le Cardinal de *Richelieu* contre les libertés de l'Eglife Gallicane au fujet des appellations, & pour faire condamner par le Pape des Evêques qu'il vouloit perdre, fans qu'ils fuffent jugés par leurs Comprovinciaux. Mais on s'eft bien relevé de tout cela depuis que l'on a crû n'avoir plus affaire du Pape. Le Pape *Alexandre VIII.* peut bien auffi s'affurer que l'on fe moquera de tout ce qu'on fait aujourd'huy quand le temps fera changé, & qu'on n'aura plus affaire de luy. Il me femble que le Saint Pere devroit bien fentir qu'on le veut tromper, car à quoy tendent ces longues negociations des Miniftres de France à la Cour de Rome ? On effaye de faire paffer le Pape au moins qu'il fe peut : on luy offre une lettre de foûmiffion de cinq ou fix Evêques & d'autant d'Abbés qui ont befoin de bulles. Dans ces foûmiffions on donnera au Pape du Galimathias ; peut-être que la prochaine Affemblée du Clergé entrera auffi là dedans. Mais que fera-t'elle ? Elle fera tout ce que la Cour voudra. Mais la Cour n'eft pas encore affés effrayée pour re-retourner tout droit fur fes pas & pour caffer tout ce qu'elle a fait depuis l'an 1682. Si le Pape fe contente de je ne fçay quelle foûmiffion ambiguë, il fe rendra le mépris de toute l'Europe, & l'objet même de la hayne de toute l'Eglife. Parce qu'on fera une oppofition de fa conduitte avec celle de fon Predeceffeur, ce grand Pontife *Innocent XI.* Dont la conduitte a été fi ferme, fi vigoureufe, & a fait tant d'honneur au faint Siege. Le Pape doit donc tenir ferme & refufer la mediation pour la Paix qu'on luy veut mettre en main, jufqu'à ce qu'on ait rayé & biffé tous ces actes infolents du Parlement de Paris, de l'Affemblée de 1682. tous les appels au Concile qu'on a fait ratifier par les Evêques, par les Chapîtres, & par les Maifons Religieufes. D'une doctrine tout au plus problematique, qui eft la fujettion du Pape au Concile, & qu'il eft capable d'errer, le Roy a voulu faire un article de Foy, ordonnant à toutes les Univerfités de la faire enfeigner à leurs écoliers fous peine de châtiment. Il ne fe peut rien de plus injurieux. Et par confequent le Pape ne peut oublier une telle injure qu'on ne l'ait reparée par des actes tout à fait folemnels, & dans lefquels il n'entre point d'équivoque : fi la guerre continuë il obtiendra la-deffus tout ce qu'il pourroit demander.

Il eft certain que les Princes Catholiques qui ont leurs Miniftres à Ro-

me ne doivent jamais se lasser de representer au Pape ces verités, afin qu'il
ne continuë plus à se relâcher comme il a fait, & qu'il revienne bien-tôt
à la conduitte de son Predecesseur. Mais quand le Pape continueroit a se
laisser flatter par la France, & entreprendroit de porter les Princes Catholiques à se détacher de la Ligue, ils ne devroient pas l'en croire ; parce qu'il est Venitien, & qu'il agiroit en cela selon les Principes de sa
Nation & de sa Patrie. Quelque union qu'il y ait aujourd'huy entre la
Republique de Venise, & la maison d'Autriche pour leur commune défense contre le Turc, cependant elle craint l'aggrandissement de cette Maison,& souhaite de la tenir bas & dans la mediocrité. L'Espagne borne cette
Republique par la Duché de Milan : elle est voisine de l'Empereur du
côté de l'Allemagne & de la Dalmatie : Ainsi elle ne sçauroit voir augmenter cette Puissance sans jalousie. C'est pourquoy les Venitiens seroient
fort aises que les forces de l'Empereur & de l'Empire diminuassent du côté du Rhin ; ils voudroient que le Roy fût toûjours assés puissant pour
tenir l'Empereur en allarme, afin qu'il n'entreprît rien sur ses voisins.
C'est pour cela qu'ils souhaiteroient que l'Union des Alliés se rompit afin
que la France demeurât dans toute la grandeur où elle est à present. Outre cela ils ont encore un interêt considerable à faire la Paix sur le Rhin,
c'est qu'ils voudroient que l'Empereur fût en état d'agir de toutes ses forces contre le Turc, afin que pendant qu'il s'occuperoit à gagner des batailles dans les deserts de la Bulgarie, leur Republique pût achever la
conquête du plus beau & du meilleur Païs qui soit dans l'Europe, c'est la
Grece, Candie & toutes les Isles de l'Archipel. Aprés quoy Venise deviendroit redoutable à l'Orient & à l'Occident. Il est à remarquer que jamais Venitien, même quelque disgracié qu'il soit, n'abandonna les maximes & les interêts de son Païs. Et par consequent à plus forte raison le
Pape *Alexandre VIII.* qui a receu tant d'honneur & tant de faveurs de la
Republique depuis son élevation au Pontificat, ne sçauroit manquer d'être
bien avant dans ses interêts. Il y est soûtenu par les Ministres de Venise
qui sont à Rome, qui ne manquent pas de le faire ressouvenir des maximes qu'il pourroit avoir oubliées pendant son sejour hors de Venise.

Il faut même observer que les Venitiens ont des maximes tout à fait
opposées à la grandeur du saint Siege. La Theologie de *Fra Paolo* n'y est
pas entierement éteinte, ils n'ont pas oublié le chagrin que le Pape *Paul V.*
leur fit, & comment il mit leur Republique sous l'interdit. Ils ne voudroient pas se dédire de la fermeté qu'ils firent paroître alors au prejudice
de l'authorité du saint Siege. Ils ne veulent point dans le Pape d'une Puissance sans bornes pour le spirituel, parce que cela seroit propre à faire

re-

revolter leurs Ecclesiastiques qui sont immediatement soûmis au saint
Siege ; ils ne veulent non plus dans le Pape une grande Puissance temporelle, parce qu'ils ne veulent pas qu'il soit en état de les troubler dans
leurs desseins, & d'entreprendre sur leur Etat de terre ferme. Ainsi toutes les maximes de la Republique vont à tenir le Pape fort bas ; & par
consequent leurs Conseils n'iront jamais à inspirer au Pape une veritable
vigueur pour la gloire du saint Siege, & pour l'abbaissement de la France. S'Ils étoient assurés d'avoir toûjours un Pape Venitien & qui fût
dans leur interêt, comme celuy-cy , ils se mettroient moins en peine de ce
qui arrivera des demêlés de la Cour de Rome avec la Cour de France.
Mais comme ils sont persuadés qu'ils n'auront jamais de Pape de leur
Nation, ils ne travailleront pas sous ce Pontificat qui ne peut être long, à
augmenter une Puissance qui leur donneroit de l'ombrage & les incom-
moderoit aussi-tôt qu'elle seroit passée en d'autres mains. Toute l'Europe a vû avec étonnement un Venitien monter sur le Siege des Souverains Pontifes. Car tous ceux qui ont écrit sur la matiere pour nous
marquer entre les Cardinaux ceux qu'on jugeoit capables, ou ceux qui
ne l'étoient pas, ont toûjours regardé la naissance d'un Cardinal Venitien comme un peché originel , qui étoit un obstacle insurmontable à
son élevation au Pontificat, à cause des maximes de cette Republique,
qui ne sont pas moins ennemies de la Grandeur du Saint Siege que celles de France. La circonstance des affaires presentes a surmonté ces ob-
stacles. Il n'y avoit pas moyen de prendre un Cardinal qui fût ou Ge-
nois ou Milanois, ou Napolitain, ou Italien dans les interéts de l'Espagne, parce que la France luy auroit donné l'exclusion. Encore moins
étoit-il possible d'élever un Cardinal François , ou du partí de la France. Car l'Espagne ne l'auroit jamais souffert. De sorte que le College
des Cardinaux a été obligé de prendre ce qu'il a trouvé ; c'est un Cardinal Venitien, auquel les Couronnes ne pussent raisonnablement donner
l'exclusion. Et on s'y est porté avec d'autant plus de facilité que le voyant
vieu on a esperé , que quand il suivroit les maximes & les inspirations de
sa Republique, il ne pourroit pourtant pas faire grand mal au Saint Siege,
parce qu'il vivroit peu. Mais sa vieillesse qui a été la cause de son élection est une des raisons qui doit rendre sa conduite suspecte aux Alliés Catholiques, & les doit empêcher d'y avoir égard. Car son âge le
rend plus propre à suivre les inspirations d'autruy , & à faire de fausses
demarches par foiblesse. Ainsi étant possedé par ses Neveux & par les
Ministres de Venise il sera sans doute poussé à se contenter de ce que la

Bb

Cour de France luy voudra accorder de satisfaction ; quelque petite qu'elle soit ; il ne soûtiendra pas les Droits du Saint Siege avec vigueur , parce que ce n'est pas l'interét des Venitiens que les Papes rattrapent toute l'authorité qu'on leur a ôtée , puis qu'on ne sçauroit condamner les maximes de l'Eglise Gallicane qu'on ne fasse le procés à la conduitte de la Republique sur l'affaire de l'Interdit de *Paul V.* Enfin *Alexandre VIII.* pourra être induit à se rendre Mediateur de la Paix pour détacher les Princes Catholiques de la Ligue : parce qu'il y a plusieurs intérêts spirituels & temporels qui engagent le Senat de Venise , la Republique & tous les Venitiens à faire la Paix entre le Roy & le Pape , & ensuitte à pousser le Pape à se rendre Mediateur entre le Roy & les Princes Catholiques qui sont entrés dans la Ligue. Mais les Princes Catholiques pour toutes les raisons que nous venons de rapporter , ne doivent pas croire là-dessus un Pape Venitien , possedé par des Neveux & des Ministres Venitiens. Enfin qu'est-il besoin de raisonner en cet endroit aprés ce qui vient d'arriver ? & n'est-il pas clair qu'on doit tout craindre de l'esprit Venitien quelque part qu'il regne , soit à Rome , soit ailleurs. On soupçonne cette Republique d'avoir trahi le Duc de Savoye de la maniere du monde la plus cruelle & la plus mal-honnête. Ce Prince vouloit rompre les fers sous lesquels la France le tient depuis si long-temps. Il avoit pour cela fait une partie bien concertée avec l'Empereur & le Roy d'Espagne. Il devoit recevoir d'eux des troupes suffisantes , & pour attaquer & pour se défendre. On peut juger dans quel embarras la France se seroit trouvée si elle avoit eu à soûtenir les efforts d'une puissante armée d'un côté où elle n'a ni remparts, ni forteresses. Mais on accuse la Republique de Venise d'avoir crocheté le secret de cette négotiation ; par le moyen d'un Moyne & de l'Abbé *Grimani* , qui luy ont livré la copie du Traitté. Ils l'ont mise entre les mains de Monsieur de *Rebenac.* Monsieur de *Rebenac* faisant des reproches au Duc qu'il entroit en Traitté avec les ennemis de son Maître , & le Duc le niant, *Rebenac* luy produisit la copie du Traitté. L'affaire étant découverte , & le secours des Alliés n'étant pas prés , le Duc a été obligé de se livrer poings & pieds liés à la France. On fait même courir le bruit à l'heure que j'écris qu'il a receu garnison Françoise dans Turin & dans Verufe. C'est à dire que le voilà dépoüillé : Il peut bien , si cela est vray , aller manger une pension à Rome , s'il ne veut être bientôt prisonnier. Aprés un tel exemple qu'on se fie à l'esprit Venitien aujourd'huy regnant à Rome. Dèsormais donc tous les Offices que le

Pape pourra faire pour faire la paix, fous le pretexte de la Religion & du bien public doivent être fufpects. Et bien loin d'y avoir égard, les Alliés doivent être fur leurs gardes : Car ces propofitions de Paix n'auront autre but que de les defunir, de rompre l'alliance des Princes Catholiques avec les Proteftants, & de les expofer en proye à la puiffance de la France, qui eft armée d'une maniere fi extraordinaire, & qui la rendra maîtreffe de toute l'Europe fi les Alliés fe feparent & mettent les armes bas. La France joüe de fon refte : Elle fait des efforts prodigieux pour fe défendre. Mais elle fe fervira de ce redoutable armement deftiné à la defenfive pour aujourd'huy. Elle s'en fervira, dis-je, pour attaquer auffi-tôt qu'on ne l'attaquera plus. Et qui pourra alors luy refifter, quand elle n'aura à vaincre que quelques Puiffances particulieres.

Voicy une longue digreffion ; mais nous n'avons pas pourtant perdu la memoire, de l'endroit où nous en étions, car nous avions deffein de faire voir à nos François la neceffité où ils font, de pourvoir bien-tôt aux defordres de la Monarchie pour la remettre fur l'ancien pied. Cette neceffité paroît premierement par le deplorable état où le Royaume eft reduit ; il s'en va devenir une vafte folitude, comme tant d'autres Païs que la Puiffance arbitraire a entierement defolés & rendus deferts. C'eft le premier peril où il eft. Le fecond c'eft qu'il ne peut manquer d'être bien-tôt divifé au dedans & par confequent dechiré dans fes entrailles par fes propres enfants. Car enfin le nombre des mécontents eft infini, & le mécontentement n'eft pas mediocre, il eft extreme. La patience de la Nation eft dans un état violent & qui ne peut pas être de durée. Elle ne peut manquer de faire éclater fon mécontentement à la premiere occafion. Mais cette occafion ne fe trouvera pas, dira-t'on ; fi le Roy eft toûjours heureux comme il a été jufqu'icy ; il y à apparence qu'en effet cette occafion ne fe prefentera pas fi tôt : pendant qu'on aura quatre cens mille hommes armés dans le Royaume, il ne paroît pas qu'on ait rien à craindre des mécontents. Mais fi le Roy ceffoit d'être heureux, s'il venoit à perdre une bataille ou deux, croit-on que tout le Royaume demeurât dans la fituation où il eft ? y a-t'il quelqu'un qui ne foit parfaitement convaincu que la crainte feule oblige nos François à fupporter les horribles fardeaux dont on les accable ? Et quand ils cefferont de craindre, n'eft-il pas évident qu'ils cefferont auffi de fouffrir leur infupportable joug ? Or quel lieu y-a-t'il d'efperer que le Roy fera toûjours heureux & toûjours victorieux ? Ce feroit une chofe fans exemple ; qu'un

Prince soit toûjours vainqueur & jamais vaincu. Cela n'est arrivé qu'à ce petit nombre d'hommes que la Providence destinoit à bâtir les grands Empires qui ont occupé l'Univers ; un *Cyrus* , un *Alexandre* , un *Cesar* , & peut-être quelques Empereurs Turcs. Mais encore ces hommes extraordinairement protegés du Ciel en ont été quelquefois abandonnés. *Cyrus* fut vaincu par la Reyne des *Scythes* , *Cesar* perit sous l'épée de ses propres amis. Le fier , l'orgueilleux & l'heureux *Bayazeth* fut vaincu par *Tamerlanes*. Vint-cinq années de Prosperité semblent plus que suffisantes pour épuiser une étoille de ses benignes influences , on a sujet aprés cela d'en attendre de malignes. On peut bien adjoûter à cela sans trop faire le Prédicateur , qu'aprés les horribles violences qui ont été commises & les maux qu'on a faits , il n'y a gueres d'apparence que le Ciel continuë à prendre nôtre party ; puis que nous avons si fort negligé ses Loix & ses ordres. Supposés donc ce qui est apparent : qu'enfin la Puissance du Roy succombera sous les efforts de tant d'ennemis ligués ensemble ; on ne verra pas plûtôt le Royaume exposé en proye , que tant de gens du dedans qu'on a épuisés par tant d'extorsions , se jetteront sur ce qu'ils pourront attrapper pour recouvrer une partie de ce qui leur a été ravi. Le Royaume sera divisé en cent factions , & peut-être alors verra-t'on la fin de la Monarchie. Mais supposés que le Roy ne soit jamais malheureux ; au moins sera-t'il quelque jour vieu. Alors il cessera d'être craint & redouté , car les Princes voyent déchoir leur authorité avec les forces de leur corps & de leur esprit. Et ce sera aux mécontens un moyen de lever la tête , & d'allumer dans l'Etat une guerre civile. Guerre dont les suittes seront bien plus funestes que celles des mouvements qu'on voit quelquefois dans les Etats , excités uniquement par l'ambition & par les ressorts des Grands. Il n'arrive guere que ces sortes de guerre durent long-temps ; parce que les Peuples qu'on a trompés & engagés dans un mauvais parti , reconnoissent bien-tôt les suittes de leurs engagements , & sentent bien qu'on n'a pas d'autre but que de se servir d'eux pour ruiner une tyrannie en faveur d'une autre tyrannie. Et ils se retirent en abandonnant ceux dont ils avoient soûtenus les interêts. Mais quand le Peuple entre dans une affaire par ses propres interêts , & parce qu'il se voit ruiné ou persecuté , il la soûtient comme sa propre affaire & y persevere. Cela se voit dans les guerres civiles du siecle passé qui durerent prés de quarante ans , & qu'on soûtint de part & d'autre avec opiniatreté. S'il n'y avoit point eu d'autres ressorts que l'ambition des Maisons de *Guyse* ,

de *Bourbon* & de *Coligny*, la machine n'auroit pas remué si long-temps.
Mais d'un côté les Calvinistes se trouverent engagés dans la partie pour
leur propre conservation, puisqu'on en vouloit à leur vie. Et les Catholiques pour la conservation de leur Religion, que les Calvinistes vouloient détruire. Si donc une fois la guerre civile s'allumoit en France,
ce ne seroit point pour l'interêt des Grands, ce seroit uniquement pour
celuy des Peuples, lesquels par consequent ne cesseroient pas d'agir,
ou qu'ils ne fussent entierement abbatus, ou que l'on ne les eut parfaitement satisfaits. Ainsi les François ont un grand interêt à faire cesser une Puissance qui les accable, & qui dans la suitte sera occasion
de tant de desordres. On dira sans doute que c'est se jetter dans l'eau
pour éviter la pluye : que l'on ne sçauroit entreprendre de diminuer
l'authorité du Roy, sans se jetter necessairement dans une guerre civile. Ainsi ce seroit proprement entrer dans une guerre civile tres-cer-
taine pour en éviter une autre fort incertaine. Je réponds que je n'en
suis pas encore aux moyens dont on se pourroit servir pour rétablir la
Monarchie Françoise dans son premier état. C'est pourquoy je ne suis
pas obligé à present de m'ouvrir de mes pensées là-dessus. Mais on peut
être assuré qu'elles ne vont ny à exciter une guerre civile, ny à livrer
le Royaume aux Etrangers. Si nos François vouloient entrer d'une
maniere unanime dans des moyens legitimes de reformer l'Etat, comme la Nation Angloise est entrée dans le dessein de favoriser les desseins du Prince d'Orange, quand il entra en Angleterre, il ne seroit
pas necessaire d'aller justement aussi loin que les Anglois ont fait. Mais
on pourroit donner des bornes à une Puissance qui n'en veut point sans
répandre du sang & sans brûler des Villes & desoler des Provinces, &
même sans faire descendre personne du thrône.

Bien loin que mes pensées aillent à ruiner la Monarchie, elles
tendent à sa conservation. Et c'est une des raisons qui me font dire
qu'il est d'une necessité absoluë de pourvoir au retour de nôtre ancienne liberté : parce qu'il n'est pas possible que l'Etat se conserve si le Gouvernement ne change au dedans. Il est aujourd'huy evidemment exposé au peril de passer dans les mains des Etrangers & d'être démembré.
Car nous avons observé d'une part qu'à juger selon les apparences,
le Roy ne peut demeurer Maître dans l'affaire presente ; il succombera ; & d'autre part nous avons remarqué, que si le Roy succom-
be, les Peuples se prevaudront de sa foiblesse, pour se vanger de luy
& des tyrans qui ont abusé de son authorité, pour les reduire dans un

fi trifte état. Suppofons donc que ces deux chofes arrivent comme elles doivent vray-femblablement arriver , que les ennemis entrent dans le Royaume par divers coftés , & que les Peuples fe foulevent au dedans ; que deviendra la Monarchie ? il eft clair qu'elle fera la proye du premier occupant. Les Efpagnols ne fe contenteront plus des Provinces qu'on leur a enlevées ; ils joindront la Duché de Bourgogne à la Comté. La Picardie eft fi fort à leur bienfeance & fi voifine de l'Artois & du Hainaut, qu'ils reprendront comme leur ancien domaine, que fans doute ils fe l'attribueront par le droit de bienfeance. Les Allemands ayant paffé le Rhein & la Mofelle reprendront la Lorraine , mais ils inonderont auffi la Champagne qui les conduira jufqu'aux portes de Paris. Les Anglois fi une fois ils mettent le pied en terre ferme, feront reffufciter tous leurs anciens droits, & ne manqueront pas de fe faifir des Provinces maritimes , de Guyenne , de Xaintonge , & peut-être de la Normandie & de la Bretagne. Les Hollandois font moins propres pour des conqueftes parce qu'ils font Republicains : Et qu'ordinairement les Republiques ne cherchent qu'à fe conferver & non à s'aggrandir. Et ç'a été particulierement l'efprit de cette Republique jufqu'icy. Mais qui répondra qu'elle ne pourra pas changer de goût à cet égard ? feroit-ce la premiere Republique qui ait pouffé loin des conqueftes. Jufqu'où ne s'eft point étenduë Rome pendant qu'elle étoit encore Republique ? Et fans aller fi loin la Republique de Venife n'a-t'elle pas autrefois poffedé toutes les côtes de la Mediterranée depuis le Golphe jufqu'à Conftantinople ? Ne faitelle pas aujourd'huy des conqueftes ? N'a-t'elle pas pris la Morée? N'a-t'elle pas un pied dans la Grece , & croit-on qu'elle a pris tant de Pays à deffein de les rendre. On s'imagine que l'efprit de conquefte & celuy du commerce font entierement incompatibles ; & c'eft fur cela qu'on établit la confiance que les Hollandois ne pourront & ne voudrent jamais contribuer à ruiner la Monarchie Françoife. Leur interêt , dit-on , & leur veüe eft fimplement de tenir la balance égale entre les Maifons dominantes dans l'Europe , celle d'Angleterre, celle de France & celle d'Autriche , afin de fe conferver eux-mêmes dans cette égalité. Ainfi quand il n'y auroit que les Hollandois on pourroit être feur que jamais la Monarchie Françoife ne fera démembrée : parce qu'ils s'y oppoferont toûjours , & qu'ils feront toûjours affés forts pour l'empêcher. Ce raifonnement qui paroît fi fort peut être forcé par bien des endroits. On fe trompe beaucoup quand on croit qu'il y a une si grande incompatibilité entre l'esprit de conqueste & l'esprit de commerce. La Republique de Venise étoit autrefois dans l'Europe ce qu'est aujourd'huy la Republique d'Hollande à l'égard du commerce & quelque chose de plus. Car elle étoit Maîtresse de tout le commerce du monde, de l'Asie, de l'Afrique, de l'Egypte : tout passoit par son Canal ; excepté ce que pouvoient faire les Villes de Genes, de Florence & quelques autres d'Italie. Mais c'étoit peu de chose en comparaison de ce que faisoit cette Republique toute seule. Cependant cette Ville toute marchande de profession qu'elle étoit, ne laissoit pas de faire la conquerante. Et l'on sçait combien sa domination s'est étenduë avant que les Turcs fussent devenus les plus forts dans l'Europe. Je voudrois bien sçavoir pourquoy les Hollandois qui se sont fait aux Indes un établissement qui vaut bien l'Etat qu'ils ont en Europe, qui y ont des Villes, des Provinces, des Ports de mer, des Forteresses, des Flottes & des Armées, ne pourroient pas faire la même chose dans les côtes qui sont si voisines d'eux ? Ils sont Marchands, mais ils sont pourtant Conquerants, comme il paroît par les grandes conqueftes qu'ils ont faites en Orient. Mais, dira-t'on, s'ils ont fait des conqueftes, c'est dans la veüe d'établir leur commerce. Mais je voudrois bien sçavoir si plusieurs bons ports de mer sur nos côtes, tant sur l'Ocean que sur la Mediterranée, plusieurs bonnes Citadelles bâties sur la Mer dans ces côtes, ne favoriseroient pas extremement leur Commerce & en Angleterre & en France, & aux Smirnes ? Il faut donc se défaire de cette imagination que les Hollandois ne peuvent jamais entrer en partage du gasteau, en cas qu'on trouvât une belle occasion de le partager. Assurement & eux & les Anglois trouveroient des grandes commodités à être Maîtres des côtes de France, pendant qu'ils laisseroient les Provinces interieures à qui les pourroit occuper. Je soûtiens donc qu'on peut craindre la ruine de la Monarchie, & son démembrement par les Etrangers, si on n'y donne ordre en faisant cesser tous les mécontentements du dedans. Il y a bien encore de chemin à faire d'icy là, dira-t'on ? Pas tant que l'on pourroit s'imaginer : je tombe d'accord que pendant que la France sera bien unie il ne sera pas aysé d'en venir à bout avec toutes les forces, dont elle est attaquée ; Mais si l'union des ennemis de dehors subsiste, que leurs armes soient heureuses, & que la division se mette au dedans, non seulement il est tres-probable que la Monarchie tombera ; mais on ne voit pas comment elle pourra éviter de tomber. Si les ennemis & les voisins de la France l'eussent attaqués avec le même concert qu'aujourd'huy , dans le siecle passé, quand les factions des Calvinistes , des Guyses & des Bourbons la déchiroient , il est indubitable que la Monarchie auroit été démembrée. Mais on sçait comment Dieu gouverne les affaires. Une Armée d'Allemands ou d'Espagnols entroit en France pour favoriser l'un des partis. Mais ce parti se soûtenoit par une Ligue avec d'autres Etrangers. Les voisins de la France n'avoient entr'eux ni Ligue , ni union , ni desseins concertés d'abbattre la Monachie. Châcun favorisoit ses amis. L'Espagnol travailloit pour ses interêts , & vouloit peut-être joindre la France à ses domaines. Mais l'Anglois s'y opposoit fortement , & les Allemands ne concouroient pas au dessein des Espagnols. Aujourd'huy que l'Empire , l'Angleterre , l'Espagne , & la Hollande sont dans les mêmes interêts , si la France retournoit par ses divisions internes à l'état où elle étoit dans le siecle passé, sa ruine seroit inévitable. Or encore une fois les divisions internes ne peuvent manquer d'arriver aussi-tôt que le Roy aura souffert quelque grand échec. D'où il est clair que tous ceux qui aiment la Monarchie & sa conservation , doivent concourir à moderer la puissance du Monarche qui jette dans l'esprit de la Nation un mécontentement universel , & plante les racines d'une division & d'une ruïne prochaine.

Nous avons encore plusieurs autres raisons pour prouver à nos François qu'il est temps de penser à la reformation de l'Etat , sans pourtant travailler à le renverser , & sans faire aucun préjudice à la famille régnante , ni même au Roy. Mais elles sont trop importantes pour les proposer legerement & en peu de mots. C'est pourquoy nous les remettrons à une autre fois.

Fin du douxiéme Memoire.

LES SOUPIRS
DE LA
FRANCE ESCLAVE
Qui aspire aprés la Liberté.

XIII. MEMOIRE,
Du 15. de Juillet 1690.

Nouvelles preuves de la necessité qu'il y a de reformer l'Etat.
Les Dominations violentes ne sçauroient être de durée. La gloire & la repu-
tation d'un Etat ne dépend pas de la Puissance Arbitraire de son Souverain :
la reputation de la France est perduë.

NOUS avons dessein de faire sentir à tous les bons François combien il est necessaire de se reveiller pour travailler au Salût de la Nation : Et de leur faire connoître qu'il est impossible d'y travailler avec efficace que par une reformation du Gou-vernement. Nous avons déja fait voir que la tyrannie qui s'exerce aujourd'huy en France ; met le Royaume dans un peril évident de defertion par les terribles charges, dont le Peuple est accablé, de division & de guer-re civile par la multitude infinie de mécontents, & enfin d'être partagé entre les Etrangers par l'union de tant de Puissances qui concourent aujourd'huy à sa ruïne. A ces raisons qui prouvent la necessité d'une promp-te reformation, nous en avons d'autres à adjoûter aujourd'huy.

Sans avoir égard aux circonstances du temps present qui meritent pourtant qu'on y face attention on peut dire que l'excés où le gouverne-

C c

ment est monté en France depuis un siecle , & particulierement sous ce
dernier Regne menace la Monarchie d'une prompte ruine : parce que
les choses violentes ne peuvent être de durée. Un gouvernement pour se
conserver doit être moderé : puis que les Sujets doivent concourir à la
conservation d'un Etat ; & ils n'y peuvent être engagés que par la per-
suasion où on les fait entrer que la felicité du Peuple depend de la conservation du Gouvernement dans l'état où il est. Mais comment seroit-il
possible qu'une Nation entiere pût entrer dans la pensée que le Gouvernement Despotique tel qu'il s'exerce aujourd'huy en France fût le
meilleur pour la felicité du Peuple & des Sujets ? Les plus prevenus , &
les plus aveuglés Partisants de la Cour de France tombent d'accord que
les Sujets du Royaume sont dans la servitude , qu'ils n'ont rien à eux,
que leurs biens & leurs vies sont toûjours comme en l'air , dependants du
caprice d'un seul homme; que les particuliers sont ruinés,& que rien n'est
asseuré que leur misere presente , & celle qui est à venir , à moins qu'un
changement n'arrive. Il est vray que pour les consoler on leur represente
que si le Gouvernement arbitraire a ses incommodités il a ses avantages
qui prevalent. On leur fait remarquer la promptitude des expeditions
de la France qui a si souvent achevé ses desseins & ses conquestes avant
la saison ordinaire de mettre les Armées en Campagne , & qui est toûjours prête à tout : au lieu que ses ennemis sont lents, prenent mal
leurs mesures , concertent mal leurs desseins & les executent avec une
lenteur qui les rend inutiles. Cela vient ,dit-on , de ce que les ennemis ne
sont pas maîtres chez eux , & de ce que leurs resolutions dependent de tant
de têtes : au lieu que le Roy étant Maître absolu il n'a qu'à commander , & l'execution suit. Mais les Peuples ne trouvent là dedans qu'un
tres-miserable secours pour soûtenir la pesanteur de leur joug. Premierement ils disent que la promptitude avec laquelle le Roy execute ses
desseins ne vient pas tant de ce pouvoir absolu avec lequel il commande à ses Generaux & à ses Officiers que de l'abondance de l'argent qu'il
a eu jusqu'icy. Car sans argent il auroit eu beau commander , il n'auroit pû faire ces Campagnes avancées & souvent au cœur d'hyver qui
coûtent le double des autres. Mais cette abondance d'argent qui donne
au Roy tant de facilité pour l'accomplissement de ses desseins est ce qui
fait la desolation du Royaume. Car c'est le sang du Peuple , on l'a tiré
de ses veines , le corps demeure donc asseché. Le Roy a tout ; les Peuples n'ont rien. Or il faudroit refondre les hommes pour les amener à

ce point de defintereſſement de ſouffrir ſans murmure d'être dépoüillés de leurs biens parce qu'il en revient de la gloire & du plaiſir au Souverain. De plus ils diſent que ces victoires du Roy & la facilité qu'il trouve à executer ſes deſſeins ne venant que de ce que par une puiſſance abſoluë il exige des Sujets tout ce qu'il luy plaît , quand il aura tout exigé & qu'il n'y aura plus rien il faudra neceſſairement que luy-même demeure dépourvû & ſoit expoſé à un revers de fortune. Alors n'ayant plus ce reſſort qui fait mouvoir , il ne ſera plus ſi promptement obeï , & le Royaume aprés avoir été épuiſé par le Maître ſe trouvera expoſé à être mangé par les ennemis. Enfin le Peuple dit qu'il eſt fort peu intereſſé dans la gloire d'un homme lequel ne bâtit cette gloire que ſur les ruines de leurs maiſons : que les Provinces du cœur du Royaume qui compo-ſent l'Etat , n'en ſont pas mieux parce que le Roy étend ſes frontieres : qu'au contraire plus le Roy devient puiſſant, plus il aggrave le joug, & plus il eſt en état d'affermir la tyrannie. Il eſt vray qu'il y a bien des gens dans l'Eſtat & dans les Armées qui gagnent avec le Roy , & qui par conſequent ont intereſt à le ſoûtenir dans la reputation de Conque-rant. Mais ces perſonnes ne penſent pas que leurs familles & leurs en-fants ſe verront ravir par le Succeſſeur & par le fils ce qu'ils auront acquis ſous le Pere. De plus ceux qui ſervent le Roy dans ſes Armées, & qui par conſequent ſont les principaux Miniſtres de ſes Conqueſtes n'y ac-querrent pour leurs maiſons qu'une vaine reputation, mais ils y rui-nent leurs enfants. Il faut conter & voir s'il y a beaucoup de grandes Maiſons qui ſe ſoient faites par la Guerre : On en trouvera tres peu ; au contraire on en voit un grand nombre qui s'y ſont ruinées. Les for-tunes qui ſe font par les Finances ſont à la verité plus ſeures & plus com-munes ; mais on voit pourtant à quelles revolutions elles ſont ſujettes. On verra avant que le Regne preſent ſoit fini s'il reſtera beaucoup de ri-cheſſes dans ces maiſons qui s'étoient faites ſous les Miniſteres de *Riche-lieu* & de *Mazarin*. Et dans le Regne ſuivant on verra ſi les maiſons qui ſe font aujourd'huy ſous *Loüis XIV.* auront le bonheur de ſe conſerver ſous *Loüis XV.* Et ainſi à bien conter tout , on ne voit pas que les Finan-ciers & les Gens d'Eſpée ayent un grand intereſt à conſerver le Gouver-nement dans ce degré de puiſſance abſoluë où il eſt aujourd'huy. Mais ſuppoſons que les Financiers & quelques Officiers d'Armée ayent in-tereſt à conſerver la puiſſance abſoluë ; le Peuple & le reſte des Sujets peuvent-ils entrer dans ces intereſts ? Que leur importe que le Roy ſoit

Maître de la Lorraine , des Pays-bas , de la Franche Comté , qu'on luy
conte cinq Provinces & plus de cent places soûmises à sa domination ?
en sont-ils moins miserables ? Il est vray les Peuples à l'abord se laissent
surprendre par la gloire du Roy , ils content qu'ils ont part à cette gloire , & l'on se fait un plaisir d'être membre d'un Estat qui prend le dessus par dessus ses voisins d'une si grande hauteur , mais comme c'est un
plaisir purement chimerique & d'imagination le charme ne dure pas long-
temps. Il pourroit durer si tous les avantages qui reviennent proprement
au Roy ne coûtoient rien aux Sujets. Mais quand un Peuple se voit
reduit à la derniere calamité & privé de tout ce qui fait les douceurs
de la vie , il perd bien-tôt le goût des plaisirs imaginaires que la grandeur
du Prince luy donne. Tout cela fait voir que des Sujets ne sçauroient
jamais être contents s'ils ne sont heureux. Et cela me conduit où je
veux aller , c'est qu'il est absolument impossible qu'un Gouvernement
subsiste long-temps quand il est violent. Parce qu'un Etat ne peut être
conservé que par le concours unanime de tous ses membres pour sa conservation ; Quand il y a un si grand nombre de mécontents quelque peu
considerables qu'ils soient chacun en particulier , ils sont toûjours à craindre , & il est impossible qu'ils ne causent la ruine & la dissipation d'un
Etat par quelque côté. Au lieu que les Gouvernements moderés réünis-
sent tous les cœurs , réjoignent tous les interêts , & font que tous les
membres du corps sont prêts à se sacrifier pour conserver ce Gouvernement qu'ils éprouvent si heureux & si doux. Il est impossible qu'un Etat
ne soit quelque fois troublé par des esprits inquiets & turbulents ; mais
ces esprits sont incontinent & reprimés & accablés par la multitude.
Qui est-ce qui fait la seureté de la Republique de Venise , & qui la fait
subsister depuis mille ou douze cents ans au milieu de tant d'ennemis &
de tant de jaloux ? C'est son union ; car il n'y a jamais eu d'Etat dont
les membres soient si parfaitement unis , & où les rebellions & les
conjurations soient si rares. Et d'où vient cette union ? Elle ne vient
que de la douceur du Gouvernement ; chacun s'interesse à conserver
un Etat où sa prosperité & son bonheur trouvent un port asseuré. On
ne peut nier que les Anglois ne soient assés remuants ; cependant leur
Monarchie subsiste & se conserve bien , par cette raison ; c'est que leur
Gouvernement est si doux & si propre à conserver aux Sujets la tranquillité & les biens , que tous s'interessent à la conservation commune
de ces douces loix , malgré les differents interêts où ils peuvent être d'ail-

ſeurs. Y a-t'il un Etat plus ancien & qui ſe conſerve mieux que la Pologne, quoy qu'environné de Turcs, de Tartares, de Coſaques & de tant d'ennemis barbares ? ſa conſervation vient de cela même, c'eſt de la liberté des Peuples. Il eſt vray que ce qu'on appelle la lie du Peuple bien loin d'y être libre y eſt eſclave ; mais ce n'eſt pas cette lie du Peuple qui fait la force de l'Etat. D'ailleurs ce qu'il y a de Nobles, de Riches, & de ce qu'on appelle bons Bourgeois & honneſtes Gens ſont dans une raiſonnable independance & ſous des loix qui les mettent à l'abry des inſultes de celuy qui porte le nom de Roy.

Au contraire nous voyons que les Monarchies où le Gouvernement eſt Deſpotique, & où la Puiſſance eſt Arbitraire ne peuvent durer. L'Empire des Caldéens n'a pas duré cent ans dans ſa grandeur. Car depuis *Ciaxares* ou *Nabopolaſſar* qui ravirent l'Empire aux Aſſiriens juſqu'à *Darius de Mede* qui fut le dernier Roy Babylonien, on ne conte qu'environ 70. ans; depuis l'an du Monde 3380. juſqu'à l'an 3450. ou un peu plus. *Cyrus* dans ce temps-là ſe rendit Maître de tout l'Orient par la conquête de l'Empire des Caldéens & des Medes. Mais ce grand & vaſte Empire ne ſubſiſta gueres plus de deux cents ans ; & *Alexandre* paſſant en Aſie l'an du Monde 3666. le détruiſit en peu d'années. Mais cet Empire des Grecs luy-même ne dura pas cent cinquante ans dans quelque éclat. Les Succeſſeurs d'*Alexandre* ſe conſumerent les uns les autres. Pluſieurs Peuples reprirent leur liberté ; les Parthes enleverent aux Grecs tout ce qu'ils avoient au-delà de l'Euphrate, & les Romains ſe rendirent Maîtres des Royaumes des Seleucides & des Ptolomées, en moins de cinq ou ſix çens ans. Voilà trois ou quatre Empires paſſés. Penſe-t'on que cette petite durée venoit uniquement de la puiſſance des Conquerants. *Ciaxares* ou *Nabopolaſſar* ruina l'Empire de Ninive & des Aſſiriens parce qu'il fut le plus fort. *Cyrus* abbâtit l'Empire des Caldéens, parce que ſon Etoile fut ſuperieure à celle de *Babylon*. Les Grecs viennent & détruiſent l'Empire des Perſes, parce qu'ils ſont ou plus braves ou plus heureux. Les Romains viennent & ſe rendent Maîtres des Biens des Succeſſeurs d'*Alexandre*, parce que les Grecs perdirent leur ancienne valeur par leur commerce contagieux avec les Aſiatiques, & par l'uſage des delices de l'Aſie. C'eſt bien là une partie de la verité mais ce n'eſt pas tout. Et il eſt conſtant que ces grandes & promptes revolutions venoient de la diſpoſition des Peuples. Ces Anciens Rois de Ninive, de Babylon, des Perſes, & en general tous les Rois de l'Orient étoient des Tyrans ſous leſquels les Peuples étoient Eſclaves.

Cc 3

Ce qui étoit cause que les Sujets ne s'interessoient pas dans la conservation de l'Etat. Tyran pour Tyran il ne leur importoit guere qui ils eussent.
Au contraire comme le present étoit tres-incommode, ils esperoient trouver mieux dans le changement & dans l'avenir. Il ne faloit en ce temps-là
que gagner deux ou trois Batailles pour subjuguer toute la Terre. Cela se
seroit-il passé de cette maniere si les habitants d'un Pays opiniâtrés à se
conserver sous leur ancien Maître s'étoient cantonnés & retranchés par
tout, & avoient combâtu jusqu'à l'extremité ? Ils l'auroient fait sans
doute, s'ils avoient combâtu pour la Liberté. Mais puis qu'ils étoient
destinés à avoir de fâcheux Maîtres, il leur importoit fort peu d'où ils
vinssent, ou de Ninive, ou de Babylon, ou de la Perse, ou de la Grece, ou de Rome. Qu'est-ce qui a rendu les Conquêtes si difficiles aujourd'huy & qui les rend si rares ? C'est cela. C'est que chaque Nation a
ses Maîtres, elle s'en trouve bien, & ne s'en veut pas défaire.

Contre ce que nous venons d'établir, que les Monarchies où le Gouvernement Despotique a lieu, ne peuvent pas être de durée, on opposera
sans doute, la Domination des Romains qui a duré si longtemps, & celle
des Turcs qui dure depuis tant de siecles. Pour ce qui est de celle des Romains. Premierement elle n'a pas duré aussi longtemps qu'on pourroit le
croire. Rome avoit six cents ans sur la tête que sa domination ne se tendoit
pas encore fort loin, & sa grandeur n'a pas duré plus de six cents ans. De ces
six cents ans, il y en a environ deux cents sous la Republique & quatre cents
sous les Empereurs. Ce n'est pas une durée qui approche de celle de nos Monarchies qui composent aujourd'huy le Christianisme. De plus il n'est pas
vray que la domination des Romains quoy qu'étenduë fort loin, fût pe-
sante aux Peuples conquis. Au contraire les Peuples vécurent plus heureux sous leurs nouveaux Maîtres qu'ils n'avoient fait sous les Anciens :
les Gouverneurs des Provinces rendoient un conte exact de leur conduitte,
ou au Senat, ou aux Empereurs. On n'y souffroit pas l'oppression. On voit
encore dans les harangues de *Ciceron* comme il a défendu la cause des Provinces qui demandoient justice de la violence de quelques Gouverneurs.
Les Romains établissoient par tout des Colonies, ils donnerent le droit de
Bourgeoisie de la Ville, à tout ce qu'il y avoit d'illustre dans les Provinces
de l'Empire. Ainsi toute la terre ne devint qu'une Ville, elle entra dans
les mêmes interêts, eut part aux mêmes privileges, & jouïssoit paisiblement d'une assés grande liberté sous la Ville dominante. Et enfin les Romains entretenoient dans les Frontieres de grandes Armées, & une autre

aprés de la perſonne de l'Empereur quelque part qu'il fut : Ce qui ſup-
primoit & empêchoit tous les mouvements. Ces circonſtances ne ſe trouvent pas par tout. C'eſt pourquoy on ne doit rien conclurre de la durée de
l'Empire Romain, en faveur des Monarchies d'aujourd'huy où la Puiſſance Deſpotique a lieu.

Pour ce qui eſt de l'Empire Turc , il eſt vray qu'il n'en eſt pas comme
de l'Empire Romain. La Domination des Romains étoit aſſés douce
pour faire aimer leur Gouvernement à leurs Sujets. Mais celle du Turc
eſt violente , cruelle , & inſupportable : comment donc cette Monarchie
a-t'elle duré ſi longtemps ? Premierement il n'eſt pas vray que cette Monarchie ait duré fort longtemps. *Ottoman* le Fondateur de cet Empire ne
commença ſes conquêtes qu'au commencement du quatriéme ſiecle &
mourut l'an 1326. avant cela les Turcs étoient des voleurs qui étoient
partagés en pluſieurs bandes, qui pilloient l'Orient. De plus la ſubſiſtence de
cet Empire violent ne peut être tirée à conſequence ; parce que c'eſt évidemment une œuvre de la Providence qui veut affliger les Chrêtiens &
mortifier l'Egliſe. Car autrement il ſemble que ſi Dieu laiſſoit aller les
choſes dans leur cours naturel , cet Empire n'auroit pû durer longtemps à
cauſe des ſeditions & des revoltes, qui y ſont, & plus terribles & plus frequentes que dans aucun autre Etat, qui fut jamais. De plus cet Empire
s'eſt affermi par une voye qui affoiblit tous les autres , c'eſt en dépeuplant
la terre de ſes Habitans. Les Païs occupés par le Turc ſont de vaſtes ſoli-
tudes. Les Chrêtiens n'ont pas garde de ſecouër ſon joug, car ils n'ont
pas de forces pour cela. Ceux qui ſont reſtés ſont dans un abbaiſſement
inconcevable , ſans biens , ſans armes , eſclaves , & dépoüillés de tous les
aydes qui ſoûtiennent ou qui relevent le courage. Outre cela le Turc s'eſt
rendu ſeul Seigneur de tous les fonds : il les donne en Commanderies &
en Timariots à ſes Janiſſaires & à ſes Spahis ; qui ſont ſes Soldats & ſes
Gens d'armes. Enfin le Turc domine & ſa domination dure par la violence, parce que toutes les Provinces ſont couvertes de grandes armées qui les
deſolent , qui les devorent & les retiennent dans l'eſclavage. Ce n'eſt pas
ainſi que les Rois Chrêtiens regnent & doivent regner. Les inclinations
de leurs Peuples doivent être leurs principaux remparts. Auſſi voit-on
que les Monarchies Chrêtiennes ſont bien plus anciennes que l'Empire
des Ottomans. La Monarchie Françoiſe a douze cents ans & l'Empire
Turc n'en a pas quatre cents. Et ſelon toutes les apparences il roule du
côté de ſa fin. Et il y a apparence qu'il ſervira bien tôt de nouvelle preu-

ve à nôtre these ; c'est que les dominations violentes ne sçauroient durer
longtemps.

Contre cela on oppofera peut-être la Monarchie Françoife qui est si
ancienne nonobstant la Puiffance Despotique qui y est établie. Mais nous
avons répondu à cela : en faifant voir que la Monarchie n'a pas fubfifté fous
ce Gouvernement de fon origine. Il n'y a pas quatre cents ans que la Nation Françoife étoit encore la plus libre qui fût dans l'Europe. Son esclavage n'a proprement commencé que fous *Loüis XI.* & n'a été porté à fon
comble que fous *Loüis XIV.* Ainfi on ne doit conter tout au plus la durée
de la tyrannie que depuis deux cents ans. Encore y a-t'il eu depuis ce
temps-là des Regnes où la liberté a repris le deffus, ou par la bonté des
Princes fages comme fût *Loüis XII.* ou par les Minorités & la foibleffe des
autres. Ma propofition demeurant ferme, c'est que les Monarchies d'u-
ne Puiffance Despotique ne peuvent durer, tous les François qui aiment
comme ils doivent cette Monarchie fi glorieufe par fes actions, & fi ve-
nerable par fon antiquité, doivent pour la gloire & pour fa confervation ramener le doux Gouvernement fous lequel elle a fubfifté tant de fiecles.
Il ne faut pas fe perfuader que toutes ces Provinces nouvellement con-
quifes puiffent parfaitement s'unir & s'incorporer avec nous. Elles auront
toûjours leurs interêts differents des nôtres & des inclinations oppofées à
celles de nos Monarques. C'est pourquoy fans avoir égard à conferver
fes parties étrangeres & nouvellement coufués au corps, il faut penfer à la
confervation du corps de l'Etat.

A tout cela les Politiques ne manqueront pas d'oppofer qu'un tel changement ne pourroit arriver fans faire beaucoup baiffer la reputation de la
Monarchie, que le Gouvernement Arbitraire est infinement plus propre
pour la gloire de la Nation ; que les particuliers en fouffrent, mais qu'il
est plus propre à faire des conquêtes & à les conferver. Mais je dis premierement là deffus que cette gloire de la Nation & cette reputation de
la Monarchie est une vrave chimere. Suppofé que la terreur qu'une Nation imprime dans les efprits de fes voifins & la facilité qu'elle trouve de
les foûmettre quand fon ambition le veut, foit la gloire & le bien de
quelqu'un ? En verité ce n'est ni le bien, ni la gloire du Peuple & des
particuliers, c'est uniquement le bien & la gloire du Monarque ; qui par
ce moyen regne fur ceux qui ne font pas fes Sujets & qui aggrandit les
bornes de fa Domination, & fe rend maître du bien d'autruy. Mais je
vous prie qu'en revient-il au Peuple ? En est-il moins miferable ? Son
                                                              joug

joug en eſt il moins peſant ? En a-t'il plus de biens & plus d'honneurs ?
Ne languit-il pas dans la miſere & dans la baſſeſſe & par conſequent
dans la honte ? Pour moy je n'ay pas encore compris qu'un Hollandois
honnête homme, riche & viv   s la joüiſſance de ſa liberté fut
moins heureux & d   ſtat moins glorieux qu'un François miſerable & eſclave : à cauſe que le Souverain du Hollandois ſe contente
de conſerver l'Etat, & que celuy des François fait des conquêtes, & ſe
pique d'être la terreur de ſes voiſins. Il eſt vray c'eſt une maladie des petits eſprits ; un Soldat eſt tout fier des victoires que ſon General aura
gagnée pendant que luy aura été caché dans le bagage. Un Sujet ſe fait
honneur de la gloire de ſon Prince pendant que d'ailleurs eſt dans la honte
de l'eſclavage. Mais puis que c'eſt une maladie des petits eſprits, les Gens
ſages s'en doivent garantir. Non ſeulement c'eſt la maladie des petits
eſprits, mais c'eſt une maladie d'eſprit. Car c'eſt une vraye folie : elle
eſt utile aux Princes, c'eſt pourquoy ils eſſayent de la nourrir dans les
Peuples : Mais à cauſe de cela même nous devons nous en guerir & y renoncer, car c'eſt un des liens de nôtre eſclavage.

En ſecond lieu je ſoûtiens que quand même on ſuppoſeroit que ce
qu'on appelle la gloire de la Nation devroit être contée pour beaucoup
au lieu qu'on la doit conter pour rien ; cependant la raiſon de nos Politiques ne voudroit rien pour empêcher la reformation de l'Etat, & le
rappel de la liberté Françoiſe depuis ſi long-temps exilée. Eſt-ce donc
qu'il eſt impoſſible qu'une Nation ſoit libre & victorieuſe & même
conquerante en même temps ? la Republique Romaine n'a-t'elle pas
jetté tous les fondemens de ſa grandeur durant ſa liberté ? N'étoit-elle
pas Maîtreſſe de l'Aſie, de l'Afrique & de l'Europe avant qu'*Auguſte*
l'eût reduite en Monarchie ? les Empereurs qui ſe rendirent ſi abſolus
n'ont ſervi qu'à ruiner l'Empire, & depuis *Traian* il eſt toûjours allé en
decadence juſqu'à ſa totale ruine. La Republique de Veniſe toute libre
qu'elle eſt n'a-t'elle pas porté & ſa reputation & la terreur de ſes armes juſqu'aux extremités de l'Europe, & même juſque dans l'Aſie ?
la Nation Angloiſe, qui a toûjours conſervé ce ſage temperament de
Monarchie & de liberté, n'a-t'elle pas porté autrefois la reputation de
ſes armes juſques dans la Terre Sainte ? & dans les Croiſades les Anglois ſous la conduitte de *Richard cœur de Lion* n'ont-ils pas fait des
actions, qui vivront eternellement dans l'Hiſtoire ? Ne s'eſt-elle pas
veüe Maîtreſſe de la moitié de la France ? & même n'a-t'elle pas aſſu-

jetti prefque tout le Royaume fous *Charles* VI. & *Charles* VII. fon
credit & fa reputation diminuerent-elles quand *Cromwel* la reduifit en
Republique il y a trente ou quarante ans ? Il eft certain que cet homme fit trembler toutes les Puiffances de l'Europe, & porta la gloire de
la Nation Angloife plus loin qu'elle n'avoit été portée depuis plufieurs
fiecles.

Pourquoy ne veut-on pas qu'un Prince qui eft de concert avec fa Nation & qui ne fait de grands mouvements que de fon confentement, foit
moins propre à fe rendre redoutable qu'un Prince qui fait tout de hauteur ? Les fecours d'argent ne font pas fi prompts, dira-t'on, quand il
les faut obtenir avec le confentement du Peuple. Cependant nous ne voyons pas que les Rois d'Angleterre ayent manqué d'argent quand il leur
a plû de faire de grandes & prodigieufes forties fur nos Provinces Maritimes. On les a vû venir quelquefois avec neuf cents Vaiffeaux. Peut-être
que le Roy avec toute fa Puiffance Abfoluë auroit bien de la peine à faire
un pareil Armement de Mer. Il y a des rencontres où l'argent ne vient
pas fi promptement quand il le faut tirer avec le confentement du Peuple.
Mais ces occafions où la diligence eft d'une fouveraine neceffité, font rares. Des mefures qui font prifes de loin n'en font que meilleures & plus
feures. Et un Prince fage qui menage fes deffeins & leur execution avec
prudence, ne fe trouve jamais dans l'embarras de manquer de fecours dans
fes entreprifes; parce qu'il a pourvû à tout quand il étoit temps. S'il s'a-
git d'attaquer, trois ou quatre mois employés à confulter la Nation & à
luy demander de l'argent ne font pas u.. grand retardement à une entreprife. S'il s'agit de fe défendre, ou bien on voit venir la nuée de loin,
ou bien c'eft un orage qui creve fubitement. Si la nuée vient de loin, on
a le temps d'y pourvoir fans fe difpenfer de rend aux Loix ce qui leur
eft dû. Si l'orage fe forme & tombe en même temps, alors la neceffité
met le Prince au deffus des Loix. Elle fait ce que faifoit la Sageffe des
Romains : quand ils étoient preffés; s faifoient un Dictateur & mettoient le pouvoir fouverain dans la ma d'un feul. Un Prince qui fe voit
attaqué par une Puiffance étrange ontre laquelle il n'a eu le temps
de fe pourvoir par l s voyes ordina es, eft fuffifamment authorifé de
prendre en main tout la Souveraineté qui pouvoit être auparavant partagée, & d'obliger tout le monde à laiffer les formes pour courir à la
confervation de l'Etat : quand le feu eft dans une maifon il n'eft befoin ni de formes, ni de Loix pour appeller les gens au fecours & pour

les obliger à éteindre le feu. Mais ces cas extraordinaires ne font pas
de regle , & ne font aucun préjudice aux Loix d'un fage Gouvernement. Le Prince qui eft la tête & l'œil de l'Etat , & qui eft établi pour
veiller fur luy , fçaura bien quand il faudra courir ou marcher à pas
mefurés.

Si nous confultons l'Hiftoire de nôtre temps & les évenemens qui font
encore fous nos yeux , nous ne verrons pas que la Puiffance Abfoluë &
le Pouvoir Arbitraire foyent toûjours neceffaires , & pour la gloire des
Princes , & pour l'execution de grands deffeins. *Guillaume* Prince d'O-
range aujourd'huy Roy d'Angleterre , n'êtoit rien moins que Souverain
en Hollande ; il n'êtoit que le Gouverneur du Pays. Il n'avoit que fa
voix dans l'Etat. Si les Droits de fa Charge de Gouverneur & de
Grand Amiral luy donnoient quelque pouvoir de mettre dans une fituation avantageufe les forces de Mer & de Terre , certainement il n'avoit
aucun Droit de s'en fervir fans le confentement , peut-être de plus de
mille Têtes qu'il falloit confulter. Cependant ce Prince fans Authorité
Abfoluë eft venu à bout de donner de la terreur à la France , qui jufques-
là en avoit donné à tout le Monde : Il a executé le plus grand deffein qui
foit jamais monté dans la tête d'un homme ; & enfin il a porté la reputation de la Republique de Hollande par ce coup , j'ofe dire , plus loin que
nôtre Monarchie n'a porté la fienne par fes Conquêtes depuis vint-cinq
ans. On verra peut-être par ce que ce Prince pourra faire à l'avenir ,
qu'il n'eft pas neceffaire de fouler aux pieds les Privileges des Peuples &
les Loix Fondamentales d'un Etat pour fe rendre redoutable à fes ennemis & pour faire parler de foy. Il y a déja des Monarques qui le craignent avec toute leur Puiffance Abfoluë. Il n'eft donc pas neceffaire qu'un
Prince ait une Puiffance Abfoluë , & qu'un Etat foit dominé par un
Pouvoir Monarchique fans bornes pour acquerir & conferver de la reputation. On pourroit même dire quelque chofe de plus & prouver que la
decadence des Monarchies qui font aujourd'huy dans l'Europe , & la
chute de leur reputation , n'eft venuë que de ce que les Princes Souverains en ont violé les Loix , n'ont pas eu affés d'égard aux Privileges des
Peuples , & de leur tête ont fait des coups qui ont ruiné leur Nation.
Je ne veux nommer perfonne , mais ceux qui ont de la comprehenfion
m'entendront bien. Je ne diray plus qu'un feul mot fur cet article ; c'eft
que fans fortir de nôtre Hiftoire & de nôtre Monarchie nous pouvons
trouver des preuves qu'on peut conferver la reputation d'un Etat fans

D 2

Puissance Absoluë. Car il me semble que la Monarchie Françoise a été
plus haut qu'elle n'est sous la seconde Race de nos Rois. C'est *Charlemagne* l'un de nos Rois qui est le Fondateur de l'Empire d'Occident, &
qui avoit étendu sa Domination depuis l'Espagne jusqu'à la Hongrie.
Il est pourtant certain qu'il n'y eut jamais Prince plus religieux à conserver les Privileges de ses Peuples. Il ne passoit presque point d'année qu'il
n'assemblât son Parlement. Et sans entrer dans un plus grand détail on
peut dire que durant prés de mille ans que nôtre Monarchie a duré depuis
Pharamond jusqu'à *Loüis XI.* elle a subsisté avec beaucoup de gloire & de
reputation sans le secours de la Puissance Arbitraire qui a été inconnuë durant tous ces siecles. C'est donc un vray Sophisme de Politique que d'avancer & de soûtenir qu'on ne sçauroit ramener le Gouvernement de nôtre Monarchie à son ancienne forme sans diminuer sa reputation.

Il me semble que tout cela n'est pas à mépriser, cependant je pense avoir encore quelque chose de meilleur à dire là dessus. Tant s'en faut
que le retour de la liberté & le retablissement des privileges du Peuple
soit contraire à la gloire de la Nation & à la reputation de nôtre Monarchie, qu'au contraire il faut necessairement abbattre la puissance
absoluë, & renfermer l'authorité de nos Rois dans leurs justes & anciennes bornes si nous voulons retablir la reputation de nôtre France.
C'est une chose étrange que les Chrétiens soient si peu Chrétiens que
de mettre toûjours aux mains leur Christianisme avec leur Politique;
la Politique veut qu'un Etat soit toûjours redoutable à ses voisins, &
qu'il les devore & les puisse devorer toutes les fois que les accés de son
ambition le saisissent. Et dans quelle Morale a-t-on trouvé que la belle
reputation consiste à être craint plûtost qu'aimé & estimé? Y a-t'il
quelques loix ou quelque exemple dans l'Evangile qui authorise ces
manieres violentes de se conserver? Où sont les Conquestes que le Peuple de Dieu a faites par son ordre & par sa permission? Il est vray que
Dieu chassa les Cananéens pour placer son Peuple. Mais une fois le
tirant d'Egypte, il faloit le poser quelque part, & le poser en un bon
Pays. Il n'y en avoit pas de proche qui ne fût occupé. Dieu qui est Maître de tout le monde peut fort bien arracher une Nation d'un lieu pour
y en édifier un autre. Mais aprés avoir placé son Peuple dans la Pale-
stine, luy a-t'il donné ongles & dents pour déchirer ses voisins? Ne
s'est-il pas contenté de le conserver contre leurs attaques & de l'empê-

éher d'être esclave ? Et si Dieu luy a quelque fois fait regarder comme
un bien que ses voisins seroient frappés de terreur, c'est uniquement
pour les faire vivre en seureté, & non pour augmenter la reputation de
leur Etat. Qu'on fasse un peu d'attention à ce que les Prophetes nous
representent ces grands Empires qui devoient porter leur reputation si
loin dans le Monde sous les noms & les figures des bêtes les plus redoutables ou les plus sales, * l'un a la figure d'un Lion avec des ongles
d'Aigles, l'autre a la figure d'un Leopard, une autre ressembloit à un
Ours, une quatriéme étoit tout cela ensemble, un Lion, un Ours, un
Leopard ; *Et elle étoit épouvantable, terrible & tres-forte, elle avoit des
dents de fer, elle devoroit & fouloit à ses pieds les Nations §*; un autre est
un Bouc. Voilà le portrait des Princes qui veulent conserver leur reputation & celle de leurs Etats. Cela n'est-il pas indigne de Princes Chrétiens, qui doivent conserver leurs voisins comme eux-mêmes, & ne
se conserver puissants que pour secourir ceux que les Etats plus puissants
voudroient opprimer ? Dieu n'a pas voulu que les Nations dans lesquelles son Eglise a regné fussent Conquerantes, l'Empire Romain
n'est devenu Chrétien que quand Dieu a voulu luy ôter ce qu'il avoit
ravi aux autres, & rendre à chacun le sien.

Il est donc necessaire selon les loix, je ne dis pas seulement du Christianisme, mais d'un honneste Paganisme, d'ôter à nos Rois le pouvoir sans bornes dont ils se servent à la ruine de la gloire de la Nation.
La veritable & legitime reputation d'un Etat c'est celle de la justice,
de l'equité & de la sincerité. *Per me regnant Reges*, dit la Souveraine
Sagesse, qui est la même que la Souveraine Justice. Or nôtre reputation est perduë sur ces trois articles ; *Justice, Equité & Sincerité* ; par
l'usage que nos Rois font de leur puissance arbitraire. Ils n'ont point
d'autre justice que les loix de leur ambition. L'an 1667. le Roy se fit
un manteau d'une justice apparente de je ne sçay quel droit de Dévo-
lution dans les Pays-bas, & s'en alla envahir les Etats d'un Prince Mineur son Beau-frère & son Allié : contraint de laschér prise de ce côté
là il se tourne du côté des Hollandois, & sans avoir égard ni à la justice, ni à la bonne foy, il envahit les Provinces Unies avec lesquelles la
Couronne avoit des Traittés aussi anciens que les fondements de la Republique. Et cela sans autre raison ni pretexte, sinon que les Hollandois avoient empêché l'invasion des Pays-bas Espagnols par le Roy,

Dd 3

* *Daniel chap. 7.* §. *Daniel chap. 8.*

ne voulant pas avoir un si fascheux voisin. L'Espagne étant entrée dans
la partie on luy enleve la Franche Comté & une grande partie de la
Flandre : on garde ces Conquêtes de haute lutte par la Paix : y a-t'il
de la justice à tout cela. Avant la guerre sans autre forme on s'étoit em-
paré de la Lorraine, & on l'avoit proprement volée à son legitime Souverain. Aprés la Paix faite on surprend Strasbourg sur l'Empire & on
luy enleve de grandes Provinces sous le titre de réünion. Y a-t'il là dedans justice, equité ou bonne foy ? On fait de nouvelles chicanes sur les
limites aux Espagnols, on les engage par là dans une nouvelle guerre,
& on leur enleve la Ville de Luxembourg & le reste de la Province. Ne
voit-on pas là dedans autant de fraude que de violence ? Enfin est-il
rien de plus criant que l'ouverture de cette derniere Guerre, & que la
maniere dont on la continuë au prejudice de la foy des Traittés tout
nouvellement faits. On commence la Guerre en pleine Paix. On prend
Philisbourg, on s'empare de Heydelberg, de Manheim, de tout le Pa-
latinat, de Wormes, de Spire, de Mayence & de tout le Pays du
Rhein ; on traitte avec ces Villes, on les reçoit à capitulation, & en
suitte on les brûle, on les rase, on reduit tout en cendre & en solitu-
de, sans avoir égard ni aux loix de Dieu, ni à celles de la Guerre, ni
aux promesses, ni aux serments solemnels. Et l'on continuë à agir sur ce
pied là. En verité la reputation des François est si perduë qu'on ne les
regarde dans le Christianisme pas autrement que des Mahometans & des
Gens sans foy. La Puissance Absoluë de nôtre Monarque qu'on croit
être la source de la reputation de nôtre Monarchie, est donc une source de honte qui ne s'épuisera jamais. Nous passions autrefois pour une
Nation honneste, humaine, civile, d'un esprit opposée aux barbaries.
Mais aujourd'huy un François & un Cannibale c'est à peu prés la même chose dans l'esprit des voisins. Il est donc clair que si nous voulons
retablir la reputation de la Monarchie, il faut donner ordre que nos Monarques ne puissent pas faire des actions aussi honteuses que celles de ce
dernier Regne. Si cela continuë, il n'y aura plus de Nation qui veüille
faire des Traittés avec nous. Et en effet à quoy serviroient-ils puisqué
nous n'y avons aucun égard ? Les plus relachés Machiavelistes en soûtenant que les Princes ne sont obligés à avoir ni Religion, ni bonne foy,
& que la Souveraine Religion est l'interêt de l'Etat, avoüent pourtant
qu'il est de l'interêt des Princes de paroître avoir de la bonne foy & de
la Religion, parce que c'est le fondement des Traittés & des Allian-

ces , & que la reputation & l'apparence de la vertu dans un Prince sont les liens de la fidelité des Sujets. Mais aujourd'huy nôtre Cour ne garde ni les apparences , ni les realités. Elle a renoncé à tout : Nous ferons-nous donc un honneur de passer entre les Chrétiens pour des Brigands , qui ont perdu toute honte ? Il me semble que quand les choses sont montées au point où elles sont aujourd'huy , il est temps de penser à retablir sa reputation entre les Etrangers. Or certainement cela ne se peut, que nôtre Gouvernement ne soit remis sur un autre pied. Car pendant qu'un seul homme qui se conduit par le conseil de deux ou trois autres qui ont depoüillé jusqu'à l'humanité , aura tout le pouvoir en main, on peut être assuré qu'il n'y aura aucun changement dans la conduite des affaires.

Tout cecy tend à faire voir la necessité qu'il y a à travailler à la reformation de nôtre Gouvernement , on en pourroit apporter plusieurs autres preuves. Mais je n'en produiray plus que deux ; encore me conteray-je de les indiquer , & de les laisser pousser aux Lecteurs qui auront quelque penetration. La premiere de ces deux dernieres raisons , c'est qu'on a déja trop tardé à remedier à ce mal. Toutes les maladies deviennent incurables en vieillissant , particulierement celles des Etats. L'amour de la liberté s'efface insensiblement dans les cœurs , les Peuples les plus mal-aisés à tenir en bride , peu à peu prennent l'habitude d'être esclaves : La possession chez les Princes est un grand titre : les Peuples ont beau-dire que leurs droits ne se peuvent aliener & ne se peuvent prescrire ; une tres-mediocre durée fait prescription dans la Jurisprudence des Usurpateurs. Cela signifie que la patience de la Nation n'a déja que trop duré. La diminution de sa liberté a commencé depuis long-temps , mais l'appesantissement du joug n'est que de trois Regnes , du ministere du Cardinal de *Richelieu*, de celuy de *Mazarin* , & de la domination de *Loüis XIV.* si cela se continuë plus long-temps , il sera mal-aisé d'en revenir : sur tout si l'on perd le temps present , on ne trouvera jamais des circonstances aussi favorables. *Loüis XIV*, a besoin de ses Peuples, c'est le temps de le prier d'avoir quelques égards pour ses Sujets & pour la Nation , s'il veut qu'on en ait pour luy.

Ma derniere raison pour montrer qu'il est temps de travailler à ce grand ouvrage, c'est qu'il y va de l'interêt de la Religion aussi bien que de celuy de l'Etat. On persuade au Roy que son zele mal-conduit a fait beaucoup de bien & d'honneur à l'Eglise par la suppression des

des Edits autrefois accordés aux Calvinistes, & par les Missions Dragonnes & violentes dont on s'est servi pour les convertir. Mais on l'abuse cruellement : car la conduitte qu'on luy a fait tenir n'a servi qu'à imprimer à sa reputation une tâche de mauvaise foy & de cruauté qui ne s'effacera jamais. Il n'a converti aucun Calviniste, & il a fait une infinité de mauvais Catholiques. Il a rempli l'Eglise Gallicane d'hypocrites, & il a donné de l'horreur à plusieurs anciens Catholiques, qui sont presentement dans des doutes & des prejugés favorables au Calvinisme. Et pour l'Eglise, combien triste est l'esclavage où on l'a reduite. Je l'ay montré & d'autres l'ont fait voir plus amplement avant moy. Toute authorité Ecclesiastique est aneantie. On ne sçait ce que c'est que de Canons, que de Pape, que de Conciles, tout est englouti dans l'authorité d'un seul homme qui afflige l'Eglise selon les inspirations qu'il reçoit d'une malheureuse Societé. Les choses n'iront pas autrement jusqu'à ce que le Gouvernement ait été remis comme il étoit autrefois entre les mains des Sages de la Nation, pour le partager avec le Roy.

Fin du Treiziéme Memoire.

LES SOUPIRS
DE LA
FRANCE ESCLAVE
Qui aspire aprés la Liberté.

XIV. MEMOIRE,
Du 15. d'Août 1690.

Continuation des preuves de la necessité qu'il y a de penser à reformer le Gouvernement : Reflexions sur les Batailles de Mer & de Terre que nous avons gagnées ; & sur le Memoire du Roy en sujet des affaires de Savoye.

Ans le dessein que nous avons de faire rénaître dans les cœurs des François l'esprit de Liberté que la Tyrannie a éteint, nous avons cy-devant fait voir l'excés où est montée la Tyrannie , les moyens dont elle s'est servie pour s'établir & pour le conserver, combien elle s'est éloignée des anciennes Loix de la Monarchie Françoise, & comment il est necessaire de ramener le Gouvernement à son ancienne forme. A present nous en sommes à l'article de la justice de la cause que nous plaidons, & des pensées que nous voulons inspirer aux Peuples. Car nous nous sommes proposés de prouver que la reformation de l'Etat est necessaire , qu'elle est juste , & enfin qu'elle n'est pas impossible si on s'y prend bien. Nous avons prouvé qu'elle est necessaire pour la conservation, pour la gloire & pour l'honneur de la Monarchie. Il faut desormais prou-

E e

ver qu'elle eſt juſte , & qu'on ne fera aucun tort au Roy & à la Cour en leur demandant qu'on rabbâte de cette extrême hauteur avec laquelle on a gouverné depuis quelque temps un Peuple libre. Mais avant cela nous nous trouvons obligés à répondre à des objections qui ſont toutes nouvelles & qui naiſſent des grands événements arrivés depuis nôtre dernier Mémoire. Nous y prouvons que la proſperité de nôtre Monarchie ne pouvoit être de longue durée, & que nous tendions à nôtre ruine ſi nous ne courions aux remedes , qui étoient de diminuër le nombre des Mécontents qui ſont dans le Royaume. Il ſemble que le Ciel ait pris ſur ſoy de nous refuter. Voilà, dit-on , toutes les craintes que nous voulions donner entierement diſſipées. Nous repreſentions les ennemis du Roy comme terribles. Nous ſuppoſions qu'ils pourroient bien-tôt ſe faire une porte pour entrer en France ; nous ſuppoſions auſſi qu'ils y trouveroient un grand nombre de gens qui aſpirent au changement , & qui ſe trouvant tres-mal ſous leur ancien Maître, ne ſeroient pas fâchés d'en eſſayer d'un nouveau. Mais voicy la carte bien changée , & nous nous trouvons , à ce que l'on croit, fort loin de nôtre conte. Voilà les ennemis battus par Mer & par Terre , la perte de la Bataille de Fleury les a mis aux abois. On ne craint plus la Ligue ny les deſſeins des ennemis de la France. Une grande Bataille Navale gagnée à dix jours delà met toutes nos Côtes en ſeureté, nous rend Maîtres de la Mer. Ainſi nous n'avons plus rien à craindre du dehors ; rien à craindre par conſéquent du dedans. Par conſéquent auſſi voilà tous les mauvais preſages diſſipés. Je ſuis bien fâché de n'être point en état de me réjoüir beaucoup de tous ces grands avantages de la Couronne, quoy que je prenne autant de part que qui que ce ſoit à ſa conſervation & à ſa gloire. Mais quand nous aurions toute ſorte de foy pour tout ce qu'on dit de ces glorieuſes victoires , je ne croy pas que le Royaume ait autant de ſujet de s'en réjoüir que la Cour. Ce ſeroient les victoires du Roy : mais elles ſeroient remportées ſur les Sujets de l'Etat plus que ſur ſes ennemis. Ce ſeroient des moyens d'aggraver nôtre joug & d'aſſurer nôtre ſervitude. Car le Roy ne ſçauroit devenir plus puiſſant que nous ne devenions plus miſerables. Mais outre cela, je ne ſçay quels bruits qui s'échapent à travers l'exacte garde que l'on fait ſur nos frontieres pour éloigner la verité des évenements , me fait ſoupçonner qu'il y a quelque choſe de plus ou de moins que ce qu'on nous dit. Et de la maniere que j'enviſage les choſes , bien loin de regarder les évenements preſents comme des preſages de nôtre grandeur future , ou de la confervation de nôtre grandeur prefente, je les regarde plûtôt comme des prefages de nôtre perte prochaine. Et voicy comme je rai-fonne. Il faut avoüer que jamais nous n'avons fait des efforts fembla-bles à ceux que nous faifons cette Campagne. Jamais nous n'avons tant dépenfé & en intelligences, & en amas de forces. On avoit jetté du côté de la Flandre les femences d'une revolution prefqu'entiere par les Traîtres qu'on avoit gagnés à l'Eclufe, à Bruges, à Gand, & prefque dans toutes les Villes du Pays-bas : on avoit avancé la Campagne & l'on avoit prévenu les ennemis : on s'étoit avancé vers Gand avec une puiffante Armée jufqu'à Deynfe qui n'eft qu'à deux lieües de Gand pour obferver le moment que la mine joüeroit. Mais malheureufement elle a été éventée, les Traîtres & les deffeins ont été découverts. Il a donc falu revenir avec nôtre courte honte. Il eft vray, nos Generaux ont fort bien pris leur mefure pour fe vanger de l'affront qu'ils avoient receu. On a jetté deux grandes Armées fur cette Frontiere : on les a jointes fort adroitement, fort à propos & fort fecretement. Le General de l'Ar-mée Hollandoife ne s'en eft pas apperçû ; il a offert la Bataille, on l'a acceptée, croyant n'avoir à combâtre que contre 25. mille hommes, & il s'eft trouvé en avoir plus de quarante mille fur les bras. La furprife auroit déconcerté le General le plus intrepide, & l'Armée la plus ferme. Cependant cela n'eft pas arrivé, les Hollandois fe font bâtus comme des Lions durant huit ou dix heures. Il eft vray que nous fommes demeurés Maîtres du Champ de Bataille ; les Ennemis fe font retirés fans déroute pourtant ; leur départ n'a été à propos parler ni déroute, ni retraite. Ce n'a pas été une déroute, car ils n'ont pas été pourfuivis, & le refte de leur Armée s'eft retirée affés tranquillement & avec ordre. Ce n'a pour-tant pas été une retraite, car nous avons laiffé beaucoup de Prifonniers. Quoy qu'il en foit, l'honneur nous en eft demeuré, auffi-bien que le Champ de Bataille & quantité d'Etandards & quelques pieces de Canon. Les Ennemis ont fauvé leur bagage, ce qui eft le principal. C'eft une victoire dont on a fait grand bruit. Mais j'ay peur qu'elle ne nous coû-te plus qu'elle ne vaut. Car nous avons vû certaines relations faites par nos propres gens où l'on nous fait perdre quatre Lieutenants Ge-neraux, fix Brigadiers, douze Collonnels, prés de cent Capitaines, fept ou huit cents Officiers de tous ordres, & dix à douze mille Sol-dats morts, bleffés & hors de combat. Il faut avoüer qu'une telle vi-ctoire reffemble à une bataille perduë. Mais fuppofons qu'il y ait de l'excés à tout cela, & que le rapport foit enflé ; il y a pourtant deux

choses qui m'incommodent : la premiere c'est que nos ennemis avec
cette bataille perduë sont demeurés sur leurs pieds comme auparavant;
la seconde que nous sommes demeurés dans nôtre place nous prome-
nant fort en liberté sur les bords de la Sambre , mais sans passer plus outre. En verité si c'est là tout ce qui nous revient de nôtre victoire, je
ne trouve pas que cela vaille nôtre Cavalerie presque toute mise hors
de combat , & nôtre meilleure Infanterie perduë , ni que cela recule
fort nôtre derniere ruine. C'est là tout ce que nous avons pû faire quand
nous avons été deux contre un. Bien loin de tirer de là un bon presa-
ge , j'en tire un fort mauvais : car je crains que nous ne soyons battus
quand la partie sera égale , beaucoup plus quand nos ennemis se trou-
veront plus fort que nous. Ce qui tres-assurement arrivera bien-tôt.
Le fruit de nôtre victoire c'est que depuis quelques semaines nôtre Armée s'est retirée vers nos Places avec precipitation & avec des airs de
consternation. Voilà une grosse Armée d'Allemands arrivée sous la conduite de l'Electeur de Brandebourg. Il y a encore deux mois de campagne , il ne faut que perdre une bataille toute semblable à celle que
nous avons gagnée pour laisser la France ouverte à l'ennemy. Dix
mille hommes perdus dans une bataille gagnée & autant dans une bataille que nous pouvons perdre , éclairciront beaucoup nos Bataillons &
nos Escadrons. Car nous n'avons pas les mêmes ressources que nos ennemis. Il ne nous vient pas des troupes d'Espagnols , d'Allemands &
d'Anglois tout frais pour fermer les brêches qui auront été faites. Je ne
trouve donc pas que nous ayons fait si grande chose sur terre. Et je ne
sçay si nous avons plus de lieu de nous glorifier de ce que nous avons
fait sur la Mer.

Il faut avoüer que nos efforts par Mer ont été encore plus terribles &
plus extraordinaires que sur Terre. Jamais nôtre Cour n'a eu tant de lieu
de se promettre de grands succés ? Nos intelligences en Angleterre
étoient grandes , bien concertées. Tous les Catholiques Anglois étoient
prêts à prendre les armes aussi-tôt que le Prince d'Orange seroit en
Irlande : Ils avoient dans leur party les propres Parents de la Reine &
un grand nombre de Seigneurs. L'Ecosse étoit encore plus disposée à un
soulevement. Et presque tout ce qu'il y a de grands Seigneurs avoient
pris la Campagne attendant un débarquement de Troupes Françoises.
Jugés quel menage tout cela devoit faire. On avoit de plus gagné le
Comte de Torrington Amiral de la Flotte Angloise. Peut-être avoit-il
concerté son action avec plusieurs de ses Capitaines de Vaisseaux. Et

outre tout cela *Guillaume de Nassau* ce certain Geant qui avec sa mediocre
taille nous porte ombre jusque dans Versaille, étoit absent & éloigné;
plusieurs terres & plusieurs Mers faisoient que nous ne le craignions pas.
Sur des mesures si-bien prises on auroit gagé, & juré de l'evenement.
Mais sur le point que toute la machine va joüer, en voilà une partie qui
se démonte. On découvre la conspiration, on arrête en Angleterre plus
de 30. des principaux Conspirateurs. Le reste ne laisse pas d'agir; nous
nous avançons sur les Côtes d'Angleterre à la veüe de l'Ile de Wigt avec
130. voiles, dont 82. étoient Vaisseaux de guerre, la plûpart du premier &
du second rang, de cent, quatre-vint & quatre-vint-dix pieces de Canon.
Torrington joue son jeu, il refuse la Bataille, il reçoit ordre de la Cour d'Angleterre de la donner, nonobstant l'énorme disproportion de forces; car
il n'y avoit Hollandois & Anglois que 55. Vaisseaux contre 82. beaucoup moindres que ceux du Roy. Cependant les Hollandois se confiants
dans l'experiance qu'ils ont dans la Marine qui surpasse celle des François
consentent à donner Bataille. L'Amiral d'intelligence avec nous donne
l'avantgarde à vint-deux Vaisseaux Hollandois, il les engage dans le
Combat, il les y laisse; il se tient à quartier à un ou deux mille. Il tire
quelques bordées de Canon par grimace & laisse perir l'Escadre Hollandoise; qui se défend une journée entiere contre toute nôtre Flotte: prodige des plus surprenants qui ait jamais été vû. Ils tuent sur nôtre Flotte
infiniment plus de gens qu'on ne leur en tuë, & se retirent enfin, mais
comme on peut croire dans le dernier desordre, Vaisseaux percés, Mats
fracassés, & presque tous desemparés. Pour nous il nous reste pour
fruits de nôtre victoire quelques Vaisseaux de nôtre Flotte coulés à fonds,
le Squelette d'un de ceux des Ennemis qu'il falut laisser enfoncer, parce
qu'il ne pouvoit plus flotter, & un seul Capitaine prisonnier, avec
trente Matelots. Voilà tout ce qui nous en revient. Sçavés-vous bien
comment je raisonne là dessus? Bien loin que je m'en face une assû-
rance pour l'avenir, je m'en fais un vray sujet de crainte. Car je dis; nous
avons mis en Mer le plus puissant armement qui s'y soit veu depuis
cent ans. 130. Voiles 82. Navires de guerre, toute l'Europe en a été
étonnée. Et la France sans doute en a été épuisée. Nous avons attà-
qué une Flotte de 55. Vaisseaux. Nous en avons rendu inutile les deux
tiers par nos intelligences avec ceux qui la commandoient. Et avec des
avantages si grands le tout se reduit à briser quinze ou vint mats & à
faire perir sept ou huit Navires; C'est assurement un prodige pour l'Histoire, auquel on n'adjoûtera pas de foy; qu'une Flotte si nombreuse

ait combattu contre le tiers d'une autre Flotte qui étoit le tiers moindre, & qu'elle n'ait pas abîmé toute la Flotte, pour en suitte demeurer Maîtresse de la Mer & faire décente par tout où elle eût voulu. L'avantage n'a pas même été assés entier pour poursuivre les débris de cette pauvre Escadre Hollandoise. Ce qu'il est peri de Vaisseaux, ce sont les Hollandois eux-mêmes qui les ont laissé couler à fonds aprés en avoir retiré les équipages & les munitions. On ne sçauroit s'empêcher de conclurre de là, que Nous sommes à la fin de nos prosperités. Ce sont là les derniers efforts d'une bonne fortune mourante : efforts qui languissent, qui secoüent le corps & qui ne produisent rien. De là on conclut que quand nous trouverons des Ennemis à combattre, nous sommes perdus, puis que nous n'avons pû vaincre quand nous n'avons point eu d'Ennemis. Le plus grand plaisir qui nous revient de tout cecy, c'est celuy d'avoir causé une perte assés considerable aux Hollandois que nous haïssons mortellement, car nous voudrions avoir mangé le cœur du dernier : parce qu'ils nous ont causé la plus grande des mortifications que nous ayons jamais receuë, en fournissant au Prince d'Orange les forces qui l'ont fait Roy d'Angleterre. En effet il semble que nôtre Cour n'ait eu en veuë que le plaisir de cette petite vangeance que nous avions bien promise aux Hollandois. Mais il faut avoüer que cette vangeance est bien imparfaite & le plaisir par consequent fort traversé. Car je ne trouve pas déja par rapport aux Hollandois que cette perte les ait mortifiés. Ils ont une Armée de Terre qui vaut mieux que la premiere. Et si on les en croit, ils sont fort en état de réprendre leur revanche ; pour leur Flotte cet échec, qui leur a mis douze ou quinze Vaisseaux hors de combat, en produira bien quarante autres qui sortiront de leurs Ports & de ceux d'Angleterre. Si nous ne sommes pas assés heureux pour trouver un second *Comte de Torrington*, malheur à nous avec tout nôtre prodigieux Armement Naval. Ces pertes tant par Mer que par Terre n'ont pas abbattu les Hollandois, mais elles leur ont relevé le courage. Jamais victoires gagnées n'ont autant fait d'honneur que leur en ont fait ces Batailles perduës. Ils sont fort consolés de voir nos Gazettes qui ne loüent que le Roy & ses Generaux, leur rendre témoignage d'avoir fait des merveilles & sur Mer & sur Terre. D'ailleurs la perte les anime ; ils pourront donc être encore plus vaillants à la seconde fois qu'à la premiere, & il est à craindre que nous nous en trouvions mal. Pour ce qui est des Alliés, nous ne voyons pas que ces pertes les ayent étonnés & ayent déconcerté leurs desseins. Ils different d'éclater, mais il est à craindre que l'éclat ne s'en face bien-tôt à nôtre ruïne. Voilà comment on raisonne differemment sur un même sujet ; nos victoires promettent une continuation de durée à nôtre Monarchie , selon les uns , & selon d'autres ce sont des présages d'une prochaine tempeste , & d'un malheureux succés. Je voudrois qu'on en eût prévenu les suites par des conseils sages & par une conduite moderée ; mais je crains qu'il ne soit déja trop tard.

Nos victoires ne nous promettent donc pas grande chose. Mais voilà d'autre part deux autres évenements qui nous font de terribles menaces , c'est la Déclaration du Duc de Savoye contre nous , & la perte de l'Irlande. Ces deux grands évenements meritent bien qu'on y face reflexion. L'affaire de Savoye est de si grande importance, que je ne voy pas quels remedes on pourra opposer aux maux qui nous doivent venir de ce côté-là. Nous croyons avoir fort bien pourvû à nôtre seureté par la multitude de places fortifiées qui sont depuis Hunning jusqu'à Dunquerque. Mais voicy un endroit à quoy l'on n'avoit point pensé. La foiblesse du Duc de Savoye nous paroissoit un rempart derriere lequel il n'y avoit rien à craindre. Et nous ne pensions pas avoir à nous défendre contre un Prince qui a toûjours été de nôtre dépendance , que nous avions toûjours traitté comme un petit garçon , & que nous avions mis sous la tutelle de deux femmes , sous la main desquelles nous ne croyons pas qu'il pût s'échaper. Nous ne soupçonnions pas qu'à son âge il eût la hardiesse de secoüer le joug d'un aussi grand Roy qui auroit pû le dépoüiller en huit jours de ses Etats. Mais toutes nos conjectures se sont trouvées fausses , & nos esperances se sont évanoüies par un coup entierement imprevû. Presentement nos ennemis ne manquent plus de porte pour nous venir voir. Voilà plus de cent lieües de pays depuis la Mer Mediterranée jusqu'à Geneve , c'est à dire toutes les frontieres qui separent la Provence & le Dauphiné du Piémont , de la Savoye , entierement exposées aux Alliés. Point de Villes à prendre , point de passages à forcer , car tout est uni , & s'il y a quelques passages difficiles, les Savoyards & les Piémontois en sont à peu prés les Maîtres. Et ce qu'il y a de fascheux : c'est que ce sont des Provinces éloignées de la Cour : & dont on n'a aucun sujet de se promettre de la fidelité. La Provence est toute Catholique. Mais il n'y en a pourtant point qui porte son joug plus impatiemment. La Citadelle de Marseille luy est une épine qu'elle arrachera le plûtôt qu'elle pourra sans respecter celuy qui l'a plantée. Pour ce qui est des Provinces de Dau-

phiné & de Languedoc, les severités qu'on y a exercées, plus de trente ou quarante massacres executés, tant de personnes penduës, entre
lesquelles il y a plusieurs Prédicants & Ministres, tant d'autres exilées
& envoyées aux Galeres, tant d'autres qu'on a fait perir dans les prisons : Tout cela, dis-je, fait assez comprendre ce que l'on a sujet d'esperer ou de craindre de ces Provinces. Si le feu étoit une fois dans le
Languedoc, il seroit bien prés du Bearn & de la Guyenne. En un mot
pour se munir contre toutes les craintes & prévenir tous les perils, la
Cour aura besoin de toute sa prudence & de toute la force de l'Estat.
Le Memoire que le Roy a fait publier sur les raisons qu'il a euës d'envoyer une Armée en Savoye, fait assez voir ce que l'on craint. Car il par-
*le d'un certain projet qui a été connu par les depositions de plusieurs Ministres
& Predicants qui ont été pris en Languedoc. Et le projet, dit-on, étoit de
faire soulever les nouveaux Convertis par le moyen des Ministres qu'on enverroit en France.*

Au reste ce memoire nous donne une juste occasion de faire icy plusieurs reflexions qui iront à nôtre but, qui nous ferons voir que nous a-
vons plus à craindre que l'on ne s'imagine, & que nous n'avons pas
tant de raison que nous croyons. Voicy comme on commence.

*IL n'y a personne à présent qui puisse douter des mauvais desseins que le
Duc de Savoye a formés depuis quelque temps avec les Ennemis de la France,
tant pour exciter des troubles en Dauphiné, que pour ôter au Roy les moyens
de secourir les Places que Sa Majesté possede en Italie, & qui sont seules capables d'empêcher que la Maison d'Autriche ne s'empare de toute cette grande
Partie de l'Europe qui a toûjours fait le principal objet de son ambition.* J'observe là-dessus. I. Qu'on appelle *mauvais desseins* les mesures que le Duc
de Savoye a prises avec les Princes Alliés pour se mettre en liberté. A la
verité ce sont de mauvais desseins par rapport à nous, car dans les circonstances presentes sans doute il nous fera beaucoup de mal. Mais ne
faut-il pas faire justice à tout le monde ? Comment avons nous traitté
le Duc de Savoye ? nous l'avons forcé l'épée à la main à massacrer ses
Sujets Vaudois, à dépeupler son Pays, & à se rendre odieux auprés de
tous les Princes Protestants par un manquement de parole insigne &
par une cruauté qui a peu d'exemples. Nous l'avons traitté en enfant :
nous l'avons voulu marier en Portugal à dessein de l'envoyer à deux
ou trois cents lieües de chez luy pour avoir lieu de nous rendre maître
de ses Estats ; nous avons usé de son bien, de ses troupes, de ses places,
de ses armes comme des nôtres, avec une hauteur qui auroit blessé le

cœur

cœur le plus bas & le plus stupide. 2. C'est une fort plaisante chose que l'on dit icy pour le Roy : qu'il a occupé des places en Italie pour empêcher *la Maison d'Autriche de s'emparer de cette grande Partie de l'Europe.* C'est precisement pour la conservation des Princes & de la liberté de l'Italie que le Roy s'est acquis Casal & Pignerol, & qu'il les a fortifiées & remplies de grosses garnisons. En verité ces sortes de choses font tort aux Ministres que le Roy employe pour le justifier & les rendent ridicules. On sçait jusqu'où va nôtre ambition, on voit qu'elle n'a pas de bornes, & on croira que c'est par amitié pour les Princes d'Italie que nous allons prendre leurs places, & établir des Citadelles au milieu de leur Pays. C'est par amitié aussi pour le Duc de Savoye que nous voulions avoir Turin & Verrüe. C'est bien prendre son temps pour donner de la jalousie aux Princes d'Italie du voisinage de la Maison d'Autriche, & de son ambition. De qui est-ce que l'on redoute l'ambition, ou de la France ou de la Maison d'Autriche ? Et qui est-ce qui a enlevé à ses voisins cinq ou six Provinces, & un nombre infini de places ? Certainement, si les Alliés n'avoient donné un frein à nôtre ambition, les Princes d'Italie avoient tout à craindre pour leur liberté. Car on sçait bien, que nous n'avons été planter nos estandarts dans Casal qu'afin d'être au milieu du Pays, pour prendre les occasions de nous en emparer. Et veritablement l'on ne comprend rien à la conduite presente des Princes d'Italie & dans les délais qu'ils apportent à se declarer pour le Duc de Savoye, qui s'est sacrifié pour leur salut commun. Est-il possible qu'ils perdroient cette occasion de s'ôter du pied les espines de Casal & de Pignerol ? La Republique de Genes a-t'elle oublié l'embrasement de ses Palais, & les entreprises de la France pour la ruiner & la reduire en cendres au milieu de la Paix & sans declaration de guerre ? ne se souvient-elle plus des outrages & des injures qu'on luy a fait souffrir, & comment elle fut obligée d'envoyer son Doge demander pardon à un Roy qui l'avoit cruellement traittée ? les Princes diront-ils qu'ils sont trop foibles pour se declarer contre un si grand Roy ? Mais qu'ont-ils à craindre à l'abry d'une aussi puissante Ligue ? ont-ils lieu de craindre qu'on les oublie dans un Traitté de Paix & qu'on neglige leurs interêts ? Il faut donc avoüer que nous n'avons pas trop de raison de nous plaindre de ce que *le Duc de Savoye a voulu ôter au Roy les moyens de securir les places que Sa Majesté possede en Italie.* Car en cela le Duc a agi selon ses interêts & selon les interêts de tous les Princes ses voisins. On ne doit pas trouver étrange que nous parlions icy d'une ma-

niere qui ne s'accorde point avec les intentions de la Cour. Car nous
avons deſſein de faire comprendre au Peuple François combien il eſt
obligé de travailler promptement & efficacement à la reformation du
Gouvernement , & d'amener le Roy à y conſentir. Or jamais il n'y
conſentira qu'il ne s'y voye forcé par le nombre de ſes ennemis. C'eſt
pourquoy ſans avoir des penſées oppoſées aux veritables interêts du
Royaume , on peut ſouhaiter beaucoup d'ennemis au Roy.

. Le Memoire continuant dit : *Cependant comme il a paru quelques écrits*
même ſous le nom du Duc de Savoye , qui tendent à faire croire qu'il n'a pris la
reſolution d'embraſſer le parti des ennemis de la France que parce qu'il y a été
forcé par l'entrée des troupes de Sa Majeſté dans ſes Etats , commandées par
le Sr. de Catinat , il eſt bon de faire connoître le peu de ſolidité , &c. & le
peu de ſincerité , &c. Comme on ne peut juger des ſentimens des hommes que par ce qui ſe voit dans leur conduite. Je ne ſçay pourquoy nous
jugerions des intentions du Duc autrement que ſes actions ne nous donnent lieu d'en juger. On l'a vû toûjours fort ſoûmis à la France. On
croit facilement que ſa ſoûmiſſion n'étoit pas fort volontaire. Il étoit
ſans doute aſſez faſché d'être le Gouverneur du Roy de France , pour
le Piémont & pour la Savoye. On croit auſſi facilement que s'il avoit
crû pouvoir prendre des meſures juſtes & ſures pour ſe mettre en liberté , il l'auroit fait. Mais on croit ſçavoir auſſi qu'il n'avoit intentiõ
que de ſe conſerver , & de ſe menager de telle ſorte ; que de quelque
côté que ſe declarât la victoire , ou pour nous , ou pour nos ennemis ,
il eût quelques raiſons à leur dire pour n'être pas mangé. Et cette conduite étoit entierement ſelon ſes interêts ; au lieu qu'une declaration
ouverte y étoit entierement oppoſée. Il ne l'auroit donc pas faite s'il
n'y avoit été forcé. Mais ce ſont nos hauteurs ordinaires ; nous n'avons
pû ſouffrir quelques meſures ſecretes que le Duc prenoit avec l'Empereur & le Roy d'Eſpagne , pour n'être pas enveloppé dans la ruïne de
la France , en cas qu'elle vint à être accablée par la Ligue. Il n'y avoit
rien de plus innocent que ſes intentions ; il ne faloit pas prendre garde à
ce que nous appellons *de fauſſes démarches*. Mais nôtre maxime c'eſt *tout*
ou rien ; il faut avoir toute ſorte de ſûretés pour le Piémont : Et pour
le faire , il s'en faut ſaiſir. Et qui eſt le Prince qui n'aimeroit autant perdre tous ſes Etats , que de ſe voir priſonnier & aſſiegé dans ſa Capitale , & ſes deux principales places entre les mains d'un Prince puiſſant ?
Quel épouvantable orgüeil eſt cela en l'état où nous ſommes , d'aller
demander à un Souverain ſes Citadelles & ſes troupes ? Il n'y avoit

donc pas de milieu à prendre, il faloit que le Duc fît ce qu'il a fait.
C'est là nôtre train : nous nous perdons par nôtre orgüeil ; nous trait-
tons tous les Princes nos voisins comme des Vassaux. On verra si nous
continuërons toûjours sur ce ton-là. Avec tout cela nôtre fierté est mal-
entenduë, on ne peut pas voir une conduite moins sage qu'a été la nôtre à l'égard de l'affaire de Savoye, il nous étoit important d'être assurés des passages qui menent à Casal. Il faloit avoir en mains les moyens
de tenir en bride la Republique de Genes & les autres Princes. Il ne faloit donc pas faire l'affaire à demi. Il faloit envoyer une Armée capable d'assieger & de prendre Turin, & de s'emparer de tout le Piémont.
C'étoit une affaire de moins de quinze jours & toute l'Italie auroit tremblé, le Milanois auroit subi le joug, & peut-être que les liens de la Ligue auroient été rompus par ce coup. Le Duc n'avoit rien de prêt,
le Milanois ne pouvoit alors fournir de troupes. Il est vray que cela
auroit été contre l'honneur & contre la bonne foy. Mais nous avons
bien accoûtumé de garder des mesures avec l'honneur & la bonne foy.
Et c'étoit bien là l'occasion de se faire des scrupules que nous n'avions
jamais eus. Aprés tout il est bien moins contre l'honneur & la bonne
foy d'aller demander à un Prince ses troupes & ses deux principales Citadelles, que de s'emparer tout d'un coup de son Pays ! Se faire donner
de cette maniere, ou prendre de vive force, c'est à peu prés la même
chose. Oüy : mais cela auroit donné de la jalousie aux Princes d'Italie. Et qu'est ce que cela eût produit ? ils auroient eu de la jalousie &
de la peur en même temps. Mais ils auroient eu les bras liés. Et de plus
que le Piémont fût tombé par cession du Duc entre nôs mains, les
Princes d'Italie en auroient-ils eu moins de jalousie ? Il n'en faloit donc
pas faire à deux fois. Mais au lieu de cela, nous nous sommes allés
faire voir au Duc avec une Armée de 13. ou 14. mille hommes, on a
chicané avec luy, on s'est laissé tromper par des feintes propositions
de Traités, par des Lettres que le Duc a écrites au Roy, & ainsi il
a gagné un mois de temps : durant lequel il a disposé ses affaires &
les Vosins à une vigoureuse resistance. Voilà ce que nous appellons,
le peu de sincerité qu'il y a eu dans toute la conduite qu'il a tenuë avec Sa
Majesté. Voilà un grand sujet de plainte ! Le Roy envoye une Armée
en Piémont qui commence par demander au Duc ses meilleures Troupes, c'est à dire par demander que le Duc se laisse couper bras & jam-
bes ; on pousse en continuant, & on demande les Forteresses de Piémont, c'est à dire que le Duc se laisse couper la tête. Et l'on appelle

manque de sincerité , les mesures fines & secretes que le Duc prend pour éluder des propositions si étranges. Je ne sçay comment on a si-tôt oublié la maxime *Dolus an Virtus, &c.* dont nous nous sommes tant servis. Il n'y a rien de si plaisant que de nous voir coucher en jeu la sincerité , & faire des reproches aux autres là-dessus : nous , dis-je , qu'on accuse d'avoir violé tous les Traittez , d'avoir menagé des Traitres & des trahisons à Strasbourg pour nous emparer en pleine Paix d'un membre de l'Empire si considerable ; d'avoir été bombarder Genes par la plus lasche surprise qui fut jamais , d'avoir réüni à la Couronne des Provinces entieres d'Allemagne & toute la Province de Luxembourg sous pretexte de chicanes , dont le plus Fripon Procureur du Parlement de Paris n'auroit pas voulu se servir. Le Memoire dit que *Monsieur le Duc de Savoye avoit écrit au Roy une lettre du 20, de May , par laquelle essayant de justifier à Sa Majesté ses bonnes Intentions , il promet positivement au Roy de remettre la Citadelle de Turin & de Verrüe. Mais il supplie Sa Majesté que ce soit par un Traitté.* Aprés une parole si formellement donnée à un si grand Roy , M. le Duc de Savoye a la malhonnêteté de manquer à sa parole , & bien pis il va jusqu'à se declarer pour les ennemis du Roy. Voilà un defaut de sincerité qui n'est point pardonnable, Mais je prévois que le Duc nous dira , que selon les bons Casuites , quand un voleur, le pistolet à la gorge, vous a fait promettre de luy donner tout vôtre bien, vous n'êtes pas obligé de le tenir. Je pense que M. de Catinat avec quatorze ou quinze mille hommes valoit bien un voleur avec sa brigade. Ainsi on ne devoit pas faire grand fonds sur des promesses faites par un Prince aussi pressé. Et je suis trompé si le Duc trouve bien de la peine à obtenir absolution de ses Confesseurs de cette tromperie. Il est vray que le Roy avoit fait des avances qui mettent tout à fait le Duc dans son tort. *C'est que le Sieur Catinat demanda Verrüe & la Citadelle de Turin, dans lesquelles le Roy tiendroit Garnison Françoise, qui ne seroit point à la charge du Duc de Savoye.* Le Roy vouloit décharger le Duc de la dépense que luy cause la garde de ces deux Citadelles : il vouloit y mettre Garnison Françoise , mais à condition que ces Garnisons ne seroient pas à la charge du Duc. Assurement il faut être de mauvaise humeur pour ne pas accepter une offre si obligeante. En verité si les ennemis du Roy avoient publié un Memoire par tout exprés pour rendre Sa Majesté ridicule , ils ne l'auroient pas fait autrement. Je suis trop bon François & trop dans les interêts du Roy pour n'en être pas sensiblement touché. Le Memoire dit aussi qu'*au commencement desdits Mois de Septembre & d'Octobre derniet*

Sa Majesté fut avertie que le Prince d'Orange recevoit souvent des lettres du Duc de Savoye , & qu'il se traittoit quelque chose entre ces Princes contre les interêts de la France. Si cela est , j'avouë qu'on avoit lieu de soupçonner le Duc de Savoye de n'être pas de nos amis. Car nous regardons le Prince d'Orange comme un Prince qui a de tres-méchantes intentions contre nous , & qui n'entretient des correspondances que pour nous nuire. Mais certes on peut assurer que les lettres du Prince d'Orange au Duc n'ont jamais fait marcher des Couriers , & que ce sont des visions ou des pretextes de nôtre Cour. Le Prince d'Orange étoit trop peu content du Duc de Savoye sur la maniere dont il avoit traitté ses Sujets Protestants , pour entretenir avec luy des correspondances de bonne amitié. Je ne sçay si le Duc a fait là-dessus quelques excuses au Prince : Mais il faut qu'il n'en fût pas trop content puis que dés ces mois de Septembre & d'Octobre , dont on parle , il donna des ordres à son Envoyé en Suisse de lever un secours secretement en faveur des Vaudois contre le Duc de Savoye , quoy que la chose n'ait été executée que longtemps aprés ; cependant on sçait qu'elle a été projettée longtemps devant. Aprés tout quand le Duc auroit voulu entretenir quelque intelligence avec les Alliés il ne faloit pas aller si loin que l'Angleterre ; il avoit le Gouverneur de Milan & l'Empereur à sa porte. Mais nous avons tant d'horreur pour le Prince d'Orange , que selon nos preventions nous nous imaginons que c'est assés pour rendre une affaire odieuse que de l'y faire entrer à tort ou à droit. Ce qui suit dans le memoire merite encore plus qu'on y face attention.

On vit aussi en même temps des effets de cette bonne intelligence. Car Sa Majesté ayant fait marcher des Troupes à Pignerol pour faire attaquer les Séditieux qui s'étoient établis dans la Valée de S. Martin , les Officiers du Roy commencerent à s'appercevoir que ceux de Mr. de Savoye ménageoient les Rebelles vulgairement appellés BARBETS *, & trouvoient des difficultés à tout ce qu'on leur proposoit pour les attaquer.* Toute l'Europe a admiré le zele de Sa Majesté pour la propagation de la Foy. Non contente d'avoir détruit les Calvinistes dans son Royaume , elle force le Duc de Savoye à en faire autant dans le sien ; ces pauvres gens se veulent maintenir dans leurs Montagnes. Le Duc de Savoye n'agissant pas avec assés de vigueur , le Roy y envoye ses Troupes , & y fait faire les terribles executions que tout le monde sçait. Tout jaloux que je pourrois être de la gloire du Roy , je ne veux pourtant pas que le monde soit trompé. C'est pourquoy je veux bien l'avertir que nôtre zele dans l'extirpation des

Barbets, n'êtoit pas si pur qu'il n'y entrât un peu d'intérêt. Et voicy ce que nous avons sçû de tres-bonne part depuis la rupture avec le Duc de Savoye. C'est que le Roy se prévalant de la jeunesse du Duc qui n'avoit alors que 18. ou 19. ans, l'avoit contraint par menaces, & induit par promesses à faire un Traité, par lequel le Duc luy abandonnoit les personnes des Vaudois, pour les chasser ou les massacrer en cas de refus de sortir ; & luy cedoit leur Pays pour le posseder en proprieté & l'annexer à la France par le Vallées de Pragela. En récompense le Roy s'engageoit de rendre le Duc Maître de Geneve, & de luy faire restituer le Pays de Vaux par les Suisses. Assurément c'étoient-là deux Morceaux qui valoient bien deux ou trois Vallées & quelques sommets de Montagnes à conter le terrain pied pour pied. Et cela étoit fort capable de tenter un jeune Prince. Le profit du Roy étoit qu'en se rendant Maître des Vallées & des Montagnes de Piémont, il auroit été absolument Maître des Passages pour aller de Pignerol à Casal, & pour penetrer dans le cœur de l'Italie. Il n'auroit point craint la rupture avec le Duc. Il auroit fait bâtir des Citadelles imprenables dans le cœur des Etats du Duc. Les mesures assurement n'étoient pas mal prises ; & cela ne coûtoit gueres au Roy. Car il ne donnoit ou ne promettoit que du bien d'autruy, lequel assurément il auroit gardé pour luy-même, si une fois il s'en étoit saisi. Car après l'avoir pris, on auroit bien trouvé des excuses pour faire taire le jeune Duc de Savoye : & une Armée de 36. mille hommes chés luy, l'auroit mis en état de demeurer fort content qu'on ne luy ôât pas tout son bien. Quoy qu'il en soit, en consequence de ce Traité on commença à chercher des chicanes à la Ville de Geneve au sujet des Dîmes : On laissa répandre le bruit d'un siege dont on menaçoit cette Ville, pour voir comment les Voisins prendroient cela. Tout le monde sçait l'allarme que Geneve en eut, & les mouvements que cela causa dans les Cantons. On ne sçavoit alors d'où venoit cela, nous le sçavons aujourd'huy. Enfin il se trouva que nôtre Cour avoit vendu la peau de l'Ours avant que de le tenir. Quand on vit les mouvements des Suisses là-dessus, on remit l'execution de l'affaire à une autre fois ; & les Barbets furent chassés, massacrés & détruits à bon conte. La France n'osa pas demander l'execution du Traité pour se mettre en possession des Vallées, n'étant pas en état de livrer ce qu'elle avoit promis pour l'échange. On a eu connoissance de ce Traité d'aussi bonne part qu'il se peut. Et ce n'est pas d'aujourd'huy que les Ministres de Savoye en ont laissé aller quelque chose dans les Cours étrangeres : mais

depuis la rupture, ils n'en ont pas fait grand myftere. Quand les Barbets
font rentrés dans leur Vallée, la chofe a déplû à la Cour beaucoup
moins par zele, que parce que fes premiers deffeins devenoient impoffi-
bles à executer, fi une fois ces gens fe fortifioient dans ces Vallées. On
n'a pas de peine à croire ce que dit le Memoire fait pour Sa Majefté. C'eft
que *les gens du Duc ménageoient les feditieux & les rebelles vulgairement appellés* BARBETS. Car le Duc fentoit bien la faute que fa foibleffe & fa
jeuneffe luy avoient laiffé faire. Il voyoit bien que les Vallées étant dé-
garnies d'habitans, les paffages demeûroient ouverts pour le Roy de France, & que rien ne pouvoit empefcher l'entrée en Italie. Il fentoit bien
qu'il s'êtoit privé de plufieurs bons Soldats & d'un tres-bon rempart. Et
franchement je croy qu'il êtoit affés aife que ces pauvres gens fuffent
rentrés fans luy en demander une permiffion qu'il n'auroit jamais ofé
accorder. Mais je m'étonne beaucoup du nom de *Seditieux & de Rebelles*
que le Roy donne à ces Barbets, qui êtoient d'intelligence avec leur
Prince Souverain comme on l'avoüe. Ils n'êtoient donc ny feditieux ny
rebelles, puis qu'ils agiffoient de concert avec le Duc de Savoye, & que
*le Marquis de Parelle faifoit paffer aux Barbets des gens qui les venoient trou-
ver du côté du Lac de Geneve, & après qu'ils avoient parlé au Duc de Savoye,
on les faifoit retourner d'où ils étoient venus avec de grandes précautions.*
Ne voilà-t'il pas une noire trahifon & une infidelité au Duc? Il favo-
rife des rebelles & des feditieux contre la France. Ce n'eft pas qu'ils fuffent rebelles à l'égard du Duc, qui avoüoit leurs mouvements. Mais c'eft
que tout Peuple & Nation qui ne fe laiffe pas dompter, fubjuger &
maffacrer aux ordres du Roy, eft rebelle & feditieufe. Les reflexions fur
ce Mémoire fi fingulier nous meneroient beaucoup plus loin. Mais c'eft
icy la borne que nous avons accoûtumé de donner à nos Memoires.
Ainfi il faut remettre le refte de nos reflexions à une autre fois. Auffi
bien que la conquefte du Royaume d'Irlande que le Prince d'Orange a
faite en huit jours, & qui nous fournira beaucoup de nouvelles preuves, que nous ne fommes pas fi fort en feureté qu'on pourroit bien dire;
& par confequent que rien ne nous doit empefcher d'écouter les avis
qui nous font donnés pour travailler à nos affaires au dedans & à nôtre
fureté, en diminuant les Mecontents & les empéchant de penfer à fe
joindre à l'ennemy s'il vient à paroître.

Fin du *Quatorziéme Memoire.*

[illegible]
[illegible]
[illegible]
[illegible]
[illegible]
[illegible]
[illegible]
[illegible]
[illegible]
[illegible]
[illegible]
[illegible]
[illegible]
[illegible]
[illegible]
[illegible]
[illegible]
[illegible]
[illegible]

LES SOUPIRS
DE LA
FRANCE ESCLAVE
Qui aspire aprés la Liberté.

XV. MEMOIRE,
Du 15. de Septembre 1690.

CONTINUATION DES RAISONS qui nous doivent porter à la reformation du Gouvernement. Suite des Reflexions sur le Memoire du Roy au sujet des affaires de Savoye. Maux qui nous reviendront de la défaite du Roy JAQUES en Irlande.

EN continuant dans les veües que Nous avons euës dés le commencement, qui est de ramener les esprits de nos Compatriotes à l'amour de la Liberté, & de les faire revenir de cet aveuglement pour la conduite de la Cour, qui les retient dans l'Esclavage, nous poursuivrons, avant que de passer outre, nos reflexions sur le Memoire du Roy touchant les affaires de Savoye. Le Roy aprés s'être plaint des intelligences que le Duc de Savoye entretenoit avec le Prince d'Orange, expose un projet que l'on faisoit en Hollande & en Angleterre, qui étoit, de faire vers le mois d'Aoust prochain une diversion considerable du côté de la Bresse & du Dauphiné :

G g

que l'on comtoit pour cela que les Troupes du Milanois , celles du Duc de Sa-
voye , tout ce que l'on pourroit ramasser de Barbets du côté de Wirtemberg , &
de François sortis de France pour la Religion , entreroit en Dauphiné , & que
l'on essayeroit de faire soulever les nouveaux Convertis , par le moyen des Mi-
nistres qu'on enverroit en France.

Premierement ce projet pourroit bien être une des visions de nôtre
Cour. On y fait grande dépense en Espions , mais on n'est pas toûjours
bien servi : Et souvent pour des Loüis tres-réels , on envoye à nos Ministres des découvertes tres-peu réelles. Mais quand cela seroit , nôtre
Cour auroit-elle sujet de s'en plaindre ? La Cour de Vienne n'est-elle
pas en droit de faire contre nous ce que nous avons fait contr'elle ? Nous
nous sommes prévalus des desordres que la Religion trompée & mal-
entenduë de l'Empereur avoit causés en Hongrie. Il avoit maltraité
ses Sujets Protestants , ce mauvais traitement y a excité une Rebellion :
Nous l'avons fomentée à tel point , que nous avons amené l'Empereur ,
l'Empire , & même toute la Chrêtienté à deux doigts de sa ruine. Car
ce furent nos intrigues & nôtre argent , qui soûtinrent le Comte de
Tekeli , & firent venir le Turc en Allemagne , l'an 1683. quand
Vienne fut assiegée & l'Empereur reduit à la derniere extremité. Aujourd'huy on se plaint de ce que l'Empereur veut profiter de nos fautes ,
comme nous avons sçû profiter des siennes. Nous n'avons pas raison.
Et quand les Alliés Catholiques mettroient à la tête de nos Calvinistes
chassés & persecutés un Chef qui nous donneroit bien de la peine ,
nous aurions precisément ce que nous avons merité. On voit par cette
plainte de la Cour que l'on commence à y sentir la faute qu'on a faite.
Si on avoit tenu parole aux Calvinistes , & qu'on les eût laissé vivre en
paix sous le benefice des Edits , comme ils faisoient depuis cent ans , on
n'auroit pas sujet de craindre à present que les François sortis de France
pour la Religion n'entrassent dans le Dauphiné , pour s'y joindre aux
nouveaux Convertis , & y causer un soulevement. Quand on se
fait tant d'Ennemis au dehors , comme nous nous en sommes faits par
nôtre ambition & par nôtre conduite fiere & insupportable aux Etrangers , il ne faut pas s'en faire au dedans. Mais on n'a rien menagé.
C'est pourquoy aujourd'huy on craint tout. On avoit tort en ce temps-
là , on a raison en celuy-cy : Et si nos Ennemis sçavent prendre leur
avantage , ce projet qui peut n'avoir aucun fondement à present , en
pourra bien avoir quelque jour. Si ceux que nous avons si mal-traités ,
ont quelque jour le dessus , ils auront lieu de se souvenir de tant de

cruautés qu'on a exercées contr'eux. Mais pourvû qu'ils se contentent d'abaisser les Tyrans qui les ont persecutés, on n'aura sujet de se plaindre d'eux. Et il y a apparence qu'ils en demeureront là, & ne ravageront pas leur propre Patrie, à laquelle après tout ils ont toûjours paru avoir autant d'attache que les autres François.

Le Memoire met une troisiéme cause du mécontentement du Roy. *C'est que Sa Majesté a eu des avis certains du Traité que le Duc de Savoye faisoit par le moyen de l'Abbé Grimani, avec l'Empereur, qui pour mettre en execution ce qu'il avoit projetté pour l'attaque du Dauphiné, luy promettoit en faveur de ses Ambassadeurs le même traitement, que ceux des Têtes Couronnées reçoivent à la Cour de l'Empereur, moyennant une somme considerable que Sa Majesté Imperiale devoit employer à fortifier des Troupes Allemandes celles qui devoient attaquer le Dauphiné, & toutes ensemble avec celles d'Espagne & de Savoye devoient après la conquête de Dauphiné assurée, être employées à remettre Geneve sous l'obéissance du Duc de Savoye.* Voilà un petit Roman qui paroit assés bien imaginé à le regarder d'un côté, mais qui me paroît bien peu sensé de l'autre ; on voit bien que nous avons dessein de jetter de la jalousie dans l'esprit des Alliés Protestants & sur sur tout des Suisses. Rien n'étoit plus propre à produire ces effets, que de leur persuader que le Duc de Savoye a receu promesse de l'Empereur qu'on le mettroit en possession de Geneve. Car si l'on pouvoit être assuré de cela, l'on ne pourroit regarder la conduite de l'Empereur à l'égard des Princes Protestants que comme une fort lâche trahison : pendant qu'il se serviroit de la jonction de leurs armes avec les siennes pour mortifier la France, il minuteroit de leur enlever Geneve, qu'ils regardent comme le Donjon de leur Religion. Particulierement les Suisses auroient bien lieu d'être mécontents. Eux qui se font une si grande affaire de conserver Geneve dans l'état où elle est, tant pour l'interêt de leur Religion que pour celuy de leur Etat, dont Geneve est une des clefs. Et cela ne va pas mal jusques là, selon les veües de la France. Mais en vérité c'est un piege bien grossier, & un panneau mal tendu. L'Empereur promet au Duc de Savoye de rompre avec les Protestants ses Alliés pour leur enlever Geneve. Et comment dans la situation où sont les affaires se pourroit-il passer des Princes Protestants ? que deviendroit la Ligue si on en avoit détaché le Prince d'Orange à present Roy d'Angleterre, les Hollandois, l'Electeur de Brandebourg, celuy de Saxe & les autres Princes Protestants d'Allemagne? N'est-ce pas avoir perdu le sens que de dire que l'Empereur fait un projet selon lequel il renonce

tout à la fois à tous ces secours, pour soûtenir seul une guerre furieuse
contre le Turc & une autre contre la France ? La conduitte du Duc
depuis la rupture ne marque rien moins que cela. Car bien loin d'en
vouloir à Geneve, on sçait de bonne part qu'en demandant aux Suisses
du secours & leur alliance, il leur a offert de renoncer pour jamais &
sans reserve à ses prétentions sur Geneve & sur le Pays de Vaux. Mais
comme nôtre Cour n'avoit pas trouvé de leurre plus convenable pour
retenir le Duc de Savoye dans ses interêts, & le faire tomber dans ses
desseins, que de luy promettre Geneve, elle a crû que l'Empereur ne
pourroit pas l'attirer par d'autres esperances. Le Traitté dont on a parlé
dans le Memoire precedent est donc beaucoup plus vray-semblable :
Geneve y entroit & le Duc de Savoye y devoit rentrer, mais c'étoit
par le moyen de la France. Ce qui est incomparablement mieux imaginé que de mettre le Duc en possession de cette Ville par le moyen
des Allemands, vû la conjonˆture presente.

Voilà les raisons qui ont obligé le Roy à envoyer Monsieur de
Catinat avec une Armée en Piémont, pour s'assurer de la fidelité du
Duc de Savoye. C'est assurement un moyen infaillible de s'assurer de
la fidelité d'un Prince, que de luy ôter ses armées & ses places. *Mais
le Duc de Savoye a jugé à propos de manquer à sa parole, & de preferer
l'execution de ses premiers projets au repos que l'execution de sa parole auroit procuré à ses Estats :* Ce n'est pas là l'Idée que les Etrangers ont de
nôtre Domination. Ils ne croyent pas que de se soûmettre à nôtre joug,
soit se procurer du repos. Et ils ont quelque raison de ne le croire pas,
voyant tant de Provinces miserables aprés s'être soûmises. Mais quoy
qu'il en soit, si on nous en croit, voilà Geneve prête à changer de Maître ; car c'est pour l'execution de ses projets, c'est à dire, pour être
Maître de Geneve, que le Duc a pris le parti qu'il a pris. Je suis trompé si les Genevois ne sont pourtant dans un grand esprit de confiance
de ce côté-là, s'il leur en arrivoit quelque mal, ils seroient fort deçûs,
& ils se croyent plus en seureté du côté du Duc aujourd'huy, qu'ils
étoient il y a quelques années du côté du Roy.

Quelque offensé que le Roy se trouve par le procedé du Duc de
Savoye, il est pourtant encore dans des dispositions d'accommodement ;
si le Duc veut rentrer dans son devoir. *Pour faire voir qu'elle a toûjours
desiré, & qu'elle desire encore sincerement le maintien du repos de l'Italie,
elle decla.e qu'elle fera revenir son Armée commandée par ledit Sieur de Catinat, soit que le Duc de Savoye remette à Sa Majesté la garde de la Cita-*

delle de Turin & de la place de Verrüe, soit que ce Prince ayant trop de
repugnance à faire entrer des troupes Françoises dans la Citadelle de Turin,
aime mieux donner à Sa Majesté pour assurance Verrüe, Carmagnole & Suze,
dans le Piémont, avec Montmelian dans la Savoye.

Voilà une proposition bien tentante. Je ne sçay si le Duc pourra
resister à cela. C'est donner des conditions en Victorieux. Et nous n'a-
vons pas encore oublié nos anciens airs. Il n'y a pas d'apparence que
le Duc de Savoye ait pris le parti qu'il a choisi pour s'estimer vaincu
avant que d'avoir combâtu. Il faloit donc donner ordre à Mr. Catinat
de battre le Duc de Savoye, avant que de luy presenter ces graces si
singulieres ; on luy remet Turin, mais on luy demande tout ce qu'il y
a de forteresses dans ses Etats. Le Duc aimera mieux sans doute que
l'Armée de Mr. Catinat demeure où elle est, que d'en sortir à ce prix.
Aussi bien la promesse que le Roy fait, *de faire revenir son Armée com-*
mandée par Mr. de Catinat, n'est peut-être pas trop facile à tenir.
Car pour peu que les passages se ferment plus qu'ils ne le sont déja,
on pourra bien épargner à Mr. de Catinat la peine de ramener son
Armée. On ramenera plutôt le vieu proverbe qui disoit, que l'Italie
étoit le tombeau des François. Il est vray que la petite victoire que
que Mr. de Catinat vient de remporter semble mettre nos Armées un
peu plus au large. Mais comme d'autre part le Marquis de Feuquieres a
été battu & que nous avons été absolument chassés des Vallées, il ne
faudroit pas un grand revers, pour nous mettre en plus mauvais état que
nous n'étions.

Mais la Cour a bien fait d'avertir le Public que le Roy se contentera
de quelque chose de moins. *Car Sa Majesté veut bien encore declarer que*
si le Duc de Savoye aime mieux de confier à la Republique de Venise pendant
le cours de cette guerre la Citadelle de Turin, & la Place de Verrüe, Sa
Majesté prend une si grande confiance aux bonnes intentions de la Republique,
& à la sagesse & prudence avec laquelle elle s'est toûjours employée, pour
détourner ce qui pourroit exciter quelques troubles en Italie, que si elle veut bien
à la requisition du Duc de Savoye mettre dans lesdites Places des garnisons
suffisantes, pour en pouvoir être bien assurée, elle retirera pareillement ses
Troupes sous deux conditions, &c. Voilà une proposition qui fortifie
bien les conjectures que nous faisions il n'y a pas longtemps, sur les
sentiments de la Republique de Venise dans l'affaire presente. Elle est
bien aise de voir les autres se battre & se tirer du sang ; plus ses Voisins
seront foibles, plus elle sera forte. Mais elle craint moins la France

que la Maiſon d'Autriche, qui ſe fortifie du côté des Frontieres de
Dalmatie; c'eſt pourquoy elle favoriſe ſecretement les interêts de nôtre
Cour. Et nous ſerions bien aiſes, ne pouvant mieux, de la voir Maîtreſſe
des Places de Turin, de Verruë, & de toute la Savoye. Parce que
nous ſçachant gré d'une ſi belle conquête qui luy auroit ſi peu coûté,
elle ſeroit inſeparable de nos interêts. Mais le Duc n'entendroit gueres
les ſiens, s'il acceptoit un ſemblable parti. Je ne ſçay lequel il doit le plus
craindre, ou de la France ou de la Republique. Elle n'a pas encore
perdu le goût pour le bien du prochain. Et cet Etat de Terre ferme qu'elle
a enlevé à ſes Voiſins, donne lieu de croire qu'elle s'accomoderoit ſans
répugnance d'un auſſi bon morceau qu'eſt le Piémont, qui la mettroit
en poſſeſſion du Montferrat. C'eſt une grande folie à un petit Prince
de ſe laiſſer garotter par un puiſſant Voiſin durant la guerre, ſous pretexte
de ſeureté, & avec promeſſe qu'on le déliera quand la Paix ſera venuë,
& qu'on ne craindra plus rien. Il arrive ſouvent que pour ne le craindre jamais, ni en paix, ni en guerre, on le laiſſe lié pour jamais. C'eſt
un grand appas que de prendre, mais c'eſt un pas difficile à faire que
celuy de rendre. Le Duc ne fera donc pas mal de ſe tenir comme il eſt.

Aprés tout, je penſe qu'on pourroit donner aſſurance au Duc, que le
Roy le quitteroit encore à meilleur marché que tout cela. S'il vouloit
ſe rappaiſer, on pourroit bien luy donner des troupes au lieu de luy
en demander; on luy laiſſeroit Turin, Verruë, Carmagnole, Suze,
& Montmelian durant la guerre, & on luy promettroit Pignerol
à la paix, avec la demolition de Caſal. C'eſt là tout ce que les Alliés
dans le parti deſquels il s'eſt jetté, luy peuvent faire eſperer. Il gagne-
roit donc beaucoup à recevoir dés à preſent de nous ce que les Ennemis
luy promettent. Cela eſt vray: ſi dés à preſent on vouloit luy donner
Pignerol & raſer Caſal. Mais on le luy promettroit ſeulement, & il
eſt certain qu'on ne le tiendroit pas: car nous n'aurions pas interêt à le
tenir. Or on ſçait un peu que nous tenons nos promeſſes ſelon nos
interêts. Mais ſi les Alliés peuvent demeurer les maîtres, le Duc peut
être aſſeûré de Pignerol & de Caſal. Car on ne manque pas d'executer
les promeſſes qu'on a interêt de tenir: or il eſt clair que les interêts
de nos Ennemis, c'eſt de nous ôter Pignerol & Caſal. Il eſt donc
certain que l'interêt du Duc eſt de demeurer dans le parti où il s'eſt
jetté. Les foibles doivent toûjours être du côté des plus forts. Il eſt
aſſés apparent que nous ne ſerons pas toûjours maîtres dans cette affaire.
Ainſi la prudence veut qu'on ſe jette de bonne heure dans un parti qui

felon toutes les apparences fera le Victorieux. Il ne feroit plus temps de
fe declarer pour les Alliés quand la victoire fe fera declarée pour eux.
Car l'ambition des Vainqueurs ordinairement n'a point de bornes : les
foibles qui n'ont pas voulu fe declarer, demeurent la proye du plus
fort. Les Etats du Duc de Savoye accomoderoient extrêmement bien
la Lombardie & le Duché de Milan. Si le Roy d'Efpagne demandoit
aux Alliés la permiffion de s'accomoder du Piémont, on ne feroit
peut-être plus en état de le refufer. Et cette confideration doit obliger,
non feulement le Duc de Savoye, mais auffi tous les Princes d'Italie,
fans en excepter la Republique de Venife, à prendre dés à prefent le
parti & les interêts des Alliés. Car s'ils fe mettent de la partie, il eft
certain qu'ils n'ont rien à craindre. Au lieu que s'ils permettoient au
Roy d'Efpagne de fe faifir du Piémont, l'Italie feroit fermée au fecours : le Royaume de Naples par un bout, la Lombardie & le
Piémont par l'autre bout, poffedés par la Maifon d'Autriche, laifferoient le refte de l'Italie comme dans une prifon ; & mettroient la
Republique de Genes, l'Etat de Terre Ferme des Venitiens, les Etats
du Duc de Tofcane & les Terres de l'Eglife entierement à fa difcretion.
Tout cela me fait conclurre que le Duc de Savoye fera bien de fe tenir
où il eft, puis qu'il a eu le courage de s'y mettre. Et j'en conclus auffi
que nos affaires ne vont pas trop bien, que nos victoires n'affurent
pas la Monarchie ; & par confequent qu'il eft encore neceffaire de
chercher nôtre feureté dans la réformation de nôtre Gouvernement.

Je trouve la même conclufion dans les affaires d'Irlande, dont nous
avons à parler prefentement. Ce Royaume nous a extrêmement coûté
à conferver. La dépenfe que nous y avons faite eft grande : mais nous
n'en avons pourtant pas affés fait. Car c'étoit un article capital entre
les moyens de nôtre confervation. Pendant que le Prince d'Orange auroit été occupé là, il ne feroit pas venu à nous. Et il y a apparence que
nous nous ferions affés heureufement démêlés du refte. Si on avoit
pû battre ce Prince en Irlande, il n'y a aucun lieu de douter que l'on
auroit vû une revolution en Angleterre, auffi promte pour le Roy Jâques
que fut celle de 1689. en faveur du Roy Guillaume. Le Royaume
d'Angleterre ayant changé de parti & de face, les Hollandois abandonnés de leur unique appuy, nous feroient venus demander la paix à
genoux, ou ils fe feroient feparés des autres Alliés, ou ils les auroient
forcés à faire la Paix, comme ils firent à Nimegues. Les Alliés de-
ftitués du fecours de la Hollande & de l'Angleterre, auroient indubita-

blement abandonné la partie. Les Rois du Nord se seroient declarés
pour nous , & toute l'Allemagne auroit tremblé. Ce ne sont pas là de
fausses conjectures , ce sont des veritéz sensibles. C'étoit donc nôtre
grande affaire de battre le Prince d'Orange. On s'étoit assés bien pris
du côté de la Mer pour faire reüssir un grand dessein. Nôtre Flotte étoit
formidable : nous avions gagné l'Amiral de la Flotte ennemie. Nos intelligences avoient penetré dans toutes les parties des deux Royaumes
d'Angleterre & d'Ecosse. Jamais mines ne promirent de plus grands
effets. Et il est certain que si du côté de l'Irlande on eût pris ses seure-
téz , toute l'Europe alloit souffrir revolution ; mais sans cela toute la
machine ne pouvoit joüer heureusement comme il a paru. Il falloit
faire de la conservation de l'Irlande & de la défaite du Prince d'Orange
la grande affaire. C'est pourquoy il faloit se contenter de se tenir sur la dé-
fensive par tout ailleurs. Au lieu de se mettre en état de donner Bataille
en Flandres , il faloit envoyer en Irlande les dix ou douze mille hommes que nous avons perdus en gagnant la Bataille de Fleuru. Il eut
falu en tirer autant des Armées du Rhein , diminüer l'Armée de la
Moselle de deux ou trois mille , & les autres à proportion. Le reste
eut suffi pour chicaner le terrain , & pour éviter d'être forcés à une
Bataille decisive : on auroit fait comme on fit l'année passée. Nos
Armées de Flandres se seroient tenuës couvertes de Rivieres , de Bois ,
& se seroient mis sous le canon des Places. Au pis aller , on auroit veu
emporter comme l'année passée deux ou trois places aprés de longs sieges , & avec grande perte de monde , ce qui n'auroit rien été. Et de
cette maniere on auroit pû aisement transporter quarante mille hommes en Irlande. Il est vray que ce sont bien de gens , & qu'il eût falu
bien des vaisseaux ; mais aussi on a eu du temps autant qu'on en a
voulu : en dix-huit mois , ou prés de deux ans , on pouvoit faire cinq
ou six voyages. Il est vray aussi qu'il auroit falu beaucoup de vivres.
Mais outre que la Mer ayant été libre tant de temps , on auroit pû facilement en transporter de Bretagne & de Normandie Province abondan-
te en bleds : outre cela , dis-je, on auroit pû tirer d'Irlande pour la décharger, autant de gens qu'on y en auroit mené , quarante mille François ne mangent pas plus que quarante mille Irlandois. Avec ces quarante mille François la Cour y devoit envoyer deux de ses meilleurs Generaux , & tourner toutes ses veües de ce côté-là. Au lieu de prendre
ces conseils si visiblement necessaires , on s'est contenté de jetter de petits secours en Irlande : on y a envoyé sept ou huit mille hommes de

nos

nos moindres Troupes. Et pour Chefs la Hoguette & le Comte de Lausun, qui a fait son apprentissage de guerre durant huit ou dix ans dans
une chambrette de la Citadelle de Pignerol, homme sans tête & sans
experience ; & cela pour opposer aux deux premiers Capitaines de
l'Europe & peut-être du monde, le Prince d'Orange, & le Marechal
de Schomberg. On se f· de la plus grande affaire que nous eûmes jamais, à une miserable canaille Irlandoise : brutaux qui ne sçavoient pas,
il y a six mois, distinguer leur main droite de leur main gauche, qui
ne valent rien en tout Pays, moins dans le leur qu'en aucun autre, de la
lâcheté desquels on a fait mille épreuves : que l'on connoissoit assés,
quand ce n'eut été que par ce qu'ils firent il y a cinquante ans sous le
regne de Charles I. Roy d'Angleterre. Pendant qu'ils furent seuls, ils furent les Maîtres, & massacrerent plus de cent mille personnes, Anglois
& Ecossois avec cette cruauté qui est leur propre caractere. Mais une
Armée de dix ou douze mille hommes les reduisit en tel état, que de
Massacreurs ils devinrent les massacrés ; & ne se défendirent pas, quoy
qu'ils fussent vint contr'un. Avec de telles Troupes on hazarde la plus
grande affaire qu'on puisse s'imaginer, contre l'Elite de toutes les troupes
de l'Europe ; la fleur des troupes Danoises, l'Elite de l'Armée Hollandoise, & plusieurs Regiments de François Refugiés, qui outre leur
bravoure naturelle, sont animés par l'esprit de vangeance contre leurs
Persecuteurs. Et tout cela sans conter les Anglois, gens qui sçavent se
battre, aussi bien que Nation du monde, quand ils veulent bien s'y resoudre. Et toutes ces troupes étoient conduites par les deux plus grands
Capitaines qui soient aujourd'huy. Aussi a-t'on vû ce qui en est arrivé :
le Prince d'Orange n'a pas plûtost paru qu'il a vaincu. Le Roy Jaques,
ame timide, & qui prend de loin ses seuretés contre la mort, n'a pû soûtenir la veüe de son Ennemy, & s'est sauvé en poste pour gagner deux
vaisseaux qu'il avoit fait preparer sur le bord de la Mer, deux jours devant que de donner la Bataille. Les Comtes de Lausun & Tirconnel ont
sauvé les restes de leur Armée dans Limerick. Et en huit jours on a vû
toute l'Irlande soûmise, à l'exception de quelques Places qui ne sçauroient
tenir longtemps. C'est là une si grande faute, qu'elle me persuade que le
Ciel travaille pour la grandeur du Prince d'Orange, & détourne par
des voyes impénetrables tous les orages qui le devoient accabler. C'est
une faute toute semblable à celle qui fut commise par nôtre Cour, quand
quand elle prit la resolution d'aller assieger Philisbourg. Elle sçavoit les
desseins du Prince d'Orange. Elle en avertit toute l'Europe dans son Ma-
nifeste contre le Pape Innocent XI. Elle voyoit qu'il vouloit s'emparer

H h

de l'Angleterre. Elle sçavoit bien que quand il en seroit Maître, la Hollande
se declareroit contre la France. Elle envisageoit toutes ces suites; & au lieu
de venir à Maſtricht avec une Armée, elle l'envoye à Philisbourg, & declare
la Guerre à l'Empire & à l'Empereur, laiſſant toute liberté au Prince d'O-
range d'executer ſes deſſeins. Cette faute a été aſſés remarquée. Mais en
voicy une autre qui n'eſt pas moindre. Nôtre but devoit être d'opprimer le Prince d'Orange ; car c'eſt le grand reſſort de la machine contre
nous ; luy à bas, tout tomboit, & l'Angleterre & la Hollande , & tout
le reſte en conſequence ; je l'ay dit, & cela eſt clair. Il faloit donc le ſuivre par tout & le ſuivre avec des forces ſuffiſantes pour l'acabler. Il
paſſe en Irlande avec une Armée puiſſante, nous le laiſſons paiſiblement
paſſer, quoy que nous euſſions plus de ſoixante vaiſſeaux prêts à mettre en
Mer. Et dans l'Irlande nous ne luy oppoſons que de miſerables troupes.
On voit déjà ce qui en arrivé. Voyons ce qui en arrivera.

Déjà nous devons être aſſurés que toutes nos reſſources du côté de
l'Angleterre ſont entierement perduës. Nous avons eſperé de broüiller
ce Royaume, d'y jetter la diviſion, d'y exciter une guerre civile , & d'y
voir deux partis, l'un pour Jâques , l'autre pour Guillaume. Et bien
plus , nous eſperions , & avions tout lieu d'eſperer une entiere revolution
à cauſe du grand nombre de Partiſants, que le Roy Jâques a dans le
Royaume. Le Primat, pluſieurs Evêques , & une grande partie du
Clergé le ſouhaite & le demande. Les Grands ſont partagés. Et le Roy
Jâques en a beaucoup dans ſes interêts : les Epiſcopaux qui n'ont pas
tout ce qu'ils demandent, ne ſont pas ſatisfaits ; les Presbyteriens qui
ne ſont qu'à demi delivrés de l'oppreſſion , & qui n'ont point obtenu ce
qu'ils eſperoient, ont perdu toute leur ardeur. Les Peuples ſuivent les im-
preſſions des Grands mécontens. Les Catholiques avoient pris de bonnes meſures, pour faire un ſoulevement auſſi-tôt qu'on verroit un ſecours
paroître. Tout cela menaçoit d'une ſeconde revolution en Angleterre,
qui nous eût été plus favorable que la premiere ne nous a été funeſte.
Mais quand même cette revolution ne ſeroit pas arrivée , une Guerre civile , qui ne pouvoit manquer en Angleterre , nous auroit été tres-
utile ; elle nous auroit ôté ce Royaume de deſſus les bras, elle auroit
lié les bras des Hollandois , elle auroit déconcerté toute la Ligue. Mais
à preſent nous n'avons rien de ſemblable à eſperer. La conqueſte d'Irlande & la prompte victoire du Prince d'Orange, l'a rendu l'amour & les
delices de ſes amis, & la terreur des mécontens. Torrington ſera, ſelon
toutes les apparences , la victime immolée à la fureur du Peuple. Les
Grands qui pouvoient remuër ſont priſonniers. Ceux qui ſont en li-

berté se viennent rendre , & demeurèront fideles , parce qu'ils ne voyent plus de jour à rien gagner en ne l'étant pas. En Ecosse tous les Mécontents, sont ou chassés dans leurs rochers , ou déchus de toute authorité. Les amis du Roy Jâques ont perdu courage , & chacun va penser à sa seureté. De plus, on peut assurer que tout le zele pour luy est mort par le mépris qu'il s'est attiré dans cette derniere action. Il est à la tête de 35. ou 40. mille hommes , il a en son pouvoir la Capitale d'Irlande & toutes les Forteresses ; il est couvert d'une bonne riviere , & il fuit & pense à fuir devant le combat, quelques jours avant la bataille ; il prepare des vaisseaux pour se sauver. Aprés une demie heure de combat il se sauve , s'en vient à Dublin , prend congé , s'enfuit en poste, & sort de ses Estats une troisiéme fois pour aller mandier du pain par toute l'Europe. Une grande ame auroit pris le parti de mourir plûtost que de se couvrir d'une telle honte. Il n'y avoit point d'autre parti à prendre pour luy ; *vaincre ou mourir.* Mais il s'est souvenu qu'à un homme mort il n'y a pas de ressource. Dans toute sa conduite on y voit aussi peu de tête que de cœur. Pourquoy hazarder toute sa fortune en un jour ? Ne devoit-il pas chicaner le terrain ; gagner du temps , & consumer par ses délays les forces de ses ennemis. S'il ne se trouvoit pas capable d'empêcher le passage de la riviere à son ennemy : que ne reculoit-t'il pour garder un autre passage : on dit que l'Irlande est toute pleine de défilés. Pourquoy ne s'enfermoit-il pas dans sa Capitale avec la meilleure partie de son Armée pour s'y ensevelir ? Pourquoy ne pas jetter le reste de ses troupes dans ses meilleures places , d'où l'on auroit fait des courses pour ruiner la Campagne ? ce qui auroit fait mourir de faim les ennemis , & les auroit reduits à se retirer ? Pourquoy enfin ne pas demeurer pour recuillir les débris de son naufrage? Dans la journée du passage de la riviere de Boïne, il n'avoit pas perdu quatre mille hommes en morts & en prisonniers. Il en pouvoit ramasser plus de 25000. & se mettant à leur tête, il auroit pû leur relever le courage , puis qu'ils se sont défendus depuis deux mois qu'il les a abandonnés , que n'auroit-il pas fait si par sa presence il les avoit soûtenus ? Au lieu de cela, à la premiere disgrace il quitte tout & s'enfuit. Il ne faut pas s'imaginer que le zele pour un tel Prince se puisse soûtenir. Les Mécontents Anglois , Irlandois & Ecossois aimeront mieux vivre sous un Prince brave, intrepide & d'une sagesse achevée , quoy qu'il y eût de l'irregularité dans son élevation, que sous un Prince timide & à qui la tête tourne au premier mouvement , & qui par consequent est incapable de les proteger. Il ne faut donc pas esperer desormais aucune ressource du côté des rebellions d'Angleterre ; personne ne branlera. Et par consequent le

Prince d'Orange demeurant paisible Roy d'Angleterre, aura toute la liberté d'agir contre nous.

Qu'arrivera-t'il en suite ? Ce Prince inquiet, ambitieux, coura-
geux, & qui aime la gloire plus qu'on ne sçauroit dire, ne se tiendra
pas les bras croisés, & ne joüira pas comme ses Predecesseurs du repos,
de la seureté & des delices de son Ile. On le verra bien-tôt au deçà de
la Mer : Et alors que n'aurons-nous point à craindre ? Il fait marcher
devant luy une reputation qui porte la terreur jusque dans nos Provinces les plus éloignées. On ne sçait ce que c'est dans ce siecle que de voir
un Roy Conquerant & Belliqueux à la tête de ses Armées, essuyer
les coups de Canon & tout le feu d'une Mousqueterie. Un objet si
nouveau épouvante les plus hardis, car un Roy qui ne craint point la
mort, la fait craindre à tout le monde. J'avoüe qu'il est fort à craindre.
Mais pourtant nous le craignons trop, ou du moins nous faisons trop
paroître nôtre crainte. Que signifient toutes ces extravagances qui ont
été faites à Paris, à Roüen, à Caën, à Montpellier, & dans toutes
les Villes du Royaume, sur la fausse nouvelle de sa mort ? Le Roy
Jâques chassé d'Irlande & revenant en France, s'apperçût bien qu'il
portoit la terreur & la consternation par tout où il mettoit le pied. Pour
empêcher ce mauvais effet, il jugea à propos de faire marcher devant
luy cette fausse nouvelle, qui fit un soulevement de réjoüissances uni-
verselles & exorbitantes. Ces sortes de Stratagemes ne sont pas aussi
bons que l'on pourroit s'imaginer. Cela fait du bien sur le moment :
Mais aussi-tôt que la fraude est découverte, les esprits retournent dans
leur premiere situation de crainte & d'effroy ; mais il y retournent en
remportant des sentimens d'indignation & de honte, & avec de
nouveaux dégrés de frayeur. Un Peuple a de l'indignation contre ceux
qui le joüent si cruellement. Il a de la honte de ses excés passés qui
n'avoient aucun fondement : & le dépit qu'ils en ont, rejaillit sur
ceux qui en sont la cause. Ainsi il se trouvera que le Roy Jâques souffri-
ra par contrecoup de cette affaire plus que le Prince d'Orange, qui se
portoit fort bien en Irlande, pendant qu'on le brûloit, qu'on le pen-
doit, & qu'on l'écorchoit, & qu'on le coupoit en quartiers, & qu'on
le faisoit porter en Enfer par des Diables en France. Enfin cela augmente
l'effroy & la consternation des Peuples. Car un Peuple, qui s'est porté à
des excés si horribles contre un Ennemy qu'on a cru mort, tremble en le
revoyant vivant, & pense bien que ce sont de nouveaux outrages dont
l'Ennemy, s'il devient une fois Vainqueur, se vangera avec usure. Car
pour cent & cent Effigies du Prince d'Orange & de la Princesse sa Femme,

à qui ont a fait mille opprobres; il pourroit bien caffer mille & mille têtes qu'il auroit épargnées autrement. Mais n'importe. On a eu durant quelques jours & quelques nuits le plaifir de voir l'Effigie du Prince & de la Princeffe penduë, écartelée, brûlée, écorchée par les Bouchers, traînée dans les ruës, menée fur des Afnes avec des infcriptions outrageantes, déchirée par les Ecoliers des Jefuites traveftis en Demons. On voit encore les Galeries du Cimitiere Saint Innocent pleines d'Eftampes de ces deux Perfonnes, en toute forte de figures fcandaleufes. On a bû largement à bon conte à la confufion du Défunt; on a fait des décharges de toute l'Artillerie des Places dans les Frontieres; on a pouffé des cris à fendre les airs contre l'Ufurpateur & pour fe réjoüir de fa mort. En un mot qu'on raffemble en un toutes les marques de joye & de deteftation en même temps qu'on peut avoir vûës autrefois dans un Peuple fou & furieux, & l'on ne verra rien d'approchant de ce qui s'eft fait icy. La Cour ne fe juftifiera pas de cette affaire, pour en réjetter la faute fur le Peuple. Les Juges de Police & les Commiffaires des Quartiers ne marchent pas la nuit pour éveiller les Bourgeois d'une Ville Capitale comme Paris, fans en avoir ordre de la Cour. On ne tire pas le Canon de la Baftille fans ordre de la Cour. On a vû des Couriers porter cette nouvelle dans tous les lieux éloignés où ces folies fe font faites. On ne fait pas marcher des Couriers fans ordre. On a dépêché des Couriers jufqu'à Rome pour porter cette fotte nouvelle! Or cette conduite marque une grande baffeffe dans nôtre Cour: Belle vangeance. Eft-ce ainfi qu'on en ufe à l'égard d'un Ennemy brave, & qui a autant de reputation dans le Monde qu'en a le Prince d'Orange. On fe réjoüit de fa mort, mais on rend juftice à fa vertu, parce qu'on ne la craint plus. La grandeur du merite fait des impreffions de refpect même dans les ames les plus ennemies. Eft-ce ainfi qu'on traite les Rois? Qu'importe qu'il ne foit pour nous que *le Prince d'Orange*? Pour tout le refte de l'Europe il eft *Roy d'Angleterre*, & en a reçû les complimens de tout ce qu'il y a d'Etats à portée de connoître feulement fon nom. Il faloit donc refpecter la pluralité des voix. Mais nôtre Cour n'a que cela de bon, c'eft qu'elle ne dément point à l'égard de ce Prince, fa conduite contre luy eft uniforme. Il n'y a efpece d'indignités qu'on ne luy ait faites, quand il n'êtoit encore que Prince d'Orange. On continuë; & on ne penfe pas qu'il peut avoir fon tour: il eft affés en train de cela. Mais oûtre tout cela, y a-t'il rien plus propre à faire voir la confternation où nos fommes? Faloit-il découvrir nos foibles d'une maniere fi éclatante & fi honteufe? Ces grandes

réjoüiſſances & ces énormes cris de joye ſur les faux bruits de la mort
du Prince d'Orange, font voir que nous le craignons au delà de tout ce
qu'on a jamais craint un homme. Et il me ſemble voir une infinité de
petits Chiens qui aboyent & qui ſe réjoüiſſent autour du Cadavre d'un
grand Lion mort, dont ils s'attendoient fort bien d'être la paſture, s'il fût
demeuré vivant. Malheur à ces Chiens, ſi le Lion reſſuſcite; car leur
cris n'auront ſervi qu'à augmenter ſa rage. Voilà donc le ſecond mal
qui nous reviendra de nôtre mauvaiſe conduite en Irlande, & de ce que
nous avons laiſſé perdre ce Royaume. C'eſt que nos Peuples & nos
Armées ſeront pleines de terreur & de conſternation, & par conſequent
beaucoup moins en en état de ſe défendre.

Le troiſiéme mal, c'eſt que cette Victoire rallie & réünit tous nos
Ennemis. Si le Prince d'Orange eût été accablé en Irlande, toute la
Confederation ſe feroit rompuë. Mais la voilà réliée plus fortement
que jamais. Les Hollandois êtoient de tous les Confederés ceux qui ſup-
portoient plus impatiemment les incommodités de la Guerre, à cauſe de
l'interruption de leur Commerce & des prodigieux Impôts qui les épui-
ſent. Il y a entr'eux beaucoup de Mécontens qui n'aiment pas les proſ-
perités du Prince. Et s'il eût été vaincu, c'êtoit une affaire faite, ſon
credit & ſon authorité s'évanoüiſſoient. Mais luy revenu avec le titre de
Roy & couvert des Lauriers d'une ſi glorieuſe Victoire, tiendra dans le
ſilence & dans la ſoûmiſſion tous les eſprits inquiets & impatiens. Outre cela, toute la Nation ſe fait un honneur d'avoir un tel Chef à la
tête de leur Republique, & de voir un Roy Hollandois de naiſſance &
de Nation, être la terreur de la France & l'admiration de toute l'Europe. Ce plaiſir les ſoûtiendra encore longtemps, & les fera ſoûtenir le
fardeau des Impôts.

Quand à l'Eſpagne & à la Maiſon d'Autriche, elle n'aura garde
d'abandonner la partie, parce qu'elle croit qu'enfin l'heure eſt venuë de
ſe vanger de la France, & de récouvrer tout ce qu'elle a perdu. L'Irlande qui occupoit le Prince d'Orange, les mortifioit un peu, & leur
faiſoit craindre de ne pouvoir mortifier la France. Mais preſentement que
ce Prince eſt libre, ils eſperent tout, & ſoûtiennent leur courage par
cette eſperance.

Les Princes d'Allemagne ne ſe détâcheront pas de l'Empereur. Outre
que pluſieurs d'entr'eux ont une liaiſon d'affinité & d'inclination pour le
Prince d'Orange, comme l'Electeur de Brandebourg & le Duc de Zell,
les autres verront qu'il n'y a que de la gloire & de l'honneur à acquerir
pour eux, à demeurer attachés à un tel Roy.

La Victoire d'Irlande portera ses influences jusque dans le Nort, en faveur de ceux qui l'ont gagnée. Et il n'y a aucun lieu de douter, que les Rois de Dannemark & de Suede ne soient portés par là à renoncer à la Neutralité dans laquelle ils ont été jusqu'à present. Car ce qui les a retenus, c'est la crainte que la France ne devint superieure, & qu'ils ne s'en trouvassent mal. Cette crainte étant dissipée, ils ne balanceront plus. L'interêt de leur Commerce les faisoit observer aussi la Neutralité. Mais la Victoire d'Irlande réünissant toutes les forces de Mer d'Angleterre & de Hollande, empêchera que les Royaumes du Nort ne puissent continuer leur commerce avec la France. Car on se saisira de tous les Vaisseaux, comme on a déja fait. Et qui sçait enfin, si les Cantons Suisses ne seront point ébranlés par la perte de l'Irlande ? Les Cantons Protestants aiment certainement le Prince d'Orange, à cause de la Religion dont il est : Les Cantons Catholiques haïssent sa Religion ; mais ils renonceront fort aisement à leurs liaisons avec la France pour entrer dans ses interêts, s'ils peuvent toucher de son argent. Or il y a apparance que le Prince Guillaume déchargé des grandes dépenses que luy causoit la Guerre d'Irlande, sera en état de faire des liberalités aux petits Cantons Suisses, l'unique ressort qui les fait mouvoir.

Enfin que nous revient-il de tous les grands mouvements de cette Campagne ? Rien que la honte d'avoir sçeu mal profiter de nos avantages. Peut-être que l'Histoire ne nous fournit pas encore deux exemples de ce que nous avons vû dans nôtre Armée Navale. Elle étoit superieure à la Flotte Ennemie avant que de combattre. Aprés la victoire elle est demeurée Maîtresse de la Mer, pendant plus de deux mois. Et durant un si longtemps qu'a-t'elle fait ? Elle a brûlé un Bourg de quarante ou cinquante maisons sur les côtes d'Angleterre : qui l'empêchoit de porter la terreur par tout, & même la desolation ? S'il n'y avoit pas lieu de faire des conquêtes à conserver, au moins rien ne la pouvoit empêcher de bombarder, & de brûler toutes les places maritimes d'Angleterre. Pourquoy n'est-elle pas allée vers l'Ecosse pour favoriser les Rebelles qui l'attendoient ? Pourquoy n'a-t'elle pas été fermer le Canal qui separe l'Angleterre & l'Irlande, ce qui auroit donné du courage aux Irlandois aprés leur premiere défaite ? Pourquoy enfin n'a-t'elle point parû sur les côtes d'Hollande, dans un temps auquel il n'y avoit pas un seul Vaisseau qu'on luy pût opposer ? Nous sçavons que la terreur fût grande en ce Païs-là aprés la perte de la Bataille : on s'attendoit de voir brûler toutes les côtes : trois ou quatre mille hommes mis à terre auroient pû brûler La Haye qui est sans défense

& porter la terreur par tout le Païs. Cependant on n'a jamais vû plus de tranquilité que celle où ont vécu ces gens allarmés : ils en ont été quittes pour la peur. Et enfin nôtre Flotte & nos Galeres sont venus se désarmer, & ont laissé les Anglois & les Hollandois Maîtres de la Mer sans combattre. La Posterité ne devinera jamais la cause d'une telle conduitte. Cette jonction des Galeres si peu connuës sur l'Ocean avec les Navires de Guerre, donnoit lieu de croire qu'il y avoit quelque dessein fort extraordinaire à executer. Les uns vouloient que ces Galeres fussent destinées à percer les dignes de Hollande, les autres à approcher des terres pour y faire décente. Mais tous ces desseins se sont évanoüis sans qu'on sçache comment, puis que rien n'a parû faire obstacle à leur exécution. Tout ce qu'on peut dire, c'est que nous avons eu dessein de faire beaucoup de peur, peu de mal, & de nous conserver sans beaucoup risquer.

Nôtre gain reviendra donc aprés tout à la perte que les Ennemis ont faite du Maréchal de Schomberg. Ce grand General ne pouvoit mieux finir une si belle course. Un coup malheureux pour les Alliés, heureux pour nous, l'a enlevé. Mais c'est une perte de quelques années de vie, l'a nature & le cours ordinaire de la nature, ne luy en promettoient pas beaucoup. Cette mort & celle du Duc de Lorraine ont fait croire que le Ciel travailloit pour nous; puis qu'il nous délivroit de deux Ennemis redoutables. La suitte nous apprendra si nos affaires en iront beaucoup mieux. Mais la maniere & l'occasion où est mort le Maréchal de Schomberg, nous feront plus de tort dans l'Histoire qu'à sa mémoire. On s'est fort récrié contre son ingratitude, prétendant qu'il ne devoit jamais tirer l'épée contre un Roy qu'il avoit servi tant d'années, & de qui il avoit receu tant de bienfaits. Les gens équitables ne raisonneront pas ainsi, & croiront que ce grand Capitaine avoit plus rendu de services à l'Etat qu'il n'avoit receu de graces de la Cour, & qu'on ne devoit pas chasser du Royaume par une bigotterie mal placée, le seul General de reputation qui fût en France. Je conclus que dans tous les événemens presents il n'y a encore rien qui nous doive rassurer contre la revolution, & qui nous doive empêcher de travailler à nôtre seureté par d'autres voyes que celle des armes.

Ce qui vient d'arriver en Savoye est encore peu certain, & dans le fonds si peu considerable, qu'il ne merite pas qu'on y face beaucoup d'attention : peut-être quelque jour sçaura-t'on ce que cela produira.

Fin du Quinziéme Memoire.